Aquarien-fieber ...

Die „Krankheit" steht in keinem medizinischen Lexikon, und kein Arzt kann sie behandeln – schon allein deshalb, weil die „Patienten" überhaupt nicht kuriert werden wollen. Ja, die Betroffenen pflegen ihre ganz spezielle Infektion beinahe schon mit Hingabe: Die Rede ist vom Aquarienfieber.

Oft befällt es einen bereits in der Kindheit, aber auch ältere Semester sind nicht vor der Ansteckung gefeit. Ein Ausbruch ist jederzeit möglich und anscheinend sind männliche Wesen eher infiziert als Mädchen und Frauen. Vielleicht täuscht dies aber auch, und die Wahrheit mag sein, daß (Groß-)Väter, Onkel, Söhne und männliche Enkel etc. mehr von dieser Krankheit reden, weibliche Wesen sie aber versteckt in sich tragen. Doch damit möge sich die Marktforschung herumärgern.

Fest steht, daß einen das Aquarienfieber nicht mehr losläßt, wenn es richtig zugepackt hat. Die Symptome sind sehr unterschiedlich und dringen nicht immer klar nach außen, gemeinsames Merkmal ist aber stets „wäßrig-fischiges" Denken und Handeln. Man frönt der Aquaristik in Theorie und Praxis.

Derzeit gelten mindestens zwei Millionen Mitmenschen allein in Deutschland als befallen. Auch wir gehören dazu, ja, wir müssen eigentlich als besonders hartnäckige Fälle eingeordnet werden. Während nämlich bei den meisten unserer Zeitgenossen das Aquarienfieber nur in der Freizeit so richtig ausbricht, können und dürfen wir sogar beruflich für Erhalt und Ausbreitung dieser Erscheinung sorgen.

Zusammen mit praktisch allen anderen Heim- und Haustieren sind bei uns die Zier- und Nutzfische, dazu natürlich das Wasser mit allem Drum und Dran sowie Futter und Zubehör zu professionellen Aufgaben geworden.

Klar, daß wir uns auch über die berufliche Ausübung der Aquaristik kennengelernt haben. Die ersten Kontakte konnten wir schon bald darauf durch gemeinsam bearbeitete Zierfischfutterprojekte vertiefen. Obwohl Rainer nach dem Studium der Biologie/Zoologie in Karlsruhe zunächst in einem tropischen Speisefischprojekt tätig war (Guramizucht in Thailand) und Stephan sich nach dem Studium der Agrarbiologie/Tierproduktion in Stuttgart (Universität Hohenheim) dem einheimischen Barsch und der Fluß- und Seenfischerei/Fischzucht widmete, waren es aquaristische Themen, die uns beruflich und privat zusammenführten.

Seitdem fiebern wir häufig gemeinsam und wenn dann noch so eine liebe Kollegin wie die Biologin Angela Wolf (Heimtierlektorin bei unserem Verleger) hinzukommt, sind – wie vorliegend zu sehen – nicht nur Fachsimpeleien vorprogrammiert. Rasch wurde es zur gemeinsamen Aufgabe, ein Aquaristikbuch zu fertigen. „Schon wieder eines", fragten wir uns zunächst, aber das „mal etwas andere Sachbuch" in Aufmachung und Darstellungsweise zu machen, reizte uns schnell.

Denn schließlich gehört man als Naturwissenschaftler – gewissermaßen dienstlich – auch immer irgendwie zur „schreibenden Zunft". Zusätzlich wird das ständige Verfolgen von Sach- und Fachliteratur zur Routine. Die gewonnenen Erkenntnisse fließen gemeinsam mit praktischen Erfahrungen aus Hobby, Versuchen und Projekten in entsprechende Auftragsarbeiten ein: Aquaristische Dokumentationen, Vorträge und Seminare zur Aus- und Fortbildung werden so zu gern erledigten Pflichtübungen. Beide waren und sind wir damit immer wieder befaßt, und langweilig ist es nie!

Angela Wolf ermunterte uns, noch darüber hinaus zu gehen, und über ihren Aufgabenbereich hinaus hat sie derartig mitgeholfen, daß sie schon fast Co-Autorin sein müßte. Ohne sie und den Franckh-Kosmos-Verlag, der unsere Wünsche und Ideen stets großzügig unterstützte, wäre dieses Werk nie möglich gewesen.

Angela und allen Mitarbeitern in Stuttgart sei an dieser Stelle recht herzlich gedankt, genau wie unseren doch manchesmal geplagten Ehefrauen, ohne deren Unterstützung (seelisch-moralischer sowie kulinarischer und teils auch aktiv mitwirkender Art) das Buch nicht so geworden wäre, wie es ist.

Daß es dem „Einsteiger" helfen und auch erfahreneren Aquaristikhasen noch manch wertvollen Hinweis geben möge, hoffen wir von ganzem Herzen.

Böhl-Iggelheim und Hockenheim, im Sommer 1993

Stephan Dreyer
Rainer Keppler

Inhalt

Es grünt so grün – Pflanzen fürs Aquarium

Die Hauptdarsteller: Unsere Fische

Die Qual der Wahl – die Fischarten

Anhang

Das Aquarium – Natur zu Hause

Etwa 80 Millionen Zierfische in ca. 2 Millionen Haushalten schwimmen allein in deutschen Aquarien, und mindestens so viele Menschen ließen sich aus freien Stücken vom Aquaristikfieber anstecken. Was haben sie davon?

Haben sie bestimmte (womöglich gemeinsame) Ziele, und was kann und soll Aquaristik bewirken? Welchen Sinn und Zweck kann ein Glaskasten (oder gar mehrere!) haben, den man sich zu Hause oder gar am Arbeitsplatz aufstellt, mit Wasser füllt und mit Pflanzen und Fischen bestückt?

Nun, *die* gemeinsame Antwort auf alle Fragen kann es nicht geben. Es gibt eine ganze Reihe von Gründen, warum Menschen mit Fischen und Wasserpflanzen zusammenleben wollen. Aber allen Aquarianern ist – bewußt oder unbewußt und mehr oder weniger stark ausgeprägt – eines gemeinsam: die Liebe zur belebten Natur sowie die Freude an entsprechenden Beobachtungen.

Ist sie gekoppelt mit einer gewissen Portion „Forschergeist", wird man die mit der aktiven Ausübung der Aquaristik einhergehenden Lehr- und Lerneffekte im Vordergrund sehen. Vor allem aus dem vielfältigen und reizvollen Bereich der Verhaltensforschung läßt sich auch auf begrenztem Raum viel beobachten und analysieren. Gerade Naturkunde- und Biologielehrer machen sich dies bei Schulaquarien zunutze, und manchen Schüler läßt die Thematik nicht mehr los.

Bei keiner Form der Haus- und Heimtierhaltung werden die Wechselbeziehungen zwischen Tier und Umwelt und ihre mannigfaltigen Verflechtungen so deutlich wie in der Aquaristik. Die Ökologie als Lehre dieser Zusammenhänge läßt sich durch die gegebenen Abhängigkeiten (Fisch – Wasser – sonstige Bewohner) trefflich darstellen und vermitteln.

Nur was man in praktischer Erfahrung und direktem Kontakt kennenlernt, wird man auch schätzen können und schützen wollen. Die Aquaristik vermittelt eine Vorstellung davon, was sich draußen in der Natur, mit und ohne Zutun des Menschen, abspielt. Dabei rückt neben den Bewohnern das Wasser selbst mit seiner elementaren Bedeutung für alle Lebensformen in das Zentrum des Interesses.

Fragen und Antworten des Biotop- und Landschaftsschutzes spiegeln sich in Aquarien wider, der Umweltschutzgedanke wird in der Thematik „Wasserqualität, Wasseraufbereitung" greifbar und im Kleinen nachvollzogen. Die Verantwortung für Lebewesen und ihre Umgebung, die Freude, die aus erfolgreicher Hege und Pflege von Wasserbewohnern erwächst, stellen sich als weitere denkbare Aquaristik-Motivationen dar.

Man kann Aquaristik ganz für sich allein, gemeinsam mit Freunden und Bekannten oder als sinnvolle und arbeitsteilige Beschäftigung für die ganze Familie betreiben. Viele Aktive suchen aber auch ganz bewußt den Meinungs- und Erfahrungsaustausch in entsprechend orientierten Interessensgruppen, seien es Arbeitsgemeinschaften an Schulen oder anderen Bildungseinrichtungen oder die zahlreichen Aquarianervereine. Fachsimpeln oder nur zuhören, gemeinsam beobachten oder sich weiterbilden und die geselligen Aspekte dieser Runden genießen – all das kann aus Aquaristik erwachsen, Anlaß für den Einstieg in dieses schöne Hobby sein oder zu seiner Vertiefung führen.

Schließlich seien die Zeitgenossen genannt, die alle zuvor genannten guten Gründe weder brauchen noch wollen: Sie finden es einfach „nur" schön, ein Aquarium zu besitzen und sich daran zu erfreuen: als Zierde einer Wohnung, als Schmuckstück im Zimmer und als Objekt, dessen Betrachtung nach dem hektischen Arbeitstag als entspannend, ja wohltuend empfunden wird.

Zu jeder Form der Ausübung der Aquaristik gehört eine Portion Sachkunde und Fachwissen, um möglichen Fehlern vorzubeugen und Kritikern den Wind aus den Segeln zu nehmen. Bei Durchführung mit Sachverstand gibt es nichts, aber auch gar nichts, das gegen die Aquaristik spricht. Eine sinnvolle Beschäftigung ist sie allemal.

Vorüberlegungen

Wenn wir Lebewesen (Tiere oder Pflanzen) in unsere Obhut nehmen, sollte es selbstverständlich sein, daß wir die Verantwortung für ein ge-

So nicht!

Gesellschaftsaquarium mit Keilfleckbärblingen und Schillerbärblingen.

sundes und artgerechtes Leben dieser Organismen übernehmen. Um im konkreten Fall im Aquarium diese Lebensbedingungen nicht nur kurzfristig, sondern kontinuierlich aufrechterhalten zu können, sind eine Reihe regelmäßiger Pflegearbeiten erforderlich. Sie verursachen ein gewisses Maß an Kosten und nehmen auch einige Zeit in Anspruch.

Da die meisten Mißerfolge in der Aquaristik auf mangelnde oder falsche Pflege zurückzuführen sind, soll hier zunächst einmal der Pflegeaufwand, den ein „durchschnittliches" Aquarium erfordert, besprochen werden. Es liegt dann an Ihnen, sich zu überlegen, ob Sie diese Tätigkeit und den damit verbundenen Kosten- und Zeitaufwand auf sich nehmen wollen. Wenn ja, steht dem Start ins „nasse Hobby" und der damit verbundenen, meist

lebenslangen Infektion mit dem Aquaristikvirus nichts mehr im Wege!

Mit der Zeit werden Sie, wie alle Aquarianer, die Erfahrung machen, daß die erforderlichen Pflegemaßnahmen alles andere als lästig sind. Auch die Zeit, die Sie mit „Fische beobachten" verbringen, wird Ihnen nicht als Belastung erscheinen. Im Gegenteil, Sie werden es manchmal bedauern, wenn die Beobachtung interessanter Vorgänge im Aquarium durch berufliche oder sonstige Termine unterbrochen wird.

Der Pflegeaufwand

Hier werden zunächst in allgemeiner Form die erforderlichen Tätigkeiten und der damit verbundene Zeit- und Kostenaufwand beschrieben. Nähere Erläuterungen und Begründungen erfahren Sie dann in

den späteren Kapiteln über Wasserpflege und Technik.

Das Füttern Ihrer Pfleglinge ist zweifellos die häufigste Pflegemaßnahme. Eine ein- bis zweimalige Fütterung pro Tag sollte als Anhaltspunkt dienen. Es darf nur soviel gefüttert werden, wie die Fische in wenigen Minuten restlos fressen. Weitere Einzelheiten zur Fütterung finden Sie im entsprechenden Kapitel.

Es ist sinnvoll, während der Fütterung die Fische zu beobachten: Kommt jeder Fisch ans Futter, gibt es Anzeichen von Krankheiten oder Verletzungen, gibt es Unverträglichkeiten zwischen einzelnen Fischen oder liegen sonstige Abweichungen vom normalen Verhalten vor? Gleichzeitig wirft man auch einen Blick aufs Thermometer und prüft, ob alle technischen Geräte ein-

Ein „klassisches" Aquarium.

wandfrei arbeiten. Für diese Tätigkeiten muß mit einem täglichen Zeitaufwand von ca. 10 bis 15 Minuten gerechnet werden.

Die wichtigste, für die Erhaltung eines optimalen Milieus entscheidende Tätigkeit ist die Durchführung eines regelmäßigen Teilwasserwechsels. Um ein stetiges Anhäufen von Schadstoffen im Aquarium zu verhindern, muß regelmäßig alle 14 Tage ein Viertel bis ein Drittel des Wasservolumens abgesaugt und durch frisches Wasser ersetzt werden. Näheres dazu im Kapitel über Wasser. Gleichzeitig werden auch abgestorbene Pflanzenteile und übermäßige Mulmansammlungen entfernt. Falls erforderlich, wird auch ein Teil der Filtermassen im Filter gereinigt. Für diese Tätigkeit muß man bei einem 100-l-Aquarium mit einem Zeitaufwand von ca. 30 Minuten rechnen.

Um sicherzugehen, daß den Aquarieninsassen ihr nasses Element auch zusagt, sollten regelmäßig pH-Wert und Nitrit-Gehalt überprüft werden. Dafür gibt es preiswerte und leicht zu handhabende Testsets im Zoofachhandel. Der Zeitaufwand für eine Messung liegt bei ca. drei bis fünf Minuten.

Bei den Kosten wollen wir uns hier darauf beschränken, nur die Betriebskosten zu behandeln. Anschaffungskosten sind einmalig und hängen letzten Endes davon ab, für welches Aquarium Sie sich entscheiden. Da sich Preise bekanntlich ändern, kann hier nur auf die einzelnen Kostenfaktoren hingewiesen werden. Absolutwerte würden in Kürze nicht mehr der Realität entsprechen.

Prinzipiell entstehen dauernde Kosten an Strom, Wasser, Futter und Pflegemitteln. Die Hauptverursacher von Stromkosten sind Beleuchtung und Heizung. Am Stromverbrauch für Beleuchtung läßt sich nicht sparen, da eine Beleuchtungsdauer von 12 Stunden täglich erforderlich ist. Die Kosten für Heizung richten sich nach der Differenz zwischen Zimmertemperatur und erforderlicher Temperatur des Aquarienwassers. Je kleiner die Differenz, desto geringer die Kosten. Die Stromkosten für Filterung fallen äußerst gering aus, da moderne Aquarienfilter nur sehr wenig Strom verbrauchen (Anschlußwert oft unter 10 W).

Die Wasserkosten für den regelmäßigen Teilwasserwechsel sind praktisch (noch) zu vernachlässigen:

Für ein 100-l-Aquarium benötigt man bei 14tägigem Austausch von 30 l Wasser etwa 780 l im Jahr.

Die Kosten für Futter sind von der Zahl und der Größe der gepflegten Fische abhängig. Dazu kommen dann noch Kosten für Pflegemittel, wie z.B. Dünger für Wasserpflanzen, Wasseraufbereiter. Als gelegentliche Kosten kämen noch die erwähnten Testsets hinzu. Bei einer Reichweite von 50–80 Messungen pro Packung (je nach Fabrikat), schlagen sie weniger häufig zu Buche.

Der richtige Standort

Wenn Sie nun die Schilderung des Pflegeaufwandes nicht von Ihrem Entschluß abbringen konnte, sich mit dem Aquaristikvirus infizieren zu lassen, so ist es an der Zeit, den geeigneten Standort für das Aquarium auszusuchen.

Spätestens seit es technisch ausgereifte künstliche Beleuchtungen für Aquarien gibt, hat das Aquarium auf der Fensterbank ausgedient. Der Standort Fensterbank oder auch ein Platz in der Nähe des Fensters, wie er in älterer Aquarienliteratur noch propagiert wird, bringt zu große Lichtprobleme mit sich. Der nur schwer kontrollierbare und nicht kontinuierliche (Sommer/Winter) Lichteinfall fordert Algenprobleme geradezu heraus.

Die dunkelste Ecke eines Zimmers, möglichst ohne Sonneneinstrahlung, ist der ideale Platz für ein Aquarium. Eine gezielt auf die Bedürfnisse der Pflanzen abgestimmte künstliche Beleuchtung sorgt für das richtige Licht in kontinuierlichem Rhythmus. Möglicherweise können Sie dadurch sogar eine ewig dunkle und unbeliebte Ecke im Zimmer aufmöbeln und schlagen so zwei Fliegen mit einer Klappe.

Darüber hinaus sollte der Idealplatz für ein Aquarium aber noch einige weitere Bedingungen erfüllen. Ein elektrischer Anschluß mit mindestens drei Steckdosen sollte sich in der Nähe befinden oder problemlos hergestellt werden können. Die Pflegearbeiten, vor allem aber der nötige regelmäßige Teilwasserwechsel, müssen ohne akro-

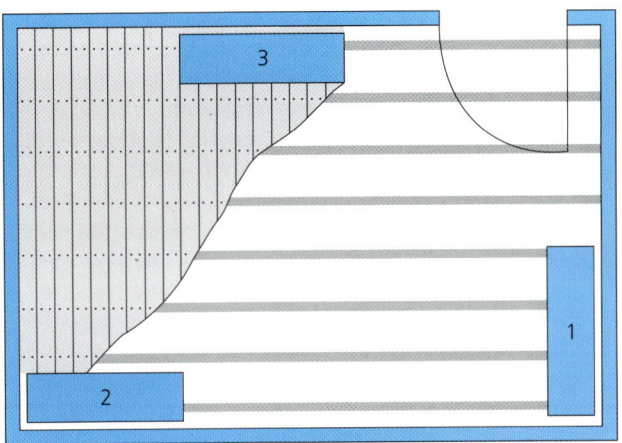

Achten Sie bei der Wahl des Standortes auf den Verlauf der Balken im Fußboden. Quer zur Balkenrichtung ist der ideale Standort (1); in der Ecke (2) ist es immer noch stabiler als parallel zum Balkenverlauf an der Wand (3).

Wenn es nicht möglich ist, das Aquarien-Untergestell über den Balken zu plazieren, hilft eine große Platte als Unterlage, die den Druck über die Balken verteilt.

batische Verrenkungen durchführbar sein.

Die Nähe eines Wasseranschlusses ist nicht unbedingt zwingend erforderlich. Bei kleineren Aquarien wird man den Wassertransport ohnehin per Eimer machen, was einmal in zwei Wochen, auch bei entfernter liegendem Badezimmer, leicht erledigt werden kann.

Bei größeren Aquarien kann die Eimerschlepperei allerdings zur Last werden, zumal zufällig verschwapptes Wasser sicherlich kein Anlaß zu familiären Freudenausbrüchen ist. In einem solchen Fall empfiehlt sich die Anschaffung eines längeren Schlauches (Gartenschlauch). Das eine Ende steckt man ins Aquarium, natürlich nicht ohne Ansaugschutz für die Fische. Das andere Ende klemmt man, nachdem man das Wasser kurz angesaugt hat, unter die Brille des „stillen Örtchens". So kann, ein ausreichender Höhenunterschied vorausgesetzt, jede beliebige Menge Wasser aus dem Aquarium bequem entsorgt werden.

Für den umgekehrten Weg wird der Schlauch mit der Warmwassermischbatterie verbunden (passende Verschraubungen gibt's im Baumarkt) und temperiertes Wasser fließt zurück ins Aquarium. Da man die Eigendynamik von Schläuchen nicht unterschätzen sollte, muß das Schlauchende im Aquarium natürlich entsprechend gesichert werden (Saugnapf, Stein etc.).

Das Gewicht eines gefüllten Aquariums ist nicht zu unterschät-

zen. Ein 100-l-Aquarium wiegt inklusive Bodengrund, Dekoration und Unterbau ca. 120–150 kg. Bei Aquarien unter 100 l dürfte das Gewicht bei heutigen Deckenkonstruktionen für die Standortwahl unbedeutend sein. Bei größeren Aquarien ist es jedoch ratsam, sich Gedanken über die Tragfähigkeit der Decke zu machen. Sie ist in der Nähe der Wände natürlich höher als in der Mitte des Zimmers. Im Zweifelsfall sollten Sie einen Statiker zu Rate ziehen. Bei Altbauten mit Holzdecke sollte außerdem noch die Laufrichtung der Balken berücksichtigt werden. Steht das Aquarium quer zur Laufrichtung und dazu noch an einer Wand, so ist die Tragfähigkeit am höchsten.

Seinem Gewicht entsprechend, benötigt ein Aquarium natürlich noch einen stabilen Unterbau. Für Aquarien bis ca. 60 l kann dies ein Tisch, Schreibtisch, Regal oder dgl. sein. Für größere Aquarien benötigt man einen eigens für diesen Zweck hergestellten Unterbau. Der Zoofachhandel bietet heute Aquarienunterbauten in zahlreichen Modellen und Ausführungen an. Ein Selbstbau lohnt sich nur bei Sondermaßen, entsprechendes Können natürlich vorausgesetzt.

Es versteht sich natürlich von selbst, daß der Unterbau absolut waagerecht stehen muß. Die eigentliche Fläche, auf die das Aquarium gestellt wird, muß plan und absolut frei von Fremdpartikeln (kleinen Steinchen etc.) sein. Zwischen Stell-

fläche und Aquarium legt man eine dünne Styroporplatte (Baumarkt) oder eine sog. Polysoftmatte, die es speziell für Aquarien im Zoofachhandel gibt.

Das Aquarium

Größe

Aquaristikeinsteiger stehen allzuoft vor der Gewissensfrage: Zunächst klein beginnen und später evtl. vergrößern oder gleich ein großes Aquarium? Beides hat, offen gesagt, Vor- und Nachteile. Sehen wir uns zunächst einmal die Verhältnisse in der Natur an.

Unsere Pfleglinge schwimmen in ihrer Heimat in riesigen Wassermassen, deren chemische Zusammensetzung sich durch eine ausgeprägte Kontinuität auszeichnet. An diese

Verhältnisse haben sich die Fische mehr oder weniger stark angepaßt (mehr darüber im Kapitel über Fische). Aus diesem Grunde sollte man bestrebt sein, im Aquarium ähnliche kontinuierliche Lebensbedingungen zu bieten. Zumindest sollten sich die Schwankungen in vertretbaren Grenzen bewegen.

Nun ist es nicht zu bestreiten, daß in einem großen Aquarium diese Konstanz der Lebensbedingungen durch versehentliche Pflegefehler nicht ganz so leicht aus dem Gleichgewicht gebracht wird wie in einem kleinen. Andererseits wird man bei einem kleinen Aquarium, sofern man nicht vorzeitig aufgibt, mit den natürlichen Gesetzmäßigkeiten dieses kleinen Lebensraumes eher vertraut als bei einem großen. Pflegefehler werden von einem kleinen Aquarium sofort unerbittlich quittiert.

Hierzu ein Beispiel: Ein unbemerkt gestorbener Fisch wird in einem großen Aquarium keinen Ärger bereiten. Er wird praktisch ohne Auswirkungen auf das Wassermilieu von unzähligen Bakterien und anderen Organismen zersetzt. Im kleinen Aquarium läuft prinzipiell das gleiche ab. Nur kann im hier wesentlich kleineren Wasservolumen die Arbeit der Bakterien zu einem katastrophalen Sauerstoffmangel führen. Die Folgen für die Fische sind wohl jedem klar.

Weiterhin ist auch noch zu bedenken, daß die Anschaffung und auch die Betriebskosten bei einem großen Aquarium natürlich größer sind als bei einem kleinen, zumal der Zoohandel kleinere Aquarien mit durchaus akzeptablen Abmessungen preiswert als Komplettset mit allem erforderlichen Zubehör anbietet. Die Entscheidung liegt letzten Endes bei Ihnen selbst.

Das kleine Aquarium erfordert jedenfalls wesentlich mehr Disziplin und Regelmäßigkeit in der Pflege als ein größeres. Aus diesem Grund könnte man es durchaus als den didaktisch besseren Weg des Einstiegs in die Aquaristik betrachten.

Sollten Sie wider Erwarten nach einiger Zeit feststellen, daß Aquaristik doch nicht das ist, was Sie sich als Hobby vorgestellt haben, dann hält sich zumindestens der finanzielle „Flurschaden" in Grenzen. Wir gehen natürlich davon aus, daß Sie in einem solchen Fall die gepflegten Lebewesen in verantwortungsvolle Hände weitergeben.

Bauart und Form

Am häufigsten findet man heutzutage sogenannte Nur-Glas-Aquarien. Das sind Behälter, die aus exakt zugeschnittenen und diamantgeschliffenen Einzelglasscheiben zusammengeklebt werden. Als Kleber und gleichzeitige Abdichtung dient sogenannter Silikonkautschuk.

Derzeit werden die meisten Becken mit schwarzem Silikon geklebt. Dies soll das „Einwachsen" von Algen in die Grenzflächen zwischen Silikon und Glas verhindern. Andererseits gibt es auch Aquarien, die mit transparentem Silikon geklebt sind, wo auch noch nach 20 Jahren kein nennenswertes Einwachsen von Algen festzustellen ist. Man könnte also die schwarze Klebung eher als Modeerscheinung betrachten.

Die Farbe der Klebung dürfte also letztendlich eine untergeordnete Rolle spielen. Wesentlich wichtiger ist das Vorhandensein von sogenannten Verstärkungsleisten, die auch gleichzeitig als Deckscheibenauflagen dienen. Kaufen Sie nur Becken, die Verstärkungsleisten an den **Längsscheiben** des Aquariums haben!

Bei Becken über ein Meter Länge müssen auch noch, abhängig von der Länge, ein oder mehrere Querstege vorhanden sein, die **auf** die Verstärkungsleisten aufgeklebt sind. Bei großen Aquarien, die nur mit Querstegen versehen sind (ohne Verstärkungsleisten in Längsrichtung), kommt es immer wieder vor, daß die Klebung der Querstege reißt und sich die Längsscheiben dann bedenklich nach außen wölben, wenn nicht sogar platzen.

Geklebte Aquarien haben grundlegende Vorteile gegenüber der früher üblichen „Rahmenbauweise". Durch den Wegfall des aufwendig herzustellenden Metallrahmens, in den anschließend die Scheiben eingekittet wurden, ist es möglich, wesentlich größere Aquarien preiswert zu fertigen. Zudem sind von der herkömmlichen „viereckigen" Form abweichende interessante Formen möglich, die auch als Sonderanfertigungen preislich noch im Rahmen bleiben. Dadurch eröffnet sich eine Fülle neuer Gestaltungsmöglichkeiten im Wohnraum.

Ein kleiner Nachteil dieser Nur-Glas-Aquarien sei jedoch nicht verschwiegen: Vor allem die Kanten sind beim Transport wesentlich leichter zu beschädigen, als die von

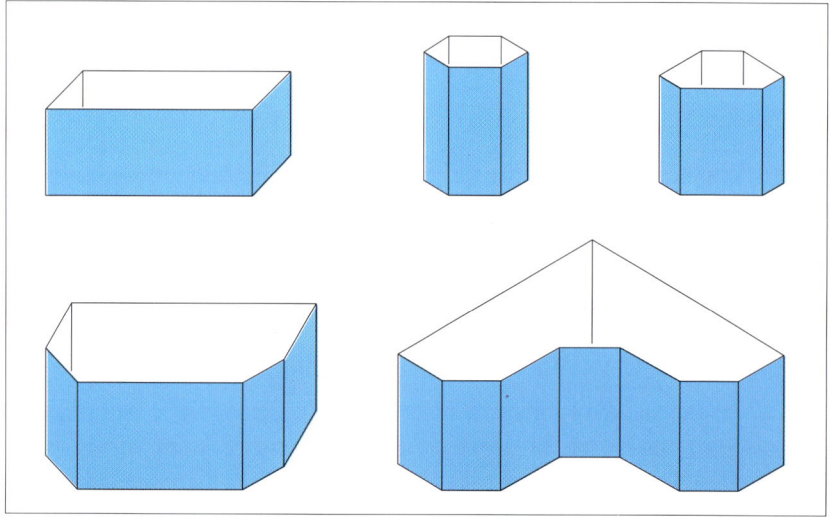

Aquarien gibt es in allen erdenklichen Formen und Größen.

Rahmenaquarien. Mit ein bißchen mehr Vorsicht läßt sich dieses jedoch leicht umgehen.

Bei der Auswahl der geeigneten Beckenform sollte den Ansprüchen der zu pflegenden Fische Vorrang vor innenarchitektonischen „Meisterleistungen" gegeben werden. Langgestreckte Fische, die gern viel schwimmen, sollte man z.B. nicht in kurzen hohen Becken pflegen. Umgekehrt sollten Fische mit hohem Körper nicht in flachen langen Becken gepflegt werden.

Muß das Becken aus irgendeinem Grund (zur Verfügung stehender Platz etc.) eine bestimmte Form haben, so wählen Sie bitte nur solche Fische, denen der angebotene Lebensraum zusagt. Nähere Angaben finden Sie in den Kapiteln über Aquarientypen und Fische sowie in der am Ende des Buches angegebenen Fachliteratur.

Ein weiteres wichtiges Kriterium bei der Auswahl der Beckenform ist die Tiefe des Beckens. Unter Tiefe versteht man die Entfernung zwischen Front- und Rückscheibe. Je tiefer ein Becken ist, desto vielseitiger sind die Gestaltungsmöglichkeiten im Aquarium. Hinzu kommt noch, daß die Entfernung von der Front- zur Rückscheibe, durch das Wasser beobachtet, wesentlich kürzer erscheint als an der Luft.

Ideal wären Aquarien, die tiefer sind als hoch, oder zumindest gleich tief wie hoch. Leider hat die Industrie dies noch nicht erkannt. So sind die allermeisten Aquarien in Standardgrößen höher als tief. Mit etwas Geschick lassen sich jedoch auch solche Aquarien ansprechend gestalten. Für welches Maß Sie sich auch immer entscheiden, achten Sie darauf, nur Fabrikate von renommierten Herstellern mit Garantie auf die Klebung zu kaufen.

Der Vollständigkeit halber seien nun auch noch einige andere Aquarienbauarten genannt. Als die Nur-Glas-Aquarien sich durchzusetzen begannen, fand man eine Zeitlang auch eine Zwischenstufe zwischen Rahmen- und Nur-Glas-Aquarien: Aquarien, die mit Silikon geklebt wurden, auf die jedoch nachträglich

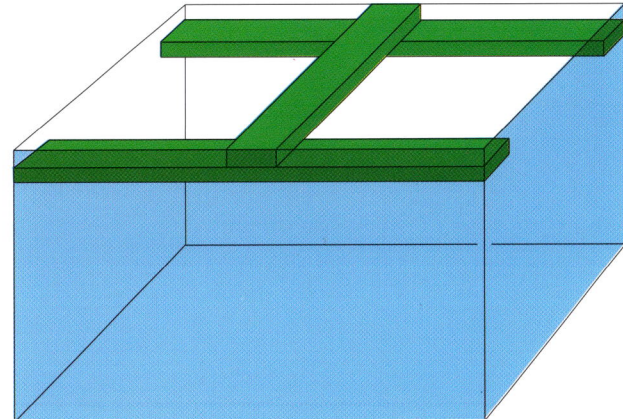

Becken ab 100 cm Länge benötigen einen Mittelsteg zur Stabilisierung, der über den längs verlaufenden Stegen angebracht ist.

ein Rahmen aus Kunststoffprofilen aufgeklebt wurde. Der „Rahmen" dieser Aquarien hat keinerlei tragende Funktion. Er schützt lediglich die Kanten vor Beschädigung. Solche Aquarien sind mittlerweile jedoch wieder „aus der Mode" gekommen. Wer nun um die Kanten seines Nur-Glas-Aquariums fürchtet, kann einen solchen Rahmen aus Kunststoffprofilen (Baumarkt) auch leicht selbst ankleben.

Plexiglas ist ebenfalls ein Material, aus dem Aquarien hergestellt werden können. Da es jedoch im Vergleich zu Glas teurer und außerdem sehr kratzempfindlich ist, konnte es sich nicht so recht durchsetzen. Lediglich in einem Stück gegossene, für Quarantäne oder Zucht verwendbare Klein- oder Kleinstbecken aus Plexiglas finden noch Verwendung.

Für extrem große Aquarien kann es aus preislichen Gründen erforderlich sein, auf andere Materialien als Glas zurückzugreifen. Man setzt dann lediglich eine Frontscheibe aus Glas ein. Es wäre z.B. nicht das erste Mal, daß ein Aquarianer sein Traumaquarium betoniert oder mauert und dann das Haus darum herumbaut.

Isolation gegen Wärmeverlust

Bei Aquarien mit tropischen Fischen liegt die Wassertemperatur (zumindest während der kühleren Jahreszeit) um ca. 5–8 °C über der Raumtemperatur. Dies bedingt einen nicht unerheblichen Wärmeverlust

nach außen. Nun stehen die wenigsten Aquarien so, daß sie von allen Seiten eingesehen werden können. Es empfiehlt sich also, alle Seiten, die nicht eingesehen werden können, von außen wärmedämmend zu isolieren. Das spart Stromkosten. Als Material eignen sich dazu Styroporplatten oder sogenannte extrudierte Dämmplatten aus Polystyrol (Baumarkt). Extrudierte Dämmplatten sehen eleganter aus und lassen sich mit einem Cuttermesser exakt und fransenfrei zuschneiden. Zur Befestigung verwendet man Silikonkleber oder doppelseitiges Teppichklebeband.

Hintergrund

Der Blick durch ein Aquarium auf die dahinterliegende Tapete paßt in den seltensten Fällen zu der auch noch so gekonnt gestalteten Aquarieninneneinrichtung. Bevor das Aquarium an seinen endgültigen Standort gebracht wird, sollten deshalb alle nicht einzusehenden Scheiben mit einem Hintergrund versehen werden, der natürlich mit der Inneneinrichtung des Aquariums harmonieren sollte.

Die einfachste Art ist ein schlichter Anstrich der betreffenden Scheiben von außen mit handelsüblicher Dispersionsfarbe. Als Farbtöne eignen sich am besten Schwarz oder dunkle erdige Töne. Statt eines direkten Anstrichs der Scheiben können auch die zur Wärmeisolation verwendeten Platten (vorheriger Abschnitt) eingefärbt und dann von außen angeklebt werden.

Aquaristik im Wandel der Zeit

Das Halten und zur Schau stellen von schönen Fischen, die nicht dem Verzehr dienen, hat in Asien, insbesondere China und Japan, eine schon Jahrhunderte alte Tradition. Goldfische und Zierkarpfen standen (und stehen heute noch) dort im Mittelpunkt des züchterischen Interesses. Einfache Tongefäße für den Züchter, verzierte und glasierte Töpfereiwaren für den privaten Halter bis hin zu edelsten, feinen Porzellanbehältern für begüterte Liebhaber kennzeichneten im fernen Osten die aquaristische Praxis.

Noch heute ist dort derartiges in Gebrauch, und alle klassischen Goldfischvarietäten sind auf die Betrachtung von oben ausgesucht und gezielt gezüchtet worden. Die Betrachtung „hinter Glas" im Aquarium kann als westliche Erfindung gelten.

Das waren noch Zeiten, als unsere Vorväter im letzten Jahrhundert die Fischliebhaberei entdeckten. Obwohl wesentliche biologische Bedingungen bekannt waren, so etwa die Temperaturansprüche der tropischen Fische, so waren doch die technischen Möglichkeiten begrenzt, um dies auch erfolgreich in die Praxis umzusetzen.

Historisches „Aquarium" aus dem Artikel „Der See im Glase" von E. A. Rossmässler, der 1856 in der Gartenlaube erschien.

Das „Dampfaquarium"

Die ersten Aquarienheizer waren Petroleum- oder Spiritusfunzeln, die unter das Becken gestellt wurden; später waren dann kleine Gasbrenner schon ein Fortschritt. An den entsprechenden Stellen waren im Metallboden der Becken sogenannte Wärmekuppeln aufgelötet. In ihrer direkten Umgebung wurde mit Bodengrund gespart, um lokale Überhitzungen zu vermeiden.

Damals hat man die Aquarien meist noch selbst gebastelt, und die diesbezüglichen Anleitungen lesen sich für unsere heutigen aquaristischen Begriffe beinahe schon abenteuerlich: Mit Pech- und Teerdichtungsmassen wurde experimentiert, zahlreiche Rezepturänderungen von Fensterkitt sind ausgetauscht und probiert worden. Nach Einbringen der Scheiben in die Rahmung sorgten verschiedene Vergußmassen für zusätzliche Sicherheit.

Die Rahmen überstrich man mit oftmals selbstgerührten „Isolierlacken" auf der Basis von Mennige, einer nicht ganz ungefährlichen Bleiverbindung. Sie wurde durch Beimengungen von Leinölfirnis als Oberflächenschutz „entschärft".

Als Bodengrund dienten schon damals Sand und Kies. Man kommt übrigens heute teilweise auf eine Erkenntnis zurück, die auf erste Beobachtungen in dieser Zeit zurückgeht: Dunkler Bodengrund fördert Ruhe und Farbkraft mancher Fische, die sich bei hellen und reflektierenden Grundmaterialien eher schreckhaft und blaß zeigen. Seinerzeitige Problemlösung: Beimischung von Braunkohlegrieß!

Luft muß sein

War dann das Wasser erst einmal im hoffentlich dichten Aquarium drin, die Pflanzen und Fische eingesetzt, begann auch schon das Bangen um die Flossenträger: Sie schnappten nach Luft, vor allem, wenn man hinsichtlich der Besatzdichte und mangels Filterkenntnis-

stoffproduktion nach, und war die Besatzdichte ohnehin kritisch, kam es rasch zu Ausfällen infolge Verschlechterung der Wasserqualität. Prophylaktisch wurde durch rege Verschenkaktionen im Spätsommer die Fischdichte reduziert, und mancher Zeitgenosse wurde so zum Neu-Aquarianer.

Die Entwicklung geriet kurz auf einen Seitenzweig, der mittlerweile zum Glück fast ausgestorben ist: Man erfand die unselige Goldfischkugel, in der fast keine der zwischenzeitlich verfügbaren, technischen Neuerungen der Aquaristik zur Anwendung kam.

Auf dem Weg zur High-Tech-Aquaristik

Die ersten Filtertöpfe, Glühlampenbeleuchtungen und kleine Luftpumpen kennzeichneten den Weg hin zur modernen Aquaristik. Technologische Verbesserungen fanden und finden statt, begleitet von naturwissenschaftlichen Erkenntnissen aus vielen Fachbereichen.

Trotz idealer Voraussetzungen folgen auch heute noch einige Aquarien-Neulinge dem historischen Prinzip des „Lernens durch Versuch und Irrtum". Damals war nichts anderes möglich, aber heutzutage muß man bei etwas gutem Willen und der Bereitschaft zu einmaligen, sinnvollen Investitionen wirklich nicht viel „Lehrgeld" bezahlen.

sen des Guten zuviel getan hatte. Dringend nötige Luft mußte her, aber wie?

Die ersten Luftspeicher waren Gummischläuche, etwa aus Autoreifen, die ihren Inhalt morgens und abends durch fleißiges Aufpumpen bezogen. In Druckkesseln mit Manometer und Auslaßventil fanden sie ihre vornehmere Variante, aber auch die war nur durch sportliche Betätigung zu füllen. Als Ausströmer dienten bis zum Einsatz von Kieselgurblöcken dicke Filzscheiben.

Keine konstanten Bedingungen

Die ersten Aquarien wurden ohne Beleuchtung betrieben und standen daher auf der Fensterbank. Im Sommer waren Algenprobleme durch zuviel Licht geradezu vorprogrammiert, im Winter war es am Fenster zu kalt, und der Spritverbrauch der primitiven Heizer schoß merklich in die Höhe. Später galt entsprechendes für die ersten Elektroheizungen. Sie wurden als Salzheizer in der Form betrieben, daß in einem U-förmigen Glasrohr

Strom durch eine Salzlösung geschickt wurde. Durch Größe der angelegten Kohleelektroden und Konzentration der Lösung war eine gewisse Regulierung der Heizleistung möglich.

Der jahreszeitliche Übergang vom Sommer zum Winter war die kritischste Periode: Unter den Fischen, von denen Makropoden, Kardinalfische und Panzerwelse der Gattung Corydoras zu den Pionieren hiesiger Becken gehörten, grassierte häufig das gefürchtete „Herbststerben". Die Pflanzen ließen mit schwindender Lichtmenge und -intensität in ihrer Sauer-

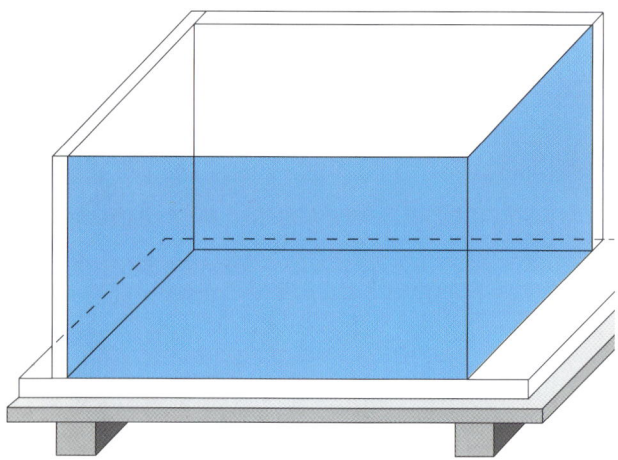

Als Isolation gegen Wärmeverlust werden die dem Betrachter abgewandten Seiten des Aquariums mit einer Styroporplatte verkleidet.

Im Zoofachhandel sind sogenannte Fotorückwände als Meterware in verschiedenen Motiven erhältlich, die dann einfach von außen mit Klebeband befestigt werden. Wer etwas bastlerisches Geschick hat, kann sich aus verschiedensten Naturmaterialien (Steine, Rinde, Schilf etc.) auch eine Rückwand selbst herstellen. Von der Verwendung voluminöser Rückwände innerhalb des Aquariums (z.B. aus bearbeitetem Styropor) raten wir ab, da dadurch, zumindest in kleineren Aquarien, das Wasservolumen zu stark eingeschränkt wird.

Bodengrund

Um den Aquarienpflanzen das erforderliche Pflanzsubstrat und den Fischen den nötigen „Boden unter den Füßen" zu bieten, braucht die künftige Unterwasserwelt einen Bodengrund. Am besten bewährt hat sich kalkfreier, bräunlicher Kies in einer Körnung von 2–3 mm. Meiden Sie reinweißen Kies, wenn er auch noch so schön „clean" aussieht. Fische fühlen sich auf dunklem Bo-

Geklebtes Aquarium mit zwei Arten von Bodengrund, Polysoftunterlage, verschiedenen Fotorückwänden und rückwärtiger Isolation. Bodengrund links: ideales Material (Kies, Körnung 2–3 mm); Bodengrund rechts: Lavabruch, zwar dunkel, aber scharfkantig. (Polysoftunterlage, Hintergrund und Isolation stehen nur zu Demonstrationszwecken über.)

dengrund wesentlich wohler und zeigen schönere Farben.

Achten Sie auch darauf, daß die einzelnen Kieskörnchen rundlich sind. An scharfkantigem Material, wie z.B. Lavabruch oder Basaltsplit, die zwar schön dunkel gefärbt sind, können sich manche Bodenfische empfindliche Verletzungen zuziehen. Weitere Einzelheiten zum Bodengrund erfahren Sie im Kapitel über Wasserpflanzen.

Dekoration

Zur Gestaltung des Lebensraumes Aquarium benötigen Sie natürlich auch noch Wasserpflanzen und bestimmte Dekorationsmaterialien. Damit diese ihrem besonderen Verwendungszweck und nicht zuletzt

auch ästhetischen Gesichtspunkten gerecht werden, hier einige grundsätzliche Gedanken vorab.

Da das Aquarium einmal eine kleine, nach biologischen Gesetzmäßigkeiten funktionierende Lebensgemeinschaft werden soll, versteht es sich von selbst, daß Plastikpflanzen absolut tabu sind. Welche wichtigen Funktionen die Pflanzen im Aquarium erfüllen, erfahren Sie im Kapitel über Pflanzen. Auch bei den übrigen Dekorationsmaterialien, die Sie benötigen werden, um z.B. Höhlen, Reviereinteilungen oder Terrassen aufzubauen, bieten sich natürliche Materialien eher an als Plastikkram. Natursteine, Moorkienwurzeln oder Steinholz sind einige Materialien, die sich sehr gut eignen.

Sämtliche Materialien dürfen keine schädlichen Substanzen an das Wasser abgeben. Besonders bei jeglicher Art von Holz ist darauf zu achten, daß nur nicht faulendes, durch jahrzehntelange Lagerung in Mooren mit Huminsäuren imprägniertes Holz Verwendung findet. Bei Materialien aus dem spezialisierten Zoofachgeschäft können Sie sicher sein, daß sie geeignet sind.

Den in der Literatur häufig zu findenden Hinweis, Steine, Wurzeln oder sonstige Materialien vor Verwendung auszukochen, können Sie getrost vergessen. Nicht nur, daß bei solchen Aktionen meist der Haussegen leidet, auch die Beschaffung passender Töpfe stellt einen normal bestückten Haushalt oft vor unüberwindliche Probleme. Kräftiges Abbürsten unter fließendem Wasser genügt völlig.

Überladen Sie ihr Aquarium nicht mit zu vielen verschiedenen Dekorationsmaterialien. Auch hier gilt der Grundsatz, daß weniger oft mehr ist. Legen Sie also keine Steinsammlung unter Wasser an, sondern verwenden Sie nur Steine einer Art. Mehr über die Aquarieneinrichtung finden Sie im nächsten Kapitel.

Nützliche Utensilien

Einige nützliche Dinge, die Ihnen die Arbeit am Aquarium erleichtern, sollten Sie sich gleich von vornherein an einem bestimmten Platz bereithalten. Im wesentlichen sind dies: ein sauberer Eimer, der ausschließlich für die Aquarienpflege benutzt wird und für sonstige Putzaktivitäten im Haushalt absolut tabu ist; dazu ein Absaugschlauch von ca. 2 m Länge mit einem Durchmesser von ca. 15–20 mm. Einen Kescher benötigen Sie, um gegebenenfalls Fische aus dem Aquarium fangen zu können.

Zur Entfernung von Algenbelägen an der Innenseite der Frontscheibe ist ein Scheibenreiniger er-

Vor dem Aquarium kann man herrlich entspannen.

forderlich. Außer Eimern (die gibt's im Baumarkt oder Haushaltswarengeschäft) bietet der spezialisierte Zoofachhandel alle genannten Utensilien in verschiedener Qualität und Ausführung an.

Versicherung

Obwohl es, Gott sei Dank, nur sehr selten vorkommt, daß man den Inhalt seines Aquariums auf dem teuren Wohnzimmerteppich findet, sollte man doch für diesen Fall vorgesorgt haben. Stellen Sie sich einmal vor, was ein einziger Eimer Wasser anrichtet, der zufällig aus Versehen im Wohnzimmer umfällt,

Utensilien zur regelmäßigen Aquarienpflege: Eimer, Fangnetz, Schlauch und Mulmglocke, verschiedene Scheibenreiniger.

und rechnen Sie das dann auf den Inhalt Ihres Aquariums hoch! Von dem eigenen Schaden sei hier einmal gar nicht die Rede. In einer Mietwohnung kann das ausgelaufene Wasser eines Aquariums erheblichen Schaden an fremdem Eigentum anrichten.

Am besten, Sie lassen sich von Ihrem Versicherungsfachmann beraten. Eine Haftpflichtversicherung deckt Schäden gegenüber Dritten. Wenn das Aquarium, meist gegen Sonderprämie, in die Hausratversicherung mit eingeschlossen werden kann, sind auch Ihre eigenen Schäden versichert. Mitglieder von Aquarienvereinen, die dem VDA (siehe Adressenverzeichnis) angehören, sind automatisch gegenüber Dritten versichert.

Gedankenaustausch

Bevor wir nun in den nächsten Kapiteln tiefer in die aquaristische Materie einsteigen, ein Rat: Ein Aquarium zu pflegen heißt, sich mit einem Komplex sich gegenseitig beeinflussender Lebewesen zu beschäftigen. Und gerade weil es sich um Lebewesen handelt, kann es keine Anleitung wie für eine Maschine geben, der man nur zu folgen braucht, und schon klappt alles.

Dieses Buch will versuchen, Sie in die richtige Richtung zu lenken. Sie werden jedoch früher oder später auf irgendein Problem stoßen, auf das Sie in diesem Buch vielleicht keine Antwort finden. Suchen Sie deshalb den Gedankenaustausch mit Gleichgesinnten.

Ihr erster Ansprechpartner wird Ihr spezialisierter Zoofachhändler sein. Mit der Zeit werden Sie dann sicher auch andere Aquarianer kennenlernen, die vielleicht einem Verein angehören, oder Sie werden selbst Mitglied in einem Aquarienverein. In heißen Diskussionsabenden werden Sie dann feststellen, daß oft viele Wege nach Rom führen und daß manchmal nicht alles so geht, wie man es sich anfangs vorgestellt hat. Aber gerade das ist es, was die Aquaristik so interessant macht.

Für jeden etwas – Aquarientypen

Aquariendekoration und Vorgehensweise

Bevor Sie darangehen, Ihr ganz persönliches Aquarieninterieur zu gestalten, ein Wort vorab: Wollte man den Lebensraum unserer Aquarienfische absolut *naturgetreu* nachbilden, so böte sich in den allermeisten Fällen kein allzu erhebender Anblick. Das muß nicht sein. Die Einrichtung eines Aquariums darf selbstredend durch unser ästhetisches Empfinden geprägt sein.

Wichtig ist lediglich, daß sie trotzdem die Funktion übernimmt, die für ein artgerechtes Leben der Fische erforderlich ist. Das heißt, Fische, die Unterschlupf in Form von Höhlen benötigen, sollten diese auch vorfinden, und Fische, die Pflanzendickichte brauchen, um sich gegebenenfalls zurückziehen zu können, sollten nicht in „Steinwüsten" gepflegt werden, und so weiter.

Im vorangegangenen Kapitel haben Sie bereits erfahren, welche Materialien für eine Dekoration im Aquarium in Frage kommen. Um es noch einmal zu wiederholen: Verwendbar sind grundsätzlich alle natürlichen Materialien, die nicht faulen und keine schädlichen Substanzen an das Wasser abgeben. Taucher, Schiffswracks und sonstige Plastikartikel stören die Fische zwar nicht, aber sie passen nicht so recht zum Bild einer möglichst natürlich wirkenden Unterwasserlandschaft. Über Geschmack läßt sich jedoch bekanntlich nicht streiten.

Die am häufigsten verwendeten Dekorationsmaterialien sind wohl nach wie vor Steine und Moorkienholz. Geeignet sind alle Arten von Steinen, die keine Härtebildner ent-

halten, also zum Beispiel Granit, Basalt, Schiefer, Lava, Kieselsteine und andere. In Sonderfällen, wie zum Beispiel für ein Aquarium mit Fischen aus den afrikanischen Grabenseen, kann auch Kalkgestein Verwendung finden.

Steine dienen dazu, Höhlen, Reviergrenzen und Terrassen aufzubauen. Terrassen eignen sich sehr gut, um dem Aquarium räumliche Tiefe zu verleihen, wenn sie nicht parallel zum Scheibenverlauf, sondern asymmetrisch nach hinten verlaufend angelegt werden. Um ein Durchrieseln des Bodengrundes durch Lücken in der „Terrassenmauer" zu verhindern, klebt man mit Silikon Glasstreifen hochkant auf die Bodenscheibe, die dann mit Steinen verkleidet werden.

Moorkienwurzeln sind ein hervorragendes Mittel, um im Wasser versunkene Baumteile oder vom Wasser unterspülte Baumwurzeln nachzuahmen. Außerdem bieten sie verschiedenen Harnischwelsen einen wesentlichen Bestandteil ihrer Nahrung, nämlich Cellulose, die diese durch unermüdliches Abraspeln der Wurzeln zu sich nehmen.

Leider haben Moorkienwurzeln eine unangenehme Eigenschaft: sie schwimmen auf, und das unter Umständen noch nach Jahren. Bewährt haben sich folgende Methoden, um die Wurzel unter Wasser zu halten: Die Wurzel so anordnen, daß das obere Ende unter einer Verstärkungsleiste des Beckens zu liegen kommt; das am Boden liegende En-

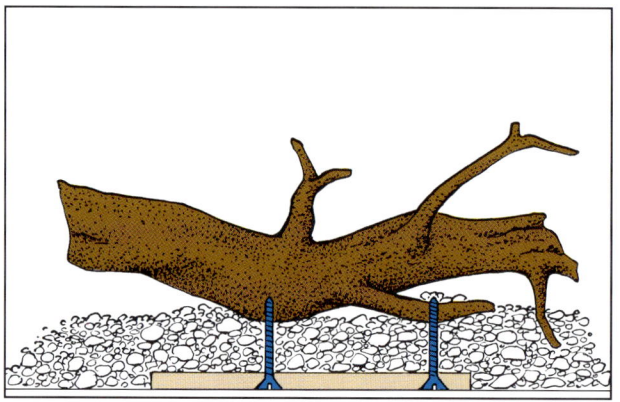

Moorkienwurzeln werden mit nichtrostenden Schrauben auf einer Kunststoffplatte befestigt, die dann mit Bodengrund bedeckt und dadurch gehalten wird.

1. Bodenheizung. Wenn Sie sich zur Verwendung einer Bodenheizung entschlossen haben, muß diese zuerst auf den Glasboden des Aquariums in gleichmäßigen Schlingen verlegt werden. Näheres über Bodenheizungen erfahren Sie im Technik-Kapitel.

2. Einbringen des Bodengrundes. Am besten bewährt hat sich eine 4 bis 6 cm hohe Schicht aus möglichst dunkelfarbigem Quarzkies. Wenn Sie vorgewaschenen Kies aus dem Zoofachgeschäft beziehen, ist es nicht einmal unbedingt erforderlich, ihn auszuwaschen. Eine geringfügige Trübung nach dem Wassereinfüllen verschwindet nach kurzer Zeit wieder. Kies unbekannter Herkunft muß vor der Verwendung im Aquarium unbedingt gewaschen werden.

3. Anbringen von Stabheizer und Filter. Verfahren Sie genau

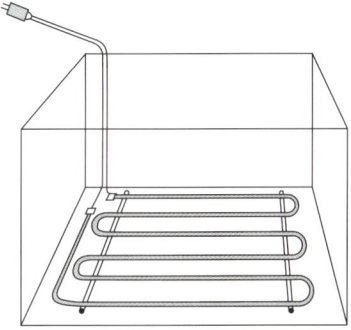

1 Bodenheizung verlegen

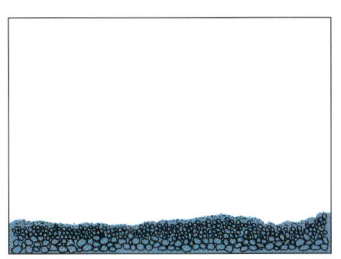

2 Kies einfüllen

de mit entsprechend schweren Steinen unten halten. Die Verstärkungsleiste des Beckens soll dabei nur den Auftrieb der Wurzeln abfangen, auf keinen Fall die Wurzel zwischen Boden und Verstärkungsleiste einklemmen – Bruchgefahr!

Mit Edelstahlschrauben kann man eine größere Kunststoffplatte an die Unterseite der Wurzel schrauben. Die Kunststoffplatte wird anschließend im Bodengrund versenkt. Kommen Sie bitte nicht auf die Idee, Wurzeln mit Silikon ankleben zu wollen! Aufgrund der Porosität des Holzes wird nach kurzer Zeit Wasser in die Grenzfläche der Klebung eindringen, die Wurzel macht sich selbständig, und ab geht es nach oben! Wenn die Beleuchtung dabei nicht zu Bruch geht, haben Sie Glück gehabt.

Neuerdings bietet der Zoofachhandel auch tropisches Holz an, das gut für Aquarien geeignet ist und – wesentlicher Vorteil – schwerer ist

als Wasser. Es muß allerdings sehr lange vorgewässert werden, da es das Wasser ziemlich stark braun färbt.

Halbierte oder ganze gereinigte Kokosnußschalen mit Öffnung bieten einen idealen Brutplatz für Zwergbuntbarsche. Mit entsprechend zurechtgeschnittenen Bambusstäben kann im Wasser stehendes Schilf oder Gras nachgeahmt werden. Kokosnußschalen und Bambus brauchen, wie Moorkienholz, vor der Verwendung nicht ausgekocht zu werden.

Es gibt sicherlich noch viele weitere wertvolle, natürliche Materialien, deren Aufzählung den Rahmen dieses Buches sprengen würde. Lassen Sie Ihre Phantasie spielen. Vermeiden Sie jedoch die Verwendung zu vieler verschiedener Materialien in einem Becken.

Die Einrichtung des Aquariums erfolgt im wesentlichen nach folgendem Schema:

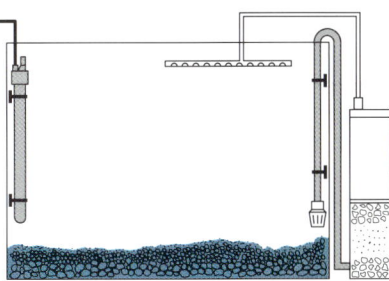

3 Stabheizer und Filter installieren

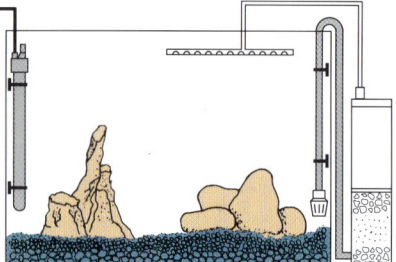

4 Dekoration anordnen

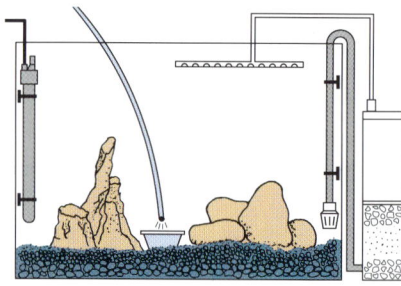

5 Wasser einfüllen

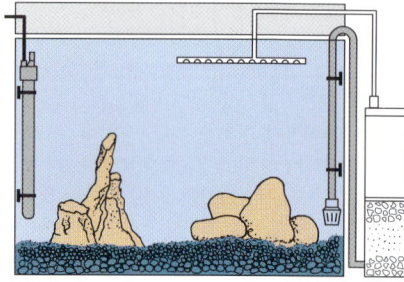

6/7 Beleuchtung anbringen

8 Pflanzen einsetzen

9 Fische einsetzen

Auswahl an Dekorationsmaterialien: Moorkienholz, Korkrinde und verschiedene Steine; das Kunststoffgitter dient als Unterlage für schwere Steinaufbauten (zum Schutz der Scheibe).

tuell erforderliche Korrekturen an der Dekoration vorgenommen.

6. Filter und Heizung in Betrieb nehmen, Beleuchtung installieren. Näheres über diese Geräte erfahren Sie im Technik-Kapitel.

7. Animpfen. Nun ist es erforderlich, das Aquarium mit Bakterien „anzuimpfen". Was es mit diesen Bakterien auf sich hat und wozu sie gut sind, erfahren Sie in den folgenden Kapiteln. Die absolut beste Methode der Animpfung ist die: Besorgen Sie sich von einem befreundeten Aquarianer einen Teil eingefahrene Filtermasse und waschen Sie diese in Ihrem Aquarium aus. Die dabei entstehende unschöne Trübung verschwindet rasch wieder, Sie haben praktisch im Handumdrehen einen „eingefahrenen" Filter und können ein bis zwei Tage später bereits Fische einsetzen.

8. Wasserpflanzen einsetzen. Wenn die Technik einwandfrei arbeitet und das Becken angeimpft ist, können die Wasserpflanzen eingesetzt werden. Nähere Einzelheiten dazu im Kapitel über Pflanzen.

9. Einsetzen der Fische einige Tage später. Näheres darüber und über die Fische selbst erfahren Sie in den entsprechenden Kapiteln.

Die richtige Mischung: Gesellschaftsbecken

Sogenannte Gesellschaftsbecken dürften für die meisten Aquarianer der Einstieg in dieses schöne Hobby gewesen sein. Wie der Name schon sagt, werden in einem derartigen

nach der Gebrauchsanleitung der einzelnen Geräte. Installieren Sie die Geräte im hinteren Teil des Aquariums so, daß sie später durch Dekorationsgegenstände und Pflanzen möglichst verdeckt werden.

4. Anordnen der Dekorationsgegenstände. Wenn keine besonders stark wühlenden Fische gepflegt werden sollen, können Steine, Wurzeln usw. auf den Bodengrund aufgelegt oder leicht eingegraben werden. Schwere Steinaufbauten für wühlende Fische, z.B. Buntbarsche, müssen *vor* Einbringen

des Bodengrundes aufgebaut werden. Um dabei die Bodenscheibe nicht zu beschädigen, ist es ratsam, eine Styroporplatte oder besser ein engmaschiges Kunststoffgitter (Gartenbedarf) unterzulegen.

5. Wasser einfüllen. Um dabei den Bodengrund nicht unnötig aufzuwirbeln, legt man einen flachen Gegenstand (Scheibe, Teller, Stein) auf den Boden und leitet darauf den Wasserstrahl. Das Wasser wird gleich auf 25 °C temperiert (Mischbatterie). Nachdem das Aquarium vollgefüllt ist, werden noch even-

Aquarium verschiedene Bewohner vergesellschaftet.

Generell gilt für die gewollte Vergesellschaftung von Tieren unterschiedlicher Arten – und genau darum geht es hier – eine ganz wichtige Grundregel: Die gemeinsam unterzubringenden Lebewesen müssen sich miteinander vertragen und sie müssen prinzipiell die gleichen Ansprüche an die Umweltbedingungen haben. Nur so ist eine wirklich artgerechte Unterbringung gewährleistet, wie sie zu Recht vom Tierschutz verlangt wird.

Dieser Grundsatz hat natürlich auch in der Aquaristik zu gelten. Eine „wilde Mischung" verschiedenster Fischarten, kombiniert mit diversen Pflanzen und eventuellen weiteren Wasserbewohnern, ausgesucht allein nach Gesichtspunkten des rein persönlichen Geschmacks, geht meistens schief. Zumindest das Wohlbefinden einiger oder gar aller Beckeninsassen wird beeinträchtigt. Wesentliche Lebensfunktionen können schon durch die bloße Anwesenheit ungeeigneter Mitbewohner beträchtlich gestört werden. Streß, Angst und Schmerz kennt man auch von Fischen. Zwingt man ihnen gar völlig unnatürliche Haltungsbedingungen auf, wird das Gesellschaftsbecken leicht zu einem Ort für vorprogrammierte Tierquälerei.

Unsere zuvor genannte Grundregel der gegenseitigen Verträglichkeit unter gleichzeitiger Achtung gleicher Umweltansprüche hilft dies zu vermeiden. Kritikern der Aquaristik wird so das Wasser abgegraben, und man wird langfristig Freude auch an diesem Aquarientyp haben.

Was versteht man nun bei Fischen unter dem Grundsatz des „Sich-miteinander-Vertragens"? Vorab heißt dies, daß Räuber und ihre Beutefische nicht dauerhaft zu vergesellschaften sind. Raubfische,

„Schlechte Gesellschaft": Auch bei Fischen kann es Streit geben.

denen ständig maulgerechte Fischchen begegnen, werden diese auch zu schnappen versuchen (und bei häufigem Erfolg vielleicht rasch überernährt), und umgekehrt stehen kleine Beutefischchen selbst bei besten Versteckmöglichkeiten permanent unter Streß, wenn ein Jäger sie stets verfolgt oder belauert.

Verträglichkeit bedeutet auch einmal Verzicht: Langflossige Zuchtformen, die es ja von vielen Fischarten gibt, werden selbst von manchen Friedfischen nur allzugern an den „Schleiern" oder sonstigen Flossenfortsätzen gezupft. Daher gehören derartige Fisch-Spielarten nicht in ein Gesellschaftsbecken.

Die allseitige Zuträglichkeit der Fütterungsmethode und der verabreichten Kost empfiehlt eigentlich die ausschließliche Mischung von Allesfressern oder Gemischtköstlern unter den Fischen. Ansonsten wird ein Gesellschaftsbecken hinsichtlich der Fütterung sehr aufwendig.

Dieser Aspekt leitet zu den Ansprüchen an die Umwelt über, die ja für alle Bewohner dieses Beckentyps unbedingt identisch sein müssen: Setzt man Umwelt zunächst mit Lebens- oder bevorzugtem Aufenthaltsraum einer Fischart gleich, so ist es sinnvoll, wenn man Arten der verschiedenen Schwimmzonen (Wasseroberfläche, freier Schwimmraum und Boden) im Gesellschaftsbecken zusammenbringt. Der vorhandene Raum wird so ideal ausgenutzt. Auch dabei achte man auf Ausgewogenheit: Sowohl innerhalb der Bereiche als auch auf das gesamte Aquarium bezogen, muß die Besatzdichte stimmen! Der Anfänger wird sich mit ein bis zwei Arten pro Beckenzone begnügen müssen.

Die wesentlichen Wasserparameter müssen für alle „Gesellschafter" passen. Glücklicherweise sind bei

vielen Fisch- und Pflanzenarten hinsichtlich Temperatur, pH-Wert und Wasserhärte gewisse Bereiche artgerecht und bekömmlich. Innerhalb dieser Grenzen sollte man aber bleiben, und zwar bei allen dreien der genannten Faktoren! Nur wo Sie hierzu anhand des Fisch-Kapitels oder anderer Fachliteratur wirkliche Übereinstimmung feststellen, haben Sie es mit echten Partnern für die Vergesellschaftung zu tun und verhalten sich wie ein wahrer Tierfreund.

Soll man nun bei der Zusammenstellung eines Gesellschaftsbeckens auch noch auf die geographische Herkunft der erwählten Bewohner achten? Oder darf man völlig unabhängig von Erdteil- oder Länderherkunft mischen? Nun, das ist reine Ansichtssache, und die Übergänge zu den nachfolgend behandelten Beckentypen sind fließend. Beim Thema Gesellschaftsbecken scheiden sich nun einmal die Geister und das sollen sie ruhig auch ganz nach Belieben. Wir meinen, erlaubt ist, was gefällt und was hinsichtlich der Ansprüche zusammenpaßt.

Weniger ist (oft) mehr: Aquarien mit Motto

Strenggenommen sind die Aquarien, auf die wir in diesem Abschnitt etwas näher eingehen wollen, auch nichts anderes als Gesellschaftsbecken. Nur, daß eben die Fischgesellschaft in diesen Becken unter einem bestimmten Motto ausgesucht wurde, und auch die Einrichtung der Aquarien entsprechend gestaltet wurde.

War beim „normalen Gesellschaftsbecken" lediglich das Zusammenpassen der Fische, egal woher sie stammten, maßgebend, so beschränkt man sich nun auf eine bestimmte Gruppe oder gar Art, um deren Lebensbedingungen optimal gestalten zu können. In diesem Zusammenhang spricht man von sogenannten Arten-, Biotop- oder Landschaftsaquarien. Als Sonderfall wären dann noch die sogenannten holländischen Aquarien zu nennen.

Mit Aquarien wohnen

Um Aquarien in Wohnräume zu integrieren, gibt es unzählige bauliche und architektonische Möglichkeiten. Ganze Generationen von Raumausstattern und Aquarienmöbelherstellern haben Unmengen von Varianten, Tips und Tricks erdacht, um die Pflege von Fischen und das Wohnen auf praktische und schöne Weise zu kombinieren.

Die Bandbreite reicht von einem unauffälligen, ja fast schon versteckten Unterbringen der Becken bis hin zu ihrer Gestaltung als Blickfang, dekorativer Mittelpunkt des Raumes oder gar Kunstobjekt.

Funktionalität ist das Wichtigste

Ob Fertigprodukte der in dieser Hinsicht sehr phantasievollen Industrie oder Verlaß auf das eigene handwerkliche Geschick – keinesfalls dürfen Optik und angestrebte Wirkung die einwandfreie Funktion beeinträchtigen. Auch „Wohn-Aquarien" sollen bedienbar sein und bleiben: Zuallererst müssen die aquaristischen Erfordernisse hinsichtlich der Standortwahl, der Technik und der Pflege berücksichtigt werden.

Gerade der letzte wichtige Punkt wird leider immer wieder außer acht gelassen: Häufig sind der Filter oder Bereiche der Scheiben so schwer zugänglich, daß selbst für einfache Kontroll- und Pflegearbeiten große Anstrengungen und akrobatische Verrenkungen nötig sind. Doch solcher Leibesübungen wird man rasch überdrüssig und das Aquarium wird dann womöglich vernachlässigt.

Antik oder modern?

Was wird nun für das „Schöner Wohnen mit Aquarium" angeboten? Die einfachste und naheliegendste Möglichkeit ist, neben „nackten" Becken, die bewährten Aquarien mit Unterschränken zu versehen, die es in verschiedenen Ausführungen gibt – passend zu jedem Wohnstil oder auch als deutlicher Kontrast. In diesen Schränken können Filter, CO_2-Anlage und weiteres Zubehör griffbereit untergebracht werden.

Becken mit Durchblick

Parallel zur Vervollkommnung dieser Möbelstücke entwickelte sich eine andere, ganz besondere Form des Wohnens mit Aquarium: Das Becken als Raumteiler – wiederum in Stil und Form der sonstigen Einrichtung angepaßt oder im bewußten Kontrast dazu stehend.

Während ein an der Wand stehendes Aquarium von ein bis höchstens drei Seiten einsehbar ist und die Dekoration vor der Rückwand angeordnet wird, besitzt ein Raumteiler-Aquarium praktisch zwei Frontseiten. Dadurch verlagert sich der Raum für „dekoratives Gestalten" auf einen eng begrenzten Bereich um die Mittelachse des Aquariums. Als Raumteiler sollten deshalb besonders tiefe Aquarien bevorzugt werden.

Das Raumteiler-Aquarium bietet viel freien Schwimmraum für Schwarmfische der oberen und mittleren Wasserzonen. Fischarten, die viele Verstecke und Rückzugs-

Aquarium als Raumteiler.

Eigenwillige Konstruktion eines freitragenden Aquariums.

möglichkeiten benötigen, werden sich daher in einem Raumteiler-Aquarium weniger wohlfühlen.

Wer unter den vielen angebotenen Beckengrößen und -formen und Aquarienmöbeln nicht das passende findet, kann sich ein Aquarium ganz nach seinen Wünschen selbst bauen oder anfertigen lassen. Übrigens können die meisten Zoofachgeschäfte aus Platzgründen nicht alles ausstellen, was es so gibt. Lassen Sie sich beraten und Prospekte mit weiteren Modellen zeigen!

Thema mit Variationen

Teiche gibt es nicht nur im Garten – auch die Wohnung läßt sich damit verschönern. Hier bietet sich die Möglichkeit, Fische einmal nicht von der Seite, sondern von oben zu betrachten und die Pflanzen aus dem Becken herauswachsen und ihre Blüten treiben zu lassen.

Freistehendes Sechseckaquarium.

Sehr reizvoll können auch „Beckenlandschaften" sein, die Aquarien mit Pflanzbehältern (für Erde, Sumpf oder Hydrokultur) oder Terrarien kombinieren.

21

Der Weißpunktbrabantbuntbarsch (Tropheus duboisi, *im Bild ein erwachsenes Tier) fühlt sich in einem mit Steinen eingerichteten Artenbecken wohl.*

Artenaquarium

Wohl die meisten Aquarianerneulinge werden mit einem Gesellschaftsbecken beginnen. Früher oder später stellt sich dann (so auch bei den Autoren) die Vorliebe für eine bestimmte Art oder Gattung heraus, über deren Lebensgewohnheiten und Verhalten man etwas mehr wissen oder besser gesagt erleben möchte. Dies ist der Schritt zum Artenbecken, das dann, entsprechend den besonderen Lebensbedingungen dieser Art oder Gattung, hergerichtet wird.

Es gibt jedoch auch Arten und Gattungen, die sich aufgrund ihrer besonderen Anpassungen an bestimmte Lebensräume oder aufgrund bestimmter Verhaltensweisen von vornherein nur in einem eigens für sie hergerichteten Aquarium pflegen lassen. Zuchterfolge sind dann letztendlich die Bestätigung für die artgerechte Gestaltung des Lebensraumes der betreffenden Fische.

Eine Gruppe von Fischen erfreut sich wie keine andere größter Beliebtheit: die Cichliden oder Buntbarsche. Es gibt ungefähr genauso viele Cichlidenliebhaber wie Liebhaber aller anderen Fischarten zusammen. Cichliden bieten eine ganze Reihe von Besonderheiten, die sie

Das richtige Aquarium zum richtigen Fisch.

für ein Artenbecken geradezu prädestinieren: Anpassungen an bestimmte Lebensräume, wie z.B. den Malawi- oder Tanganjikasee, ein besonders stark ausgeprägtes Brutpflegeverhalten, das vom Offenbrüten bis hin zur hochspezialisierten Maulbrutpflege reicht, mit mehr oder weniger starker Paarbindung, Vater-Mutter-Familie und vieles mehr. Solche besonderen Verhaltensweisen erfordern natürlich ein entsprechend gestaltetes Aquarium speziell für diese Arten.

Aber gerade bei Cichliden darf der Begriff des Artaquariums auch nicht zu eng gesehen werden. Viele Cichliden benötigen, um ihr Brutpflegeverhalten voll entfalten zu können, artfremde Beifische, da der angeborene Revierverteidigungstrieb sonst den eigenen Partner treffen kann. So gesehen ist ein solches Aquarium dann auch wieder ein Gesellschaftsbecken. An dieser Stelle noch näher auf die Pflege von Cichliden einzugehen, hieße Eulen nach Athen zu tragen. Der interessierte Leser sei auf die umfangreiche Spezialliteratur hingewiesen.

Biotop- oder Landschaftsaquarien

Im Zuge der immer preiswerteren Fernreisen in tropische Länder haben immer mehr Aquarianer die Gelegenheit, die Lebensräume ihrer Pfleglinge vor Ort genau zu studieren. Was liegt näher, als sich ein solches Biotop in seinen elementaren Teilen zu Hause im Aquarium nachzubilden und die dazugehörigen Fische darin zu pflegen? Schon ist das Biotopaquarium geboren.

Bei der Einrichtung des Biotopaquariums kommt es nicht darauf an, das betreffende Biotop originalgetreu mit Originalmaterialien nachzubilden. In den meisten Fällen sähe ein solches Aquarium wenig einladend aus. Vielmehr müssen die Gestaltungselemente die Funktion erfüllen, an die sich die Fische in ihrem Lebensraum angepaßt haben. So wird zum Beispiel eine Keilfleckbarbe unter dem Blatt einer Amazonasschwertpflanze genauso ablaichen wie unter dem Blatt einer

Cryptocoryne. Wichtig ist lediglich, daß eine Pflanze mit entsprechend breiten Blättern vorhanden ist, die den Ablaichvorgang ermöglicht. Wie die Pflanze heißt und woher sie kommt, ist in diesem Fall gleichgültig.

Auch beim Fischbesatz darf die Biotoptreue nicht übertrieben werden. In einem natürlichen Biotop leben immer verschiedene Vertreter der Nahrungskette zusammen, was dort natürlich seinen Sinn hat. Nun wird keiner auf den Gedanken kom-men, Raubfische und deren Beute in ein und demselben Aquarium zu halten, nur weil sie gemeinsam im gleichen Biotop vorkommen.

Wie nun die Gestaltung eines Biotopaquariums konkret aussehen kann, wollen wir an einem Beispiel durchspielen. Weil es die Heimat einer besonders interessanten Fischgruppe, nämlich der Labyrinth- oder Kletterfische ist, haben wir das Biotop „asiatisches Reisfeld mit angrenzenden stehenden oder langsam fließenden Bewässerungsgräben" ausgesucht. Vielleicht haben auch Sie einmal die Gelegenheit, ein geflutetes Reisfeld und daran angrenzende Bewässerungsgräben mit ihren typischen Bewohnern in Natur zu beobachten.

Der amphibisch wachsende Wasserspinat *(Ipomea sp.)* und zahlreiche Seerosen *(Nymphaea sp.)* bilden ein dichtes Gewirr von Stengeln und Wurzeln unter Wasser. Die großen Schwimmblätter der Seerosen schirmen einen Großteil des einfallenden Lichtes ab. Am Ufer wachsen

Wohnzimmerteiche, Paludarien, Aquaterrarien

Das an sich schon recht große und vielfältige Gebiet der Süßwasser-Aquaristik läßt sich durch Hinzunahme bestimmter Beckentypen und -ausstattungen noch erheblich variieren. Auch die Wahl der Bewohner spielt dabei eine Rolle.

Wohnzimmerteiche sind eine durchaus ansehnliche „Zwischenlösung" meist für Kaltwasserfische. Während die klassische Kaltwasseraquaristik (abgesehen vielleicht von der Goldfischhaltung) als fast ausgestorbener Zweig gilt und andererseits die Freilandteiche im Garten „boomen", entdecken immer mehr Besitzer größerer Wohnzimmer oder Wintergärten die Vorteile der Fischpflege in ebenerdig aufgesetzten oder im Boden eingelassenen Teichbecken, sogenannten **Wohnzimmerteichen.** Anstelle von Kois und Goldfischen oder Orfen (Kaltwasser) könnten darin auch tropische Aquarienfische im Warmwasser leben. Dabei ist die richtige Dimensionierung der technischen Ausstattung wichtig. So eröffnen sich für den Betrachter ganz neue Perspektiven.

Paludarien (Sumpfbehälter) sind etwas für Freunde tropischer Pflanzen, Terrarientiere und Fische. Ein Wasserbereich wird von einem Landteil mit Uferregion überragt

In diesem vorbildlich gestalteten Paludarium grünt es über und unter Wasser.

oder umgeben, in beiden Bereichen können jeweils typische Bewohner gepflegt werden. Man könnte Paludarien auch als Terrarien mit besonders großem und durch Glas einsehbar gemachtem Wasserbecken bezeichnen, nur daß letzteres von Technik und Pflege her eben wie ein Aquarium betrieben wird.

Aquaterrarien sind dagegen das andere Extrem: Der Landteil ist minimal, meist am Rand angehängt oder als Schwimm-Insel gestaltet. Bei Zwerg-Krallenfröschen und beim Axolotl (einem ständig aquatisch lebenden Molch) z.B. kann auch völlig auf eine trockene Region verzichtet werden. Wasserschildkröten dagegen brauchen einen durch Strahler „besonnten" Landteil und viel Wasser darum oder darunter zum Schwimmen und Tauchen. Ursprünglich waren Fische hier nur Lebendfutter, Aquaterrarienfans haben aber die Möglichkeiten der Vergesellschaftung von Terrarienbewohnern mit Fischen erkannt und genutzt.

Auch Zimmerspringbrunnen werden ab und zu als Aufenthaltsort für Fische „mißbraucht". Aufgrund der technischen Ausstattung dürfte das aber nur in den seltensten Fällen sinnvoll und artgemäß sein!

Überschwemmtes Reisfeld in Zentralthailand mit Bewässerungskanal im Vordergrund – ein typischer Lebensraum für viele Labyrinthfische, wie er in diesem Kapitel beschrieben wird.

Schilf und andere Sumpfpflanzen. Etwas weiter treiben die meterlangen schmalen Blätter der Hakenlilie *(Crinum thaianum)* an der Wasseroberfläche. Wurzeln von am Ufer wachsenden Bäumen ragen ins Wasser. Der Boden ist mit einer Schicht abgestorbener Pflanzenteile und in das Wasser gefallener Blätter bedeckt.

An manchen Stellen bilden Schwimmpflanzen wie Muschelblumen *(Pistia sp.)*, Wasserhyazinthen *(Eichhornia sp.)* oder Wasserfarn *(Salvinia sp.)* fast undurchdringliche Polster. Auch zwischen den Reispflanzen finden sich immer wieder Stellen mit Seerosen, Wasserspinat und Schwimmpflanzen. Das meist sehr flache Wasser wird von der tropischen Sonne auf Temperaturen zwischen 28 und 33 °C aufgeheizt.

In diesem Biotop leben, wie bereits erwähnt, verschiedene Arten von Labyrinthfischen, die aufgrund ihrer besonderen Atmungsweise – sie atmen athmosphärische Luft – an das oft relativ sauerstoffarme Wasser gut angepaßt sind. Im gleichen Biotop findet man an weniger

dicht bewachsenen Stellen mit leichter Wasserbewegung aber auch verschiedene kleinere Bärblinge wie zum Beispiel den Rotschwanzbärbling *(Rasbora borapetensis)*. An der Wasseroberfläche stehen Trupps von Halbschnabelhechten *(Dermogenys sp.)* und Hechtlingen *(Aplocheilus sp.)*. Die Bodenregion wird von verschiedenen Schmerlen *(Botia sp.)*, kleinen Stachelaalen und unzähligen kleinen glasartigen Garnelen nach Nahrung durchsucht.

Dazwischen lauern aber auch Räuber: An der Wasseroberfläche findet man kleinere Trupps des Nadelhechtes *(Xenentodon sp.)* mit ihren nadelspitzen Zähnen, und am Boden im Pflanzendickicht warten Schlangenkopffische *(Channa sp.)* auf ahnungslos vorbeiziehende Beute.

Ein Aquarium, das diesem Biotop entspricht, könnte folgendermaßen aussehen: Im Hintergrund und an den Seiten repräsentieren hochwachsende Pflanzen wie zum Beispiel Vallisnerien und verschiedene Stengelpflanzen *(Hygrophila, Heteranthera)* den Rand des Reisfeldes mit seinen hoch aufstrebenden Reis-

pflanzen. Dieser Eindruck kann noch durch die Anlage einer Terrasse im Hintergrund betont werden. Einige zurechtgesägte Bambusstäbe stellen Schilf oder andere Sumpfgräser dar, die aus dem Wasser wachsen.

Eine bizarre Moorkienwurzel ersetzt die ins Wasser ragenden Wurzeln der Bäume. Ein oder zwei Tigerlotus (je nach Größe des Aquariums) sorgen mit ihren Schwimmblättern für diffuses Licht. Darüber hinaus können noch einige Schwimmpflanzen wie zum Beispiel der Wasserhornfarn *(Ceratopteris sp.)* eingesetzt werden, zwischen denen die Labyrinthfische dann ihr typisches Schaumnest anlegen werden.

Als niedriger bleibende Bepflanzung im mittleren und vorderen Bereich des Aquariums eignen sich anspruchslose Cryptocorynen wie zum Beispiel *Cryptocoryne wendtii*. Ansammlungen von abgestorbenen Blättern und anderen Pflanzenteilen lassen sich durch getrocknetes Herbstlaub von Buche, Eiche oder Erle sehr gut imitieren. Damit das Laub nicht im Wasser schwimmt, muß es vorher kurz überbrüht werden.

Ein solches Biotopaquarium kann bereits in kleinen Becken von 60 cm Kantenlänge mit entsprechend klein bleibenden Fischen verwirklicht werden. Als Hauptakteure kämen zum Beispiel ein Pärchen oder besser ein Männchen und zwei Weibchen des Zwergfadenfisches *(Colisa lalia)*, des knurrenden Guramis *(Trichopsis vittatus)* oder des Honigguramis *(Colisa chuna)* in Frage. Da die balzenden Männchen bald das ganze Aquarium als ihr Revier betrachten, sollte nur eine Labyrinthfischart gepflegt werden.

Als Beifische eignen sich kleine Barben oder Bärblinge, wie zum Beispiel der Zwergbärbling *(Rasbora maculata)* oder der Rotschwanzbärbling *(Rasbora borapetensis)*, von denen man einen Schwarm von 10 bis 15 Stück einsetzt. Die „untere Etage" des Aquariums kann ein Trupp von 5 bis 8 Schachbrettschmerlen *(Botia sidthimunki)* bewohnen. Diese Art war lange Zeit nicht mehr erhältlich und ist in ihrer Heimat vermutlich ausgestorben. Neuerdings wird sie in Thailand nachgezüchtet und kommt dadurch wieder in den Handel.

Die größeren Arten, wie zum Beispiel Mosaikfadenfische *(Trichogaster leeri)* und viele andere erfordern natürlich entsprechend größere Behälter.

Nicht vergessen werden soll natürlich auch der bekannte siamesische Kampffisch. Daß von Kampffischen, aufgrund ihrer Kampfeslust, immer nur ein Männchen mit mehreren Weibchen in einem Aquarium gepflegt werden kann, stimmt nicht ganz. Einander fremde Männchen werden sich natürlich immer erbittert bekämpfen, wenn sie sich begegnen.

Anders jedoch Tiere, die miteinander aufgewachsen sind. Es ist durchaus möglich, mehrere Kampffischmännchen, die sich sozusagen kennen, mit mehreren Weibchen in einem Aquarium, wie es hier vorgestellt wurde, zusammen zu halten und auch zu züchten. Dies trifft für die kurzflossige Wildform noch eher

Fischfang in Nordthailand; viele Aquarienfische sind in ihrer Heimat auch beliebte Speisefische.

zu als für die schleierflossige Form, die leider nur noch ausschließlich im Handel angeboten wird. Da Kampffische den gesamten Wasserraum von der Wasseroberfläche bis fast zum Boden beanspruchen, wird man ihnen, außer ein paar Bodenfischen, keine weiteren Beifische zugesellen.

Es gibt unzählige weitere Möglichkeiten zur Gestaltung von Biotopaquarien, deren Aufzählung den Rahmen dieses Buches überschreiten würde. Der interessierte Leser sei auf das Literaturverzeichnis am Ende dieses Buches verwiesen. Übrigens bieten Aquarienausstellungen hervorragende Gelegenheiten, sich inspirieren zu lassen.

Holländisches Pflanzenaquarium

Hier handelt es sich um Aquarien, bei denen die Pflege von Wasserpflanzen im Vordergrund steht. Diese werden ausschließlich nach besonderen ästhetischen Gesichtspunkten so angeordnet, daß ein harmonisches Gesamtbild entsteht. Da dabei oftmals Pflanzen verschiedenster Pflegeansprüche vergesellschaftet werden, erfordert ein solches Aquarium ein ganz besonderes Fingerspitzengefühl und ein Höchstmaß an pflegerischem Aufwand. Wie bereits der Name besagt, sind solche Aquarien besonders bei unseren holländischen Nachbarn verbreitet.

Holländisches (Pflanzen-)Aquarium.

Ein trockenes Thema: Wasser

Wasser ist *das* Lebenselement unserer Pfleglinge. Durch den innigen Kontakt mit diesem Lebenselement bestehen vielerlei Wechselbeziehungen zwischen dem Wasser und seinen Bewohnern. Die Zusammensetzung des Wassers beeinflußt die Lebensvorgänge von Tieren und Pflanzen einerseits, andererseits werden durch eben diese Lebensvorgänge Stoffe an das Wasser abgegeben, die es verändern. Deshalb sind Wasser und Wasserqualität ein zentrales Thema in der Aquaristik.

Wasser ist nicht gleich Wasser: Nicht immer sieht man so deutliche Unterschiede wie am Zusammenfluß dieser Bäche in Costa Rica.

Wasser ist nicht gleich Wasser

Wasser ist ein ideales Lösungsmittel. Es kann die verschiedensten Stoffe gelöst enthalten, ohne daß man dies äußerlich wahrnehmen könnte. So sieht zum Beispiel ein Liter destilliertes Wasser genauso aus wie ein Liter Meerwasser. Lediglich die Geschmacksprobe (oder eine Messung) verrät den Unterschied. Bereits das Leitungswasser kann aufgrund seiner Herkunft gelöste Stoffe verschiedener Art enthalten.

Darüber hinaus nehmen im Kleinbiotop Aquarium die darin gepflegten Lebewesen auf mannigfache Weise Einfluß auf die Zusammensetzung des Wassers. Verschiedene Stoffe können im Wasser miteinander reagieren oder werden umgebaut. Solche Veränderungen im Wasserchemismus finden leider allzu oft nicht zur positiven Seite hin statt, mit entsprechenden Folgen für die Lebewesen.

Um hier im Bedarfsfall regelnd eingreifen zu können, wollen wir Sie in diesem Kapitel mit einigen wesentlichen Faktoren bekannt machen, die im Wasser ihr „unsichtbares Wesen" treiben. Wir wollen dabei komplizierte chemische Zusammenhänge außer acht lassen und uns – soweit möglich – auf das für die Praxis Wesentliche beschränken. Wer es noch genauer wissen möchte, sei auf das Literaturverzeichnis verwiesen.

Wasserhärte

Sicher haben Sie schon bemerkt, daß man beim Händewaschen in manchen Gebieten viel Seife braucht, um Schaum zu bekommen, während woanders ein bißchen bereits ausreicht. Wo man viel Seife braucht, ist das Wasser hart, wo man wenig braucht, ist es weich.

Verantwortlich für die Härte des Wassers sind bestimmte Mineralsalze, die sogenannten Härtebildner, landläufig auch als Kalk bezeichnet. Wie kommen die nun in das Wasser? Dafür ist es wichtig zu wissen, daß Leitungswasser (in der Regel aus Grundwasser) und das

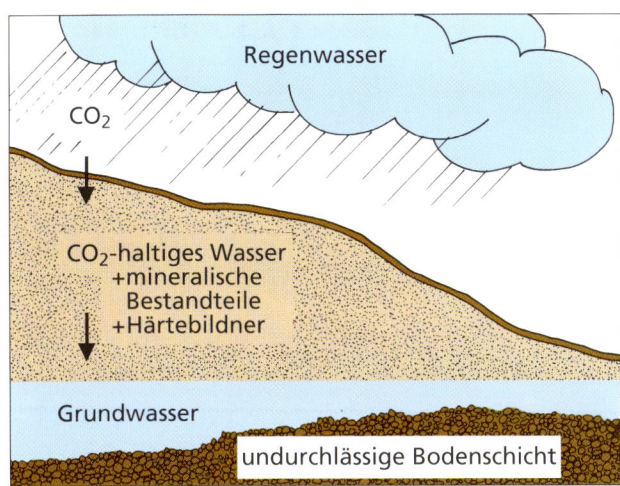

Regenwasser

CO_2

CO_2-haltiges Wasser
+mineralische
Bestandteile
+Härtebildner

Grundwasser

undurchlässige Bodenschicht

Das kohlendio-xidhaltige Regenwasser nimmt auf seinem Weg durch die Humus- und Gesteinsschicht weiteres CO_2 und viele Mineralien auf.

Wasser aus Quellen und Flüssen letztendlich irgendwann einmal Regenwasser war, das durch viele Erdschichten gesickert ist. Über undurchlässigen Bodenschichten sammelt es sich als Grundwasser oder tritt irgendwo als Quelle zutage.

Auf seinem Weg durch die Luft und durch die oberen Humusschichten der Erde nimmt das Wasser CO_2 auf, aus dem im Wasser zum Teil Kohlensäure entsteht. Wenn nun dieses kohlensaure Wasser durch kalkhaltige Schichten sickert, werden durch die Wirkung der Kohlensäure Mineralsalze im Wasser gelöst, es wird hart. Sickert das Regenwasser hingegen durch kalkfreie Schichten aus Urgestein, so wird nichts gelöst und es bleibt weich.

Den Hauptanteil der Wasserinhaltsstoffe bilden Salze der Härtebildner Kalzium und Magnesium.

Man unterscheidet die Begriffe Gesamthärte, Karbonathärte und Nicht-Karbonathärte, die oft aufgrund ihres Hauptbestandteils auch als Sulfathärte bezeichnet wird. Unter Gesamthärte versteht man per Definition den Gehalt eines Wassers an Erdalkali-Ionen, also Kalzium und Magnesium. Seltener vorkommende Ionen, wie zum Beispiel Kalium, Natrium und andere werden dabei außer acht gelassen.

Nun können Ionen nie für sich allein im Wasser vorliegen, da sie nur durch Lösungsvorgänge von Salzen

entstehen können. Dabei geht gleichzeitig ein Partner mit in Lösung, mit dem sie sozusagen „verheiratet" sind. Die am häufigsten vorkommenden Partner sind Karbonat- und Hydrogenkarbonationen, die als Bildner der Karbonathärte gelten.

In den meisten Wässern sind etwa 80% der Kalzium- und Magnesiumionen mit Karbonat- und Hydrogenkarbonationen gekoppelt, wodurch man einen Karbonathärteanteil von etwa 80% der Gesamthärte findet. Die restlichen 20% der Kalzium- und Magnesiumionen haben Sulfat-, Chlorid- oder Nitrationen als Partner und repräsentieren die sogenannte Nichtkarbonathärte.

In manchen Gewässern (zum Beispiel in den Tropen) kann es vorkommen, daß außer den Kalzium- und Magnesiumionen auch noch erhebliche Mengen der als Gesamthärte nicht meßbaren Ionen Kalium und Natrium vorhanden sind, die auch noch mit Karbonat- und Hydrogenkarbonationen gekoppelt sind. In diesem Fall ist die Karbonathärte größer als die Gesamthärte. Die in Deutschland übliche Maßeinheit ist Grad deutsche Härte (°d).

Für die Haltung der meisten Aquarienfische und Pflanzen spielt die Härte des Wassers eine untergeordnete Rolle. Es hat sich gezeigt, daß die meisten Weichwasserfische und Pflanzen, die seit Generationen gezüchtet werden, auch in mittel-

hartem bis hartem Wasser gut zu halten sind. Wesentlich für eine gesunde Haltung von Fischen und Pflanzen ist nicht die ständige Wasserpanscherei, um unerwünscht hohe Härtewerte zu senken (was man dann irgendwann vielleicht aus Bequemlichkeit vergißt), sondern die *Kontinuität* der Bedingungen.

Die Erfahrung hat gelehrt, daß mittelhartes Wasser zwischen 8 und 20 °d Gesamthärte (entsprechend 5–16 °d Karbonathärte) wesentlich „stabiler" (das heißt weniger anfällig gegen Schwankungen der Wasserwerte, vor allem des pH-Werts) ist. Verantwortlich dafür ist die Fähigkeit der Karbonathärte, Säuren zu „puffern". Gibt man zum Beispiel in ein Wasser mit hoher Karbonathärte etwas Salzsäure, so geschieht auf den ersten Blick überhaupt nichts. Die Karbonate haben die Säure gebunden, quasi unschädlich gemacht. Auch der pH-Wert ändert sich nicht. Lediglich die Menge der Karbonate wurde durch die Säure etwas verringert. Die gleiche Menge Säure in karbonatfreies Wasser gegeben, führt sofort zu einem katastrophalen Absinken des pH-Wertes, dem sogenannten Säuresturz, und die Fische sterben. Aus diesem Grund bezeichnet man die Karbonathärte neuerdings als Säurebindungskapazität.

Lediglich zur Zucht sollten annähernd die natürlichen Wasserwerte geboten werden, da die Eier wenig anpassungsfähig sind.

pH-Wert oder Säuregrad

Der pH-Wert ist ein Maß dafür, wie sauer oder alkalisch (basisch, laugig) eine Flüssigkeit ist. Die Werteskala reicht von 0 bis 14. Der Wert 0 entspricht extremer Säure (zum Beispiel Salzsäure) und der Wert 14 extremer Lauge (zum Beispiel Natronlauge). Genau in der Mitte bei 7 liegt der Neutralpunkt, also weder sauer noch alkalisch. Der Säuregrad steigt also, je weiter der Wert *unter* 7 liegt und die Alkalität (Laugigkeit) steigt, je weiter der Wert *über* 7 liegt.

Im alltäglichen Leben werden wir, oft unbewußt, mit dem Phänomen des pH-Wertes konfrontiert.

pH-Wert

Huminsäuren färben das Wasser dieses Baches in Zentralborneo braun wie Tee. Hier leben verschiedene Barben und Bärblinge, Schokoladenguramis, Nanderbarsche und Halbschnabelhechte.

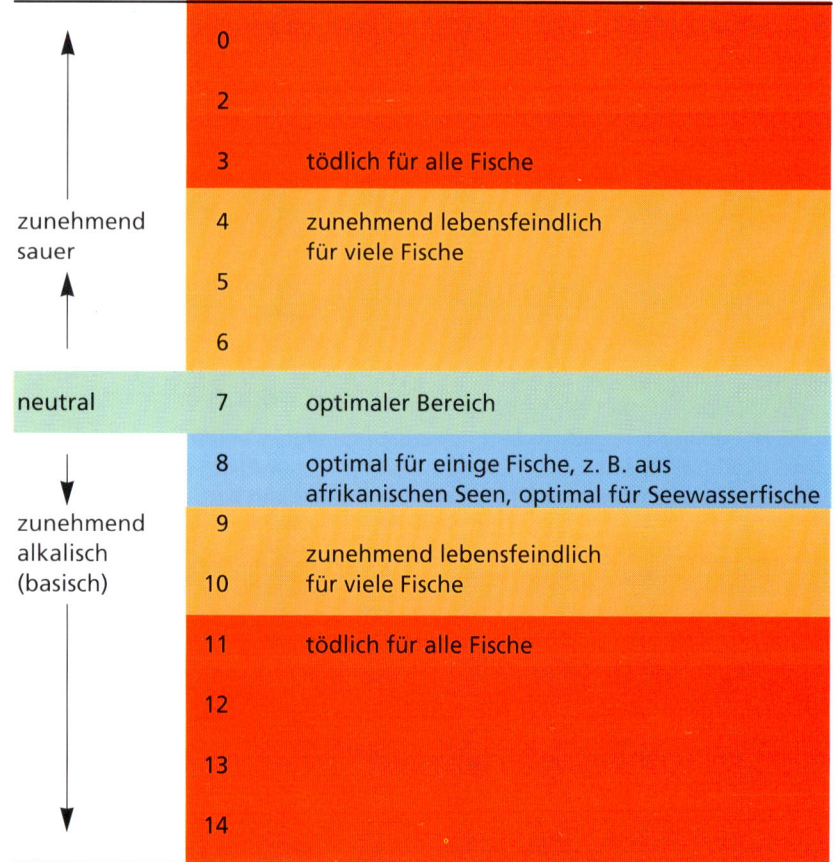

zunehmend sauer	0	
	2	
	3	tödlich für alle Fische
	4	zunehmend lebensfeindlich für viele Fische
	5	
	6	
neutral	7	optimaler Bereich
zunehmend alkalisch (basisch)	8	optimal für einige Fische, z. B. aus afrikanischen Seen, optimal für Seewasserfische
	9	zunehmend lebensfeindlich für viele Fische
	10	
	11	tödlich für alle Fische
	12	
	13	
	14	

Der ph-Wert des Wassers ist für die Fische von entscheidender Bedeutung.

Extrem sauer geht es zum Beispiel bei der Verdauung in unserem Magen zu. Magensäure hat einen pH-Wert von 1 bis knapp 2. Speisen und Getränke werden von uns als wohlschmeckend empfunden, wenn sie mehr oder weniger sauer sind. Eine Lösung von Natron in Leitungswasser, altbewährtes Mittel gegen Sodbrennen, das durch Magensäure verursacht wird, ist alkalisch und wird als wenig wohlschmeckend empfunden. Leitungswasser liegt in der Regel im neutralen Bereich um 7.

Fische können in einem pH-Bereich zwischen 4,5 und 9 vorkommen. Dabei werden die Extrembereiche (zum Beispiel sehr saure Schwarzwässer des Rio Negro oder alkalische Sodawässer der afrikanischen Seen) jedoch nur von wenigen Spezialisten bevorzugt. Die weitaus meisten Fische, die auch in Aquarien gepflegt werden, leben in pH-Bereichen zwischen 5,5 und 7,5.

In der aquaristischen Praxis hat es sich gezeigt, daß sowohl Arten aus leicht sauren Gewässern mit pH-Werten um 6, als auch Arten aus neutralen bis leicht alkalischen Gewässern mit einem pH-Wert um 7,5 im neutralen Bereich um pH 7 gut zu pflegen sind. Lediglich zur Zucht sollten die entsprechend bevorzugten pH-Werte eingehalten werden.

Der Grundsatz, möglichst konstante Bedingungen im Aquarium einzuhalten, gilt auch für den pH-Wert. Dies ist einleuchtend, wenn man sich vor Augen hält, daß bei einer Veränderung des pH-Wertes um nur eine Stufe die Säurekonzentration sich nicht etwa um das Doppelte, sondern um das *Zehnfache* ändert. Das heißt, pH 5 ist zehnmal saurer als pH 6 und hundertmal saurer als pH 7. Umgekehrt ist pH 9 zehnmal alkalischer als pH 8 und hundertmal alkalischer als pH 7.

In natürlichen Gewässern wird der pH-Wert hauptsächlich durch das Zusammenspiel zweier Komponenten bestimmt, nämlich Karbonathärte und CO_2, beziehungsweise die daraus entstehende Kohlensäure. Das Mengenverhältnis von Karbonathärte (als alkalischer Komponente) zu Kohlensäure (als saurem Gegenspieler) entscheidet über die Höhe des pH-Wertes. Ist das Mengenverhältnis ausgeglichen, so liegt der pH-Wert bei 7, dem für die Pflege von Fischen und Pflanzen zu bevorzugenden Wert. Als weitere natürliche pH-beeinflussende Substanzen sind noch die in Moor- und Schwarzwässern vorkommenden Humin- oder Fulvosäuren zu nennen.

Im Abschnitt über die Karbonathärte haben Sie bereits erfahren, daß Wässer mit höherer Karbonathärte gegen Säure besser gepuffert sind als weiche. Das gleiche gilt auch für die andere Richtung, nämlich plötzliche pH-Anstiege, die ebenso gefährlich sind: Um den Kalk als Hydrogenkarbonat (doppelt kohlensaurer Kalk) in Lösung und den pH-Wert bei 7 zu halten, ist eine bestimmte Menge gelöstes CO_2 im Wasser erforderlich. Je mehr Kalk im Wasser vorhanden ist, um so mehr CO_2 ist dafür natürlich auch notwendig.

Durch die Assimilation entziehen die Wasserpflanzen am Tage dem

Temperaturabhängigkeit des Sauerstoffgehaltes im Wasser

Temperatur (°C)	Sauerstoffgehalt (mg O_2/l)
10	10,92
11	10,67
12	10,43
13	10,20
14	9,98
15	9,76
16	9,56
17	9,37
18	9,18
19	9,01
20	8,84
21	8,68
22	8,53
23	8,38
24	8,25
25	8,11
26	7,99
27	7,86
28	7,75
29	7,64
30	7,53
31	7,42
32	7,32
33	7,22
34	7,13
35	7,04

Wasser CO_2. Dadurch wird die CO_2-Konzentration unterschritten, die erforderlich ist, um den vorhandenen Kalk in Lösung zu halten. Folge davon: Ein Teil des Hydrogenkarbonats zerfällt in unlösliches Karbonat (einfach kohlensaurer Kalk, der sich als weißlicher Belag auf Pflanzenblättern niederschlägt) und CO_2, wodurch sich ein neues Gleichgewicht einstellt, das den verbliebenen Kalk in Lösung hält.

Wird nicht genügend CO_2 von außen zugeführt, zum Beispiel durch eine CO_2-Düngeanlage, so setzt sich dieser Prozeß fort, bis alles Hydrogenkarbonat aufgebraucht und als unlösliches Karbonat auf den Pflanzenblättern zu finden ist.

Solange noch Hydrogenkarbonat im Wasser vorhanden ist, durch dessen Spaltung sich ein neues Gleichgewicht einstellen kann, wird sich der pH-Wert nur unwesentlich in Richtung 8 verändern. Es gibt je-

doch Pflanzen, die nicht aufhören CO_2 aufzunehmen, auch wenn bereits alles Hydrogenkarbonat verbraucht ist. Sie entziehen dann auch noch dem Karbonatniederschlag das darin gebundene CO_2, wodurch der pH-Wert in kürzester Zeit auf Werte bis 10 steigen kann.

Als Folge treten bei den Fischen Verätzungen der Kiemen und Schleimhäute auf, die zum Tode führen können, wenn keine sofortige Abhilfe erfolgt. In weichem Wasser mit wenig Kalk tritt dieses Phänomen natürlich wesentlich leichter und schneller auf als in härterem. Deshalb noch einmal der Hinweis: Härteres Wasser ist pH-stabiler als weiches.

Sauerstoff

Sauerstoff ist *das* Lebenselixier für alle tierischen Organismen. Ohne Sauerstoff gäbe es kein tierisches Leben auf der Erde. Sauerstoff ist damit auch für das Aquarium der wichtigste Faktor, von dem das Wohlbefinden unserer Pfleglinge abhängt. Fische benötigen ihn zur Atmung, aber auch Pflanzen benötigen zumindest nachts eine ausreichende Versorgung mit Sauerstoff. Von größter Wichtigkeit ist der Sauerstoff aber für das Millionenheer von Bakterien, die den ganzen anfallenden „Mist" im Aquarium abbauen. Ohne sie wäre eine Aquarienhaltung praktisch undenkbar. Mehr über diese Bakterien und ihre segensreiche Tätigkeit erfahren Sie im nächsten Abschnitt dieses Kapitels.

Gase, so auch der Sauerstoff, haben das Bestreben, zwischen ihren Gehalten (Partialdrücken) in der Luft und einer Flüssigkeit, in unserem Fall Wasser, einen Gleichgewichtszustand herzustellen. Daraus resultiert, je nach Temperatur, ein bestimmter Sauerstoffgehalt im Wasser. Je kälter das Wasser, desto mehr Sauerstoff enthält es im Gleichgewichtszustand. Dies ist auch der maximale Sauerstoffgehalt, der durch Belüftung zu erreichen ist. Bei 25 °C sind es 8,11 mg/l. Die Gehalte für andere Temperaturen zeigt die obenstehende Tabelle.

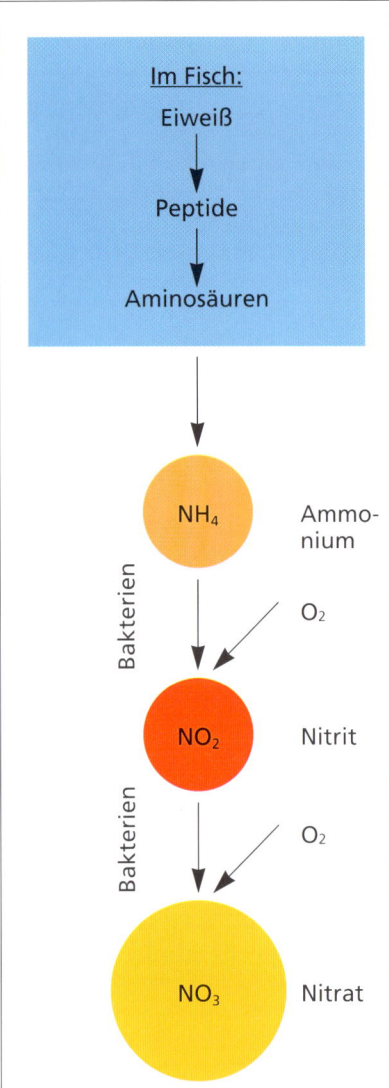

Im Fisch:

Eiweiß

↓

Peptide

↓

Aminosäuren

↓

Bakterien

NH_4 Ammonium

↓ O_2

NO_2 Nitrit

Bakterien

↓ O_2

NO_3 Nitrat

Wenn Sauerstoff vorhanden ist, wird über die Nitrifikation Ammonium zu Nitrat abgebaut.

Im Aquarium sollte man bestrebt sein, den erforderlichen Sauerstoffgehalt auf biologischem Wege, das heißt durch die Assimilationstätigkeit lebender Pflanzen zu erzeugen (Ausnahme: Aquarien mit pflanzenunverträglichen Fischen). Um sich auf der sicheren Seite zu bewegen, ist am Abend (kurz vor Erlöschen der Beleuchtung) ein Sauerstoffgehalt anzustreben, der dem Gleichgewichtszustand bei der gegebenen Temperatur entspricht. Dies ist jedoch nur mit angepaßter Beleuchtungsstärke und optimaler Pflanzenpflege möglich.

Es ist falsch, Sauerstoffwerte der natürlichen Heimat unserer Aquarienfische, die häufig unter Gleichgewichtsniveau liegen, als Vorbild für das Aquarium zu nehmen. Im Gegensatz zum Aquarium sind die Sauerstoffgehalte in der Natur, wenn auch niedrig, so doch von äußerster Gleichmäßigkeit, die durch die Atmung der Tiere nicht beeinflußt wird. Die Tiere haben sich diesem Gehalt angepaßt.

Wollten wir dagegen ein Aquarium mit einem Sauerstoffgehalt von nur 3 oder 4 mg/l „fahren", so würden wir sehr bald ein „blaues Wunder" erleben. Spätestens in der Nacht, wenn Tiere *und* Pflanzen Sauerstoff verbrauchen, wird sich in dem vergleichsweise winzigen Wasservolumen des Aquariums ein katastrophaler Sauerstoffmangel einstellen, mit allen dazugehörigen fatalen Folgen. Von versehentlich zu viel gereichtem Futter oder einem unbemerkt gestorbenen Fisch, die zusätzlich noch Sauerstoff zehren, ganz zu schweigen. Der Lebensraum Aquarium verhält sich anders als ein Naturbiotop und deshalb ist am Abend ein hoher Sauerstoffgehalt in Höhe des Gleichgewichtswertes grundlegende Voraussetzung für das Wohlergehen seiner Insassen!

Auch Fische machen „Mist"

Alle tierischen Organismen benötigen zur Aufrechterhaltung ihrer Lebensvorgänge und zum Wachstum Nahrung, der in einem mehr oder weniger komplizierten Verdauungsvorgang die für den betreffenden Organismus wichtigen Bestandteile entzogen werden. Was nicht gebraucht oder verwertet werden kann, wird ausgeschieden. Die Ausscheidungsprodukte werden über verschiedene Zwischenstufen weiter abgebaut (mineralisiert), von den Pflanzen als Nährstoffe aufgenommen und zum Aufbau von pflanzeneigener Substanz verwendet. Schließlich werden die Pflanzen von Tieren gefressen, und das Ganze beginnt wieder von vorn.

Dieser stark vereinfacht dargestellte Kreislauf spielt sich in einem intakten natürlichen Ökosystem oh-

ne nennenswerte Anhäufung von Zwischenprodukten ab. Das System steht im sogenannten biologischen Gleichgewicht. Im Aquarium besteht eine grundlegend andere Situation. Im Vergleich zu natürlichen Systemen werden hier wesentlich mehr tierische Organismen (Fische) auf engstem Raum mit verhältnismäßig wenigen Pflanzen gehalten.

Die Fische scheiden wesentlich mehr Abfallstoffe aus, als von den Pflanzen im Aquarium verwertet werden können. Es muß im Aquarium also zwangsläufig zu einer Anhäufung von Abfallstoffen aus dem Verdauungsvorgang der Fische kommen. Aus diesem Grund ist es wichtig zu wissen, was mit diesen Stoffwechselprodukten im Aquarium geschieht.

Ammonium, Nitrit, Nitrat

Die größte Bedeutung haben im Aquarium die Stickstoffverbindungen Ammonium, Nitrit und Nitrat, von denen das Nitrit direkt und das Ammonium unter bestimmten Umständen eine Gefahr für die Fische darstellen. Diese Verbindungen entstammen letztendlich der Verdauung von Proteinen (Eiweiß), die im tierischen Organismus bis

Was geschieht nun mit diesem Ammonium? In der Natur dient es als Hauptpflanzennährstoff und wird dadurch größtenteils „verbraucht". Die Weiterverarbeitung über Nitrit zu Nitrat spielt nur eine geringe Rolle. Im Aquarium kann auch der beste Pflanzenwuchs nicht so viel Ammonium verarbeiten, wie durch die Fische gebildet wird. Deshalb muß es hier durch bestimmte Bakterien unter Verbrauch von Sauerstoff über die Zwischenstufe Nitrit zu Nitrat oxidiert werden. Nitrat kann auch von den Pflanzen als Nährstoff verwendet werden, jedoch wird Ammonium bevorzugt.

Letzten Endes reichert sich also Nitrat im Aquarium an. Das ist auch gut so, denn dieser durch Bakterien bewerkstelligte Umbau von Ammonium zu Nitrat, die sogenannte Nitrifikation, ist praktisch die „Lebensversicherung" für unsere Fische im Aquarium. Warum, ist schnell erklärt.

Das Ammonium selbst ist nicht giftig, kann jedoch pH-Wert-abhängig in das hochgiftige Ammoniak übergehen. Generell gilt: je höher der pH-Wert, desto mehr fischgiftiges Ammoniak liegt vor. Den genauen Zusammenhang zeigt die untenstehende Tabelle.

zum Ammonium abgebaut werden. Das Ammonium wird als unbrauchbarer Rest ausgeschieden.

Der Abbau der Proteine erfolgt im Prinzip über folgende Stufen: Proteine → Peptide → Aminosäuren → Ammonium → Nitrit → Nitrat. Uns interessieren vor allem die letzten Schritte vom Ammonium bis zum Nitrat, da diese im Aquarienwasser ablaufen und dadurch direkten Einfluß auf die Lebewesen im Aquarium haben können. Auch von Fischen nicht gefressenes Futter wird von verschiedenen Organismen abgebaut, die letztendlich auch wieder Ammonium ausscheiden.

Ammoniakgehalt in Abhängigkeit vom pH-Wert (geändert nach KRAUSE)

NH_4^+/NH_3 Gesamtgehalt (mg/l)	Anteil des giftigen Ammoniak (mg/l) bei pH-Wert					
	6,5	7,0	7,5	8,0	8,5	9,0
0,1	< 0,001	0,001	0,002	0,006	0,014	0,035
0,2	< 0,001	0,001	0,004	0,011	0,029	0,069
0,3	0,001	0,002	0,006	0,017	0,043	0,104
0,5	0,001	0,003	0,010	0,029	0,072	0,173
0,8	0,002	0,005	0,015	0,046	0,115	0,277
1,0	0,002	0,006	0,019	0,057	0,144	0,346
1,2	0,002	0,007	0,023	0,069	0,173	0,415
1,5	0,003	0,009	0,029	0,086	0,216	0,519
2,0	0,004	0,012	0,038	0,114	0,288	0,692
4,0	0,008	0,024	0,076	0,229	0,576	1,384
6,0	0,011	0,036	0,114	0,342	0,864	2,076
8,0	0,015	0,048	0,152	0,458	1,152	2,70

Die Tabelle gilt nur bei 24 °C. Je 1 °C höherer/niedrigerer Temperatur sind bis zu 4 % höhere/niedrigere Werte vorhanden.

Bewertung: harmlos kritisch akut gefährlich

Algen im Aquarium

Wer kennt sie nicht, die wohl am meisten gefürchteten Lebewesen im Süßwasseraquarium – die Algen? Sie sind es auch, die leider allzuoft dazu beitragen, daß ein mit Enthusiasmus begonnenes Hobby frühzeitig sein Ende findet.

Am schlimmsten treiben es die blaugrünen bis gelegentlich schmutzig-schwarzen Blau- oder Schmieralgen. Sie überziehen in Windeseile alles, was sich im Aquarium befindet, mit einer schmierigen, glitschigen Schicht, deren penetrant modriger Geruch zuweilen auch noch in einigen Metern Entfernung vom Aquarium wahrzunehmen ist. Befallene Pflanzen können nicht mehr assimilieren und sterben langsam ab.

Die Sauerstoffversorgung der Fische und der wichtigen Bakterien verschlechtert sich. Die Algen scheiden dazu noch schädliche Stoffwechselprodukte aus, und die Katastrophe nimmt ihren Lauf …, wenn nicht durch geeignete Pflegemaßnahmen von vornherein ein übermäßiges Aufkommen von Algen verhindert wird.

Außer Blaualgen gibt es natürlich noch eine ganze Reihe weiterer Algen, die dem Aquarianer mehr oder weniger das Leben schwer machen. Die wichtigsten werden wir noch vorstellen.

Erfolgreiche Gegenmaßnahmen

Was kann nun der Aquarianer tun, um den Algen das Leben schwer zu machen und nicht umgekehrt? Zunächst ist es einmal wichtig zu wissen, daß Algen Pflanzen sind, wenn auch primitive, und im Prinzip die gleichen Nährstoffe brauchen, wie Aquarienpflanzen auch. Allerdings sind Algen geradezu verrückt auf Nitrat und Phosphat, während die sogenannten höheren Pflanzen an geringe Phosphat- und Nitratangebote angepaßt sind. Algen sind als weniger hoch entwickelte Lebensformen auch anspruchsloser und anpassungsfähiger als höhere Pflanzen.

Ganz allgemein kann gesagt werden, daß in einem Aquarium, das dicht mit gut wachsenden Pflanzen besetzt ist, die Algen kaum eine Chance haben, sich stark auszubreiten. Das bedeutet auch, daß die im Kapitel über die Wasserpflanzen beschriebenen Pflegemaßnahmen das beste Algenvorbeugungsmittel sind. Gut wachsende höhere Pflanzen sorgen durch Nährstoffverbrauch dafür, daß für die Algen kaum noch etwas übrig bleibt.

Als oberstes Gebot gilt auch hier: Kontinuität aller Bedingungen. An Veränderungen der Pflegebedingungen müssen sich die höheren Pflanzen erst langsam anpassen. Während dieser Zeit assimilieren sie nicht oder nur wenig. Dies ist dann die Stunde der anpassungsfähigeren Algen, die mit der neuen Situation schneller fertig werden und die von den höheren Pflanzen nicht verbrauchten Nährstoffe für eine starke Vermehrung nutzen.

So sollten zum Beispiel keine Experimente mit der Beleuchtung gemacht werden, wie etwa plötzlicher Wechsel der Lichtfarbe, der Beleuchtungsintensität oder -dauer. Von Leuchtstoffröhren mit rot und blau betontem Spektrum weiß man, daß sie algenfördernd sind. Sie sollten deshalb nicht oder nur in Verbindung mit Tageslichtröhren verwendet werden. Nitrat und Phosphat, die Hauptnährstoffe der Algen, sollten möglichst gering gehalten werden. Dies geschieht am besten durch dichte Bepflanzung von Anfang an und durch regelmäßigen Teilwasserwechsel.

Wehret den Anfängen

In neu eingerichteten Aquarien ist die Gefahr einer Algenplage besonders groß, da die Pflanzen an-

Saugwelse wie dieser Otocinclus *sind gute Helfer im Kampf gegen die Algen.*

fänglich nicht in vollem Maße assimilieren, bis das Aquarium „eingefahren" ist. Während dieser Zeit ist höchste Vorsicht geboten. Jeder sich bildende Algenansatz sollte sofort entfernt werden.

Algenfressende Fische sind eine wertvolle Hilfe im Kampf gegen unerwünschte Algen. Sie sollten gleich von Anfang an bei der „Beckenbesatzung" mit eingeplant werden. Zu nennen wären verschiedene Saugwelse, wie zum Beispiel *Otocinclus* (auch für kleine Aquarien geeignet), *Ancistrus* (vergreifen sich auch an Wasserpflanzen, wenn nicht genügend Algen vorhanden sind), *Loricaria*, *Farlowella* und viele andere.

Die siamesische Rüsselbarbe (*Crossocheilus siamensis*) ist vor allem als Jungfisch ein fleißiger Algenfresser. Alle lebendgebärenden Zahnkarpfen zupfen unermüdlich an Algenbelägen. Der Einsatz von Schnecken zur Algenbekämpfung kann leicht zu einer Schneckenplage führen.

Eine chemische Bekämpfung von Algen ist ebenfalls möglich, sollte jedoch nur im Notfall durchgeführt werden. Da Algen, wie bereits erwähnt, auch Pflanzen sind, wirken chemische Algenbekämpfungsmittel natürlich auch gegen Pflanzen. Es ist lediglich eine Frage der Dosis, und wie weit die Empfindlichkeit der Algen und der höheren Pflanzen gegenüber dem entsprechenden Mittel auseinander liegt. Deshalb sind die Dosierungsangaben der Hersteller exakt einzuhalten. Überdosierung ist auf jeden Fall zu vermeiden.

Algen-Portraits

Die Einteilung der Algen in Grünalgen, Braunalgen, Blaualgen sowie Bart- und Pinselalgen ist wissenschaftlich wenig korrekt, soll jedoch hier beibehalten werden, da jeder Aquarianer sich etwas darunter vorstellen kann.

Grünalgen treten als Belag an den Aquarienscheiben oder als

Blatt von **Cryptocoryne pontederiifolia** *mit beginnendem Braunalgenbewuchs und rechts fädige Grünalgen.*

Links: Blatt einer **Cryptocoryne** *mit* **Blaualgen.** *Mitte:* **Blatt eines Zwergspeerblattes (Anubias barteri, var. glabra)** *mit* **Pinselalgen.** *Rechts: Vallisnerienblatt mit langen Fäden von Bartalgen.*

langfädige Gespinste zuweilen an Aquarienpflanzen auf. Sie sind harmlos und zeigen gute Wasserverhältnisse an. Von der Sichtscheibe des Aquariums entfernt man sie mit entsprechenden Reinigungsgeräten (Kapitel Technik). Die fädigen Gespinste lassen sich leicht von Hand oder mit einem rauhen Holzstab beseitigen.

Braunalgen sind eigentlich Kieselalgen und haben mit den echten Braunalgen der Meere nichts zu tun. Kieselalgen sind in der Regel ein Zeichen von Lichtmangel.

Blaualgen treten in der Regel in stark mit organischen Abfallstoffen belastetem Wasser auf. Regelmäßiges gründliches Absaugen der Algenherde mit einem Schlauch und damit verbundener Wasserwechsel lassen diese Algen mit der Zeit verschwinden.

Bart- und Pinselalgen gehören zu den Rotalgen und zählen zu den hartnäckigsten Algen im Aquarium. Sie wurden vermutlich in den sechziger Jahren mit Wasserpflanzen aus den Tropen eingeschleppt. Die Bartalgen bilden lange, blau- bis schwärzlichgrüne Fäden, während die Pinselalgen als schwärzliche, bis etwa 10 mm lange pinselartige Büschel wachsen. Beide Algenarten besiedeln bevorzugt rauhe Substrate, wie die Blattränder zähblättriger Pflanzen oder auch Einrichtungsgegenstände.

Kalkablagerungen auf Pflanzenblättern, hervorgerufen durch CO_2-Mangel, bieten besonders gute Ansiedelungsmöglichkeiten. Dabei ist meist auch der pH-Wert des Wassers erhöht. Die sicherste Bekämpfungsmethode ist die Entfernung befallener Blätter. CO_2-Düngung, verbunden mit einer Absenkung des pH-Wertes, kann eine erneute Ausbreitung meist verhindern.

Nitrit

Durch menschliche Aktivitäten, wie zum Beispiel Wäsche waschen, gelangt Phosphat auch in natürliche Gewässer.

Auch Nitrit ist ein sehr starkes Fischgift. Werte ab 0,5 mg/l sind bedenklich, 2,0 mg/l sind tödlich. Dagegen ist das Endprodukt Nitrat eher fischverträglich. Werte von einigen 100 mg/l können von Fischen noch toleriert werden. In einem gut eingefahrenen Aquarium sollten die Stoffe Ammonium und Nitrit praktisch nicht meßbar sein, lediglich Nitrat darf sich langsam ansammeln. Die Fische wären damit sozusagen „aus dem Schneider". Trotzdem hat der stetig steigende Nitratgehalt einen Haken: Wird nicht durch regelmäßigen Teilwasserwechsel das Nitrat verdünnt, freuen sich ungebetene Gäste über diesen idealen Nährstoff: die Algen. Mehr darüber finden Sie in der Reportage „Algen" auf Seite 32.

Welche Bakterien machen nun diese Nitrifikation und wie kommen sie ins Aquarium? Zwei ganz bestimmte Gruppen von Bakterien haben sich auf die Nitrifikation, also den Abbau von Ammonium zu Nitrat, spezialisiert. Die eine Gruppe baut Ammonium zu Nitrit um und die andere Nitrit zu Nitrat. Die eine

Gruppe kann also nicht ohne die andere existieren, da sie von ihr das Substrat (Nitrit) geliefert bekommt.

Um ihre segensreiche Tätigkeit ausführen zu können, stellen diese Bakterien einige Ansprüche an ihre Umwelt: ausreichend Sauerstoff, der zur Oxidation benötigt wird, pH-Wert um den Neutralpunkt bis schwach alkalisch und CO_2 als Nahrung.

Da ein Aquarium kein steriles System darstellt (weshalb das Abkochen von Einrichtungsgegenständen auch Unsinn ist), könnte man nach der Neueinrichtung einfach so lange warten bis sich die Nitrifizierer etabliert haben ..., wenn dem nicht das äußerst langsame Wachstum dieser Bakterien und die (verständliche) Ungeduld des Neuaquarianers entgegenständen.

Der Wasserwechsel ist eine nützliche Pflegemaßnahme – zur Freude der Fische.

Nitrifizierende Bakterien benötigen 10–20 Stunden, um ihre Anzahl einmal zu verdoppeln, was andere Bakterien in wenigen Minuten fertigbringen. Ohne „nachzuhelfen" benötigt daher ein neues Aquarium ca. 2 bis 3 Wochen, bis sich genug Nitrifizierer angesammelt haben. Während dieser Zeit zeigen typische Verläufe der Ammonium-, Nitrit- und Nitratkonzentration den Aufbau der Bakterienkolonie an: Zunächst steigt der Ammoniumspiegel stark an und beginnt nach einiger Zeit zu fallen, während gleichzeitig der Nitritspiegel zu steigen beginnt: Die erste Bakteriengruppe hat sich etabliert und baut Ammonium zu Nitrit um. Es vergeht wieder einige Zeit, bis der Nitritspiegel zu fallen beginnt: Nun nimmt die zweite Bakteriengruppe ihre Arbeit auf und baut Nitrit zu Nitrat um. Wenn der Nitritspiegel sich gegen 0 nähert und ein langsamer Anstieg von Nitrat feststellbar ist, gilt das Aquarium als eingefahren, und es können Fische eingesetzt werden.

Jetzt kann aber ein weiteres Problem auftauchen. Die Anzahl der Bakterien ist vom Substrat abhängig. Wenn das Aquarium praktisch leer, nur mit Pflanzen ohne anfallende Abfallstoffe eingefahren wurde, kann nach Einsetzen der Fische das „Spielchen" erneut losgehen, weil die Bakterienkolonie erst wachsen muß, um sich an das vermehrte Abfallangebot durch die Fische anzupassen.

All das kann Sie kalt lassen, wenn Sie, wie auf Seite 18 bereits angedeutet, Ihr neues Aquarium entsprechend animpfen. Der „Hauptarbeitsplatz" dieser Bakterien ist (außer dem Bodengrund und allem, was sich im Aquarium befindet) der Filter, in dem geeignete Materialien den Bakterien eine geeignete Ansiedlungsfläche bieten. Aus diesem Grunde ist das Auswaschen einer alteingefahrenen Filtermasse (die natürlich nicht ausgetrocknet sein darf) im neueingerichteten Aquarium die absolut beste Animpfungsmethode. Die dabei entstehende „trübe Suppe" klärt sich sehr schnell

Aquarienvereine wenden diese Methode seit Jahrzehnten zum Einfahren von Ausstellungsbecken an.

Gefahr aus der Wasserleitung

Heutzutage werden vor allem in Neubauten, aber auch bei der Altbausanierung, Wasserleitungen aus Kupferrohr verlegt. Von diesen Kupferrohren kann eine ernstzunehmende Gefahr für die Aquarienbewohner ausgehen.

Neuinstallierte Kupferleitungen besitzen noch keine isolierende Kalkschicht im Inneren. Steht nun bei längerer Nichtbenutzung das Wasser in der Leitung, so können sich erhebliche Mengen an Kupfer im Wasser lösen, die bei Aquarienfischen zu Vergiftungserscheinungen und bei Pflanzen zu Wachstumshemmung führen können.

Bei neu installierten oder frisch entkalkten Warmwasserboilern oder Durchlauferhitzern besteht übrigens die gleiche Gefahr. In einem solchen Fall sollte man das Wasser einige Minuten ablaufen lassen, bevor man es für das Aquarium verwendet. Meist hat sich im Leitungssystem nach etwa einem Jahr eine Kalkschicht aufgebaut, die eine weitere Lösung von Kupfer verhindert.

---

wieder, und Sie haben vom Augenblick an ein eingefahrenes Aquarium, in das Sie *sofort* Fische einsetzen können.

Aquarienvereine wenden diese Methode seit Jahrzehnten zum Einfahren von Ausstellungsbecken an. Werden Sie mißtrauisch, wenn auf irgendeinem Produkt steht: „Schütten Sie XY ins Wasser, und am nächsten Tag können Sie Fische dazusetzen!" Ganz nebenbei – Nitrifizierer sind „Mimosen" und lassen sich äußerst schlecht konservieren!

Es könnte bisher der Eindruck entstanden sein, daß im Aquarium nur nitrifizierende Bakterien leben. Das stimmt natürlich nicht. Im Aquarium leben eine ganze Reihe verschiedener Bakterien, die am Stoffkreislauf mitbeteiligt sind, nur

daß diese Bakterien eben wirklich „von selbst" kommen, ohne unser Zutun.

Phosphat

Phosphatverbindungen übernehmen wichtige Funktionen sowohl im tierischen als auch im pflanzlichen Organismus. Energiereiche Phosphate werden als Energielieferant bei der Muskelarbeit oder bei der Pflanze zum Aufbau von Zucker gebraucht. Zum Aufbau von Knochen wird ebenfalls Phosphat benötigt.

Durch die Verdauungsvorgänge der Fische und aus Futterresten gelangt Phosphat ins Aquarienwasser. Die Höhe und die Auswirkung der Phosphatkonzentration im Aquarium werden oft unterschätzt. In der Natur haben sich Pflanzen daran gewöhnt, daß Phosphat Mangelware ist, und besitzen entsprechende Mechanismen, die es ihnen ermöglichen, mit geringsten Phosphatmengen auszukommen.

Was geschieht nun, wenn im Aquarium plötzlich ein Phosphatangebot vorliegt, das den Bedarf der Wasserpflanzen oft um mehr als das Hundertfache übersteigt? Unsere „speziellen Freunde", die Algen, freuen sich und stürzen sich geradezu auf das Phosphat. Wenn dann auch noch entsprechende Mengen an Nitrat vorhanden sind, ist die Algenplage vorprogrammiert. Das Fatale ist, daß Algen Phosphat speichern können, wenn mehr da ist, als sie im Moment brauchen. Dadurch können die Algen auch lange nachdem der Phosphatgehalt gesenkt wurde (Wasserwechsel) noch lustig weiterleben, wodurch das Phosphat als Ursache oft verkannt wird.

Organische Stoffe im Wasser

Alle natürlichen Gewässer enthalten einen hohen Anteil an gelösten hochmolekularen organischen Verbindungen. Diese Stoffe stammen teils aus dem Stoffwechsel der Tiere und teils aus pflanzlichen Abbauprozessen. Im hygienischen Sinne handelt es sich dabei um Verschmutzungsindikatoren,

Ein Schlauch (mit Ansaugschutz) zum nächstgelegenen Abfluß erspart das lästige Eimerschleppen.

die deshalb in unserem Trinkwasser nicht enthalten sein dürfen.

Auf die Fische haben diese Stoffe aber durchaus positive Effekte. Sie bewahren als sogenannte Schutzkolloide zum Beispiel die Schleimhaut vor schädigenden Einflüssen. Huminstoffe, die vor allem in Schwarzwässern enthalten sind, wirken bakterienhemmend und schleimhautverdichtend. Aber auch Wasserpflanzen profitieren von gelösten organischen Substanzen, da viele als natürliche Chelatoren (Nährstoffträger) wirken und so wichtige Nährstoffe pflanzenverfügbar halten.

Es hat sich gezeigt, daß frisches Leitungswasser aggressiv auf Kiemen und Schleimhaut der Fische wirkt. Erst ein Zusatz von organischen Verbindungen macht das Wasser „fischgerecht". Die Zugabe eines der im Zoofachhandel erhältlichen Wasseraufbereitungsmittel behebt dieses Problem.

Wohl bekomm's – Wasseraufbereitung

In diesem Abschnitt wollen wir Ihnen einerseits Tips geben, wie Sie unerwünschte Werte des Leitungswassers verändern können, bevor es ins Aquarium kommt, und andererseits auch aufzeigen, wie Veränderungen der Wasserwerte, die sich während des Betriebs des Aquariums einstellen, durch geeignete Maßnahmen in Grenzen gehalten werden können. Sie erinnern sich doch noch – Kontinuität ist das oberste Gebot!

Bevor Sie jedoch darangehen, die Zusammensetzung des Leitungswassers vor Verwendung zu verändern, sollten Sie sich genau überlegen, ob dies für die Fische, die Sie zu pflegen beabsichtigen, auch wirklich erforderlich ist. Wie gesagt, die meisten Aquarienfische lassen sich im Leitungswasser problemlos pflegen, wenn die Kontinuität der Bedingungen gewahrt bleibt. Und gerade die läßt sich mit Leitungswasser eher einhalten, als mit der dauernden „Wasserpanscherei", die Ihnen vielleicht irgendwann einmal auf die Nerven geht.

Anders bei der Zucht: hier werden möglichst die natürlichen Wasserwerte gefordert, da die Eier der Fische wenig anpassungsfähig sind.

Verändern der Wasserhärte

Aufhärten: Eine Erhöhung der Wasserhärte ist meist nur dann erforderlich, wenn in Weichwasser-Gebieten Fische gepflegt werden sollen, die höhere Härtewerte benötigen, wie zum Beispiel Cichliden aus den afrikanischen Grabenseen oder australische Regenbogenfische.

Filterung über Marmorgrus oder Zugabe von pulverförmigem Kalziumkarbonat erhöht die Gesamt- und Karbonathärte gleichmäßig. Dabei ist die Zufuhr von CO_2 erforderlich, um den Kalk entsprechend in Lösung zu bringen und zu halten. Eine Erhöhung der Resthärte (Gesamthärte ohne Karbonathärte) kann zum Beispiel durch Kalziumsulfat erreicht werden. Bequem zu handhabende Karbonathärte- und Gesamthärtebildner sind auch im Zoofachgeschäft erhältlich.

Enthärten: Das Enthärten von Leitungswasser ist weitaus komplizierter als die Erhöhung der Wasserhärte. Es gibt im Prinzip nur drei Verfahren, die aquaristisch sinnvoll sind. Welches Verfahren man einsetzt, hängt letztlich von den lokalen Gegebenheiten ab. Die Verfahren sollen hier nur im Prinzip vorgestellt werden, da es umfangreiche Fachliteratur gibt, auf die der Interessierte gegebenenfalls zurückgreifen möge.

Zwei Verfahren beruhen auf dem Prinzip des Ionenaustauschs. Es sind dies die **Teilentsalzung** oder Entkarbonisierung und die **Vollentsalzung.** Wie bereits der Name sagt, werden bei diesen Vorgängen bestimmte Ionen gegen andere ausgetauscht, wodurch die Wasserhärte verschwindet. Zentraler Teil solcher Anlagen sind bestimmte Kunstharze mit Austauschereigenschaft, über die das Wasser wie über einen Filter geleitet wird.

Eine Entkarbonisierung ist nur dann sinnvoll, wenn die Karbonathärte im Wasser mindestens 80% der Gesamthärte ausmacht. Da durch die Entkarbonisierung die Ionenverteilung im Wasser verschoben wird und äußerst niedrige Gesamtsalzgehalte, wie sie zur Zucht von Weichwasserfischen gebraucht werden, nicht erreichbar sind, eignet sich diese Methode nur für weniger empfindliche Fische. Bei der Vollentsalzung erhält man praktisch destilliertes Wasser, das man durch Verschneiden auf jeden gewünschten Härtegrad einstellen kann.

Alle Ionenaustauscher haben eine begrenzte Kapazität, die abhängig ist von der Härte des Ausgangswassers und der Menge des verwendeten Harzes. Nach Erschöpfung müssen die Harze mit Salzsäure (Entkarbonisierung) oder mit Salzsäure und Natronlauge (Vollentsalzung) regeneriert werden. Dabei ist mit der bei Chemikalien gebotenen Vorsicht zu arbeiten. Regenerierflüssigkeiten sind Sondermüll und dürfen nicht in den Ausguß geschüttet werden! Es gibt auch Geräte mit Regenerierservice. Das ist zwar etwas teurer als Selbstregenerieren, Sie sparen sich aber die Mühe und das Abfallproblem.

Als dritte Methode wäre noch die **Umkehrosmose** zu nennen. Geräte, die nach diesem Prinzip arbeiten, werden in letzter Zeit immer häufiger im Handel angeboten. Dabei wird durch den im Leitungsnetz herrschenden Druck das Wasser gegen eine Membran gedrückt, die praktisch wie ein mikrofeines Sieb annähernd alles zurückhält, was größer ist als das reine Wassermolekül. Ein geringfügiger Restsalzgehalt bleibt jedoch erhalten.

Der Wirkungsgrad der Umkehrosmoseanlagen hängt von Wasserdruck und Temperatur ab. Er liegt bei Leitungswasserdruck bei etwa 20%. Das heißt, aus 100 Liter Wasser erhält man 20 Liter entsalztes Wasser (Permeat) und 80 Liter Restwasser mit erhöhtem Salzgehalt (Konzentrat), das in den Abguß läuft.

Umkehrosmoseanlagen sollten möglichst permanent in Betrieb sein, um eine möglichst lange Lebensdauer der Membran zu erreichen. Ihre Anschaffung ist also nur sinnvoll, wenn ein kontinuierlicher Wasserbedarf vorhanden ist. Regenerationskosten entfallen, dafür muß von Zeit zu Zeit die Membran gewechselt werden, die teuer ist, und es fallen erhöhte Wasserkosten an.

Vergessen Sie alle anderen Methoden, wie sie zum Beispiel in Spül-

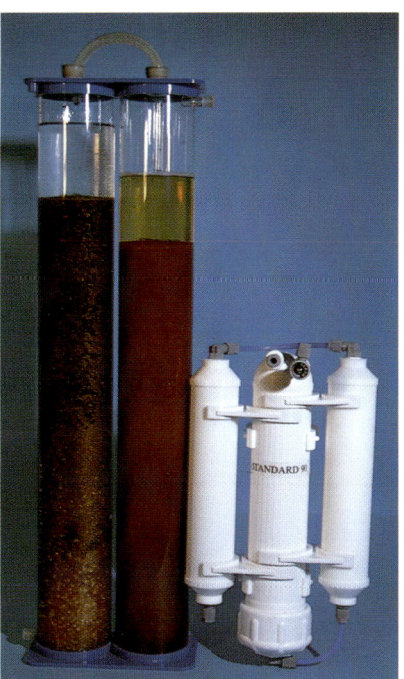

Wasserenthärtung: links Ionenaustauscher (Vollentsalzer) mit Indikatorharz, das durch seine rote Färbung eine anstehende Regeneration anzeigt; rechts Umkehrosmoseanlage.

maschinen oder bei Haushaltsinstallationen und sonstigen technischen Anwendungen zu finden sind. Enthärtungsanlagen, wie sie z.B. in Spülmaschinen verwendet werden, arbeiten nach dem Prinzip des Neutralaustauschers, kenntlich an der Regeneration mit Salz. Bei dieser Methode werden die Härtebildner letztlich in Salze umgewandelt; das ist reinigungstechnisch sinnvoll, für die Aquaristik jedoch unbrauchbar, da der Gesamtsalzgehalt der gleiche bleibt.

Verändern des pH-Wertes

Senken: Wie Sie bereits wissen, kommt der pH-Wert in der Natur hauptsächlich durch das Zusammenspiel von Karbonathärte und gelöstem CO_2-Gas zustande. Da im Aquarium meist aufgrund von CO_2-Mangel (es wird durch die Pflanzen verbraucht) der pH-Wert ansteigt, sollte er mit den gleichen natürlichen Mitteln, nämlich Zufuhr von CO_2, gesenkt und auf Werte um den Neutralpunkt eingestellt werden. Gleichzeitig erhalten dabei die Pflanzen lebensnotwendiges CO_2. Bei Wässern mit Karbonathärten über 15 °dKH ist eine Senkung der Karbonathärte auf 10 °dKH sinnvoll, da sonst unnötig viel CO_2 gebraucht würde, um den pH-Wert auf 7 zu senken.

In besonderen Fällen, zum Beispiel zur Zucht, kann der pH-Wert auch durch Torffilterung gesenkt werden. Dies kann jedoch nur im weichen Wasser geschehen, da im härteren Wasser die Säuren des Torfes durch die Karbonathärte abgepuffert werden. Der pH-Wert sollte dabei ständig überprüft werden. Die Wirkung von Torf auf pH-Wert und Karbonathärte ist bei GEISLER ausführlich beschrieben. Es sei noch angemerkt, daß die Filterung über Aktivkohle die Wirkung des Torfes aufhebt.

Erhöhen: Es ist in den seltensten Fällen erforderlich, kann jedoch durch eine Erhöhung der Karbonathärte (siehe dort) erfolgen. Im Zoofachhandel sind auch entsprechende Präparate zur pH-Anhebung erhältlich.

Stickstoffverbindungen entfernen

Verändern des CO$_2$-Gehaltes

Aufgrund des CO$_2$-Verbrauchs der Wasserpflanzen kommt es in gut bepflanzten Aquarien regelmäßig zu CO$_2$-Mangel. Die Installation einer CO$_2$-Düngeanlage schafft hier Abhilfe. Näheres darüber erfahren Sie im nächsten Kapitel. Eine Senkung des CO$_2$-Gehaltes wird meist nur infolge versehentlich falsch eingestellter Düngegeräte nötig sein und kann durch kräftige Wasserbewegung oder Durchlüftung schnell erreicht werden.

Entfernen von Ammonium und Nitrit

Die Entfernung von Ammonium und Nitrit sollte eigentlich kein Thema sein, da sie, wie bereits geschildert, von Bakterien erledigt wird. Lediglich wenn die Bakterien durch irgend einen Umstand „geärgert" wurden (zum Beispiel durch Behandlung von Fischkrankheiten), das Aquarium katastrophal überbesetzt ist oder zuviel gefüttert wurde, kann der Ammonium- oder Nitritgehalt ansteigen.

In einem solchen Fall kann zunächst ein Teilwasserwechsel vorgenommen werden. Anschließend muß für eine Normalisierung der Verhältnisse gesorgt werden, zum Beispiel durch Herausfiltern von Medikamentenresten über Aktivkohle, weniger füttern und, falls erforderlich, den Fischbesatz verringern.

Entfernen von Nitrat

Die billigste und einfachste Methode das Nitrat loszuwerden, ist der als Pflegemaßnahme bereits bekannte, regelmäßige Teilwasserwechsel. Problematisch wird es allerdings in einigen Gegenden, wo das Leitungswasser bereits Nitrat enthält. Laut Trinkwasserverordnung sind maximal 50 mg/l zulässig. Dies genügt aber schon, um unter Umständen eine Algenplage hervorzurufen.

Es gibt noch einen anderen Weg der Nitratentfernung, den auch die Natur benutzt und der in Kläranlagen mehr und mehr großtechnisch

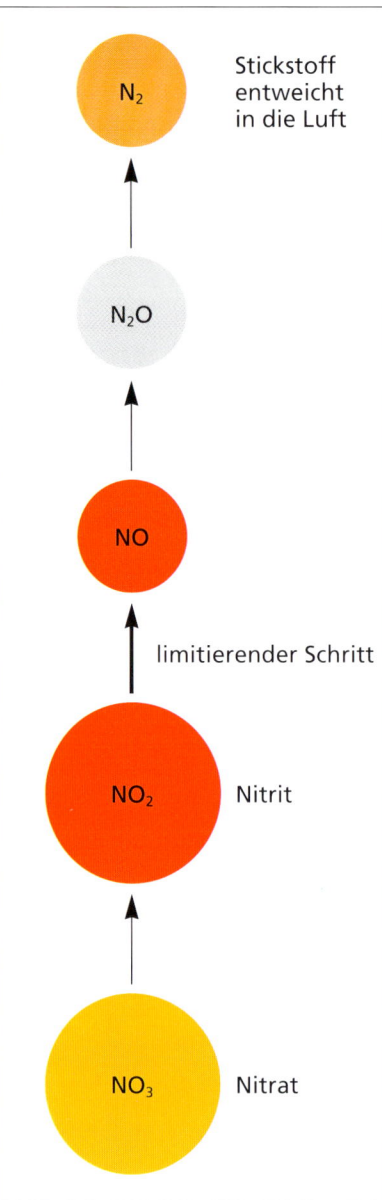

Wenn kein Sauerstoff vorhanden ist, können verschiedene Bakterien den im Nitrat enthaltenen Sauerstoff veratmen und so Nitrat zu Stickstoff abbauen.

angewendet wird: die sogenannte Denitrifikation. Das ist die Fähigkeit verschiedener Bakterien statt des im Wasser gelösten Sauerstoffs den im Nitrat chemisch gebundenen Sauerstoff zur Atmung zu verwenden. Letztendlich entsteht dabei gasförmiger Stickstoff, der in die Atmosphäre entweicht, und schon sind wir das Nitrat los!

Soweit so gut – die Sache hat nur leider einen Haken. Die Bakterien denken unter normalen Aquarienbedingungen im Traum nicht daran, den Sauerstoff aus dem Nitratmolekül zu veratmen, solange noch im Wasser gelöster Sauerstoff wesentlich leichter zu haben ist. Um gleich noch etwas klarzustellen, es handelt sich bei diesen Bakterien nicht um die gleichen, die das Nitrat produzieren und diesen Prozeß etwa nur „rückwärts" ablaufen lassen. Denitrifizierer gibt es in den verschiedensten Bakteriengruppen, die unter bestimmten Umständen eben in der Lage sind, Nitrat zu veratmen. Potentiell denitrifizierende Bakterien sind in jedem Aquarium vorhanden.

Erst wenn praktisch kein freier Sauerstoff im Wasser mehr verfügbar ist und wenn organische Nahrung (zum Beispiel Zucker) vorhanden ist, gehen die Bakterien dazu über, Nitrat zu veratmen. Ähnliche Bedingungen findet man in Mulmansammlungen und im Bodengrund des Aquariums, wenn man nicht in regelmäßigen „Putzanfällen" den Bodengrund umschichtet und jedes bißchen Mulm entfernt. Aquarien mit einer gewissen Portion „Dreck" funktionieren deshalb oft besser als peinlich saubere, die regelrecht „zu Tode geputzt" werden.

In besonders konstruierten Filtern mit extrem geringer Durchflußrate und langem Filterweg können entsprechende Bedingungen künstlich erzeugt werden. Wichtig ist dabei eine regelmäßige Zufuhr von Nahrung für die Bakterien. In Kläranlagen verwendet man Ethanol. Dies ist unter Aquarienbedingungen nicht machbar, da ein „Durchschlagen" des Ethanols ins Aquarium zu einer Massenvermehrung von Bakterien und dadurch zu Sauerstoffmangel führen kann. Für Aquarien geeignete „Bakteriennahrung" muß noch erprobt werden.

Da die Veratmung des Nitrats aber über die Stufe des Nitrits erfolgt, besteht bei hohen Nitratgehalten im Aquarienwasser die Gefahr einer sekundären Nitritanreicherung. Der Schritt Nitrat – Nitrit geschieht nämlich wesentlich schneller als die folgenden Schritte

Ungebetene Gäste

Trotz aller Vorsicht können sich im Aquarium auch manche ungebetenen Gäste einstellen. Als Hauptvertreter wären hier erst einmal verschiedene **Schneckenarten** zu nennen. Meist schleppt man Laich oder Jungtiere mit Wasserpflanzen ein.

Vordergründig haben die zahlreichen kleinen Schneckenarten den Vorteil, daß sie Futterreste und Algen vertilgen. Turmdeckelschnecken lockern auch den Bodengrund auf. Die meisten Aquarianer sind jedoch nicht konsequent genug in der Fütterung der Fische, so daß für die Schnecken der Tisch reichlich gedeckt ist und sie sich zur Plage entwickeln. Manche fressen bei Futtermangel außerdem auch Pflanzen.

Sollte es also einmal soweit gekommen sein, daß der Bodengrund mehr Turmdeckelschnecken als Kies enthält oder Posthornschnecken und andere Kleinschnecken das Aquarium übervölkern, ist Abhilfe nötig. Der Handel bietet Mittel gegen Schnecken an, die allerdings nur im Notfall verwendet werden sollten. Man wird nach einer Behandlung schwerlich alle toten Schnecken im Aquarium finden, die dann empfindlich das Wasser verpesten. Außerdem sind Turmdeckelschnecken weitgehend unempfindlich gegen diese Mittel.

Posthornschnecke mit Gelege.

Es bleibt also nur unermüdliches Absammeln der Schnecken, was sehr lästig ist, oder die Pflege schneckenfressender Fische. Von Kugelfischen raten wir ab. Besser bewährt, weil leichter zu pflegen, haben sich alle Botia-Arten, die mit der Zeit auch Turmdeckelschnecken „erledigen".

Süßwasserpolypen (Hydra) und **Scheibenwürmer** (Planarien) schleppt man sich meistens mit Lebendfutter ein. Sparsame Fütterung läßt diese „Gäste" von selbst wieder verschwinden. Manche anspruchslosen Fische (Makropoden und andere) fressen sie auch. Ganz davon abgesehen, kann Hy-

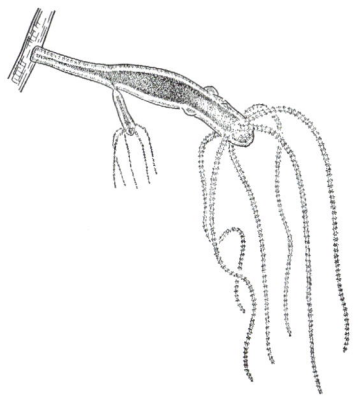

Süßwasserpolyp (Hydra)

dra in einem separaten Kleinstaquarium ein interessanter Pflegling sein.

---

von Nitrit über verschiedene Zwischenstufen zu Stickstoff. Ein Denitrifikationsfilter darf deshalb nie direkt am Aquarium angeschlossen werden, sondern muß als „Filter am Filter" betrieben werden.

Nitratentfernung über Austauscherharze ist nicht die Methode der Wahl, da dadurch das Wasser mit anderen Ionen, in der Regel Chlorid, angereichert wird. Dadurch wird die Ionenverteilung im Wasser nachhaltig verändert.

Entfernen von Phosphat

Zu viel Phosphat im Wasser kann praktisch nur durch Wasserwechsel entfernt werden. Durch gezielte, nicht zu gut gemeinte Fütterung und Vermeidung phosphathaltiger Pflegeprodukte läßt sich ein unnötig hoher Anstieg des Phosphatgehaltes vermeiden. Ein üppiger, gesunder Pflanzenwuchs trägt natürlich auch zur Verringerung des Phosphatgehaltes bei.

Leider kommt es immer wieder vor, daß manche Wasserpflanzen-

dünger Phosphate und Nitrate enthalten. Dünger für Zimmerpflanzen hat übrigens im Aquarium absolut nichts verloren! Auch in manchen Wasseraufbereitungsmitteln werden zum Teil noch Polyphosphate als Komplexbildner für Schwermetallionen verwendet. Meiden Sie Pflegepräparate, die Phosphate enthalten! Steigt nach einem Wasserwechsel und Zugabe von Dünger oder Wasseraufbereiter der Phosphatgehalt in kurzer Zeit wieder auf den alten Wert, so enthält zu-

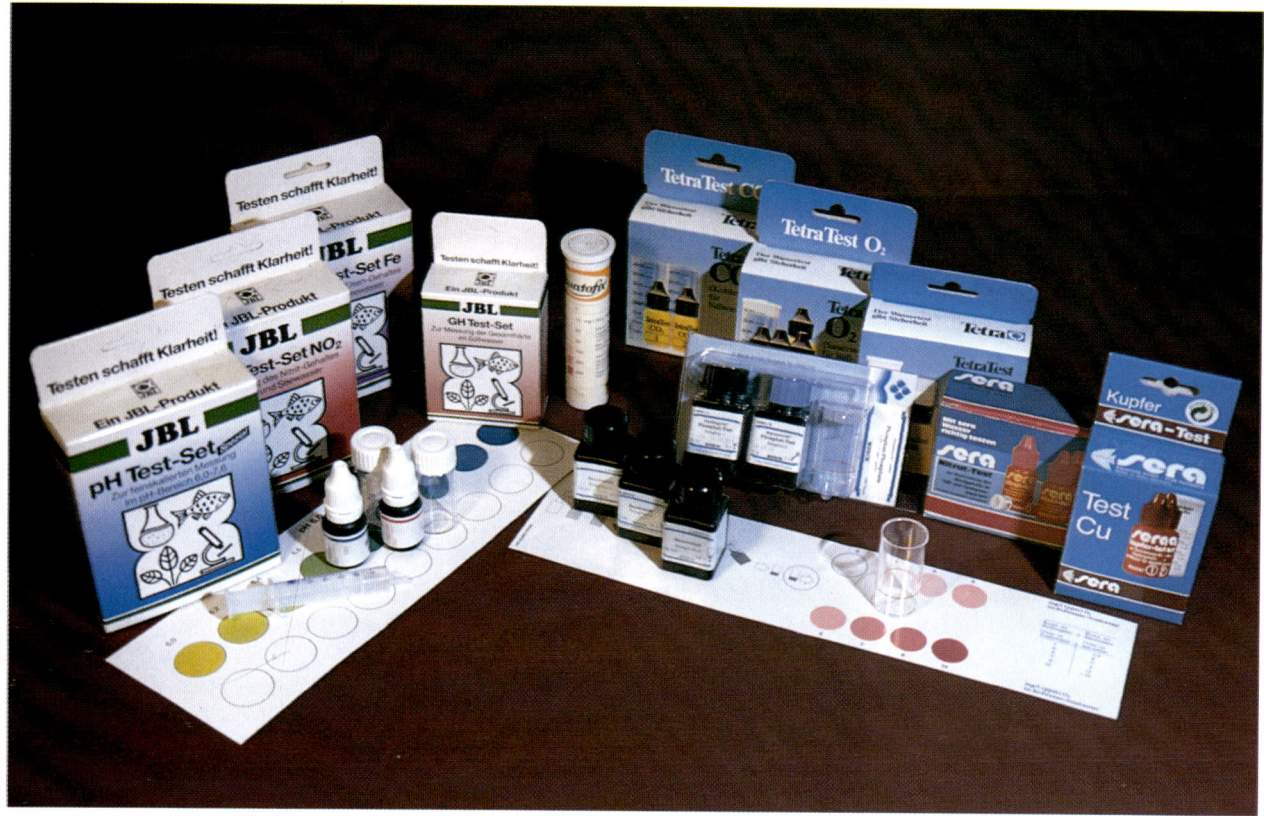

Verschiedene Testsets mit Farbkarten, Reagenzien und Prüfgefäßen.

mindest eines der Produkte Phosphat.

Sie sollten auch einmal den Phosphatgehalt Ihres Leitungswassers prüfen. Oft sind in Hausinstallationen Phosphatdosieranlagen eingebaut, die ein Verkalken der Wasserleitungen verhindern sollen. In einem solchen Fall müßten Sie versuchen, das Wasser für Ihr Aquarium vor dieser Anlage zu entnehmen. Gegebenenfalls den Hausbesitzer um Erlaubnis bitten.

Verändern des Sauerstoffgehaltes

Akute Sauerstoffmangelsituationen können durch Belüftung und starke Wasserbewegung behoben werden. Bei entsprechender Pflege der Wasserpflanzen (Nährstoffe, Beleuchtung) sollten in gut bepflanzten Aquarien eigentlich zumindest tagsüber keine Sauerstoffmangelsituationen vorkommen. Ein eventuell zu starkes Absinken des Sauerstoffgehaltes während der Nacht kann durch leichte Belüftung verhindert

werden. (Eine Schaltuhr sorgt dafür, daß die Belüftung nur nachts läuft.) Sauerstoffmangel ist bei Fischen an der beschleunigten Atmung zu erkennen. Im akuten Fall hängen die Fische mit dem Maul an der Wasseroberfläche und führen heftige Atembewegungen aus.

Alles im Griff – Kontrolle des Aquarienwassers

Um gezielte Wasseraufbereitungsmaßnahmen durchführen zu können, oder einfach nur, um zu wissen, ob noch alles in Ordnung ist, müssen die entsprechenden Wasserparameter mit geeigneten Methoden gemessen werden. Der spezialisierte Zoofachhandel bietet eine Reihe von einfach zu handhabenden Schnelltests an, die ausreichend genau und preiswert sind. Für bestimmte Parameter sind auch elektronische Meßgeräte erhältlich, deren Anschaffung sich wegen des

vergleichsweise hohen Preises nur bei häufiger Nutzung lohnen wird.

Die Schnelltests beruhen im wesentlichen auf zwei Methoden. Bei der einen Methode (Titration) werden Wasserinhaltsstoffe dadurch gemessen, daß man einer Wasserprobe eine Meßlösung solange zugibt, bis sich ein zugesetzter Indikator verfärbt. Die Anzahl Tropfen der verbrauchten Meßlösung gibt die Konzentration des gesuchten Stoffes an.

Die andere Methode beruht auf dem Prinzip, daß bestimmte Wasserinhaltsstoffe bei Reaktion mit bestimmten Chemikalien eine typische Farbe erzeugen, deren Intensität proportional zur Konzentration der gesuchten Stoffe ist. Durch Vergleich mit geeichten Farbkarten (Colorimetrie) kann die Konzentration ermittelt werden. Gewöhnen Sie sich an, über alle Meßergebnisse Buch zu führen und auch die Tageszeit zu notieren, da sich manche Werte tageszeitlich ändern. So können Sie Veränderungen oder Tendenzen schnell erkennen und, falls erforderlich, schnell handeln.

Messen von Härte und Gesamtsalzgehalt

Die Messung der Gesamthärte und der Karbonathärte unterscheiden sich methodisch nicht. Man gibt zu einer Wasserprobe von 5 ml solange ein Reagens zu, bis bei Gesamthärte ein Farbumschlag von rot nach grün und bei Karbonathärte von blau nach gelb erfolgt. Ein Tropfen verbrauchtes Reagens entspricht 1 °d Gesamt- bzw. Karbonathärte. Die Genauigkeit der Methode kann erhöht werden, wenn man das Probenvolumen von 5 auf 10 ml erhöht. Dann entspricht ein Tropfen 0,5 °d. Um die gefundenen Werte mit anderen gebräuchlichen Maßeinheiten, zum Beispiel denen der Wasserchemiker in den Wasserwerken vergleichen zu können, sind die Umrechnungstabellen nützlich.

Zur Messung des Gesamtsalzgehaltes eines Wassers benötigt man ein sogenanntes Leitfähigkeitsmeßgerät oder Konduktometer. Die Messung nutzt die Fähigkeit von Wasser aus, je nach Salzgehalt mehr oder weniger elektrischen Strom zu leiten. Die Maßeinheit ist Mikrosiemens, abgekürzt µS. Geht man

Dank ausgereifter Testsets ist das Überwachen der Wasserwerte ganz einfach geworden.

davon aus, daß ein Grad deutscher Härte einer Leitfähigkeit von etwa 30 µS entspricht, so kann man durch eine Messung feststellen, ob ein Wasser außer Härtebildnern auch noch andere Salze gelöst enthält. Die Art der Salze kann jedoch nicht festgestellt werden. Von der Härte auf den Gesamtsalzgehalt zu schließen, ist aus diesem Grund nicht möglich! Wer sich genauer für die Leitfähigkeitsmessung interessiert, sei auf das Literaturverzeichnis verwiesen.

Messen des pH-Wertes

Am weitesten verbreitet sind heute in der Aquaristik pH-Messungen mit Flüssigindikatoren. Einer Wasserprobe (in der Regel 5 ml) werden einige Tropfen Indikator zugesetzt und die entstandene Farbe mit einer Farbskala verglichen. Je nach Anwendungsfall kann man zwischen verschiedenen Meßbereichen und Abstufungen wählen. Tests mit großem Meßbereich (zum Beispiel pH 4–10) messen in der Regel in Abstufungen von 0,5 pH-Einheiten. Zwischenwerte können zur Not geschätzt werden.

Wer es etwas genauer möchte, muß auf Tests mit verringertem Meßbereich (zum Beispiel pH 6–7,6)

Umrechnung der Gesamthärte

	Erdalkali-Ionen (mmol/l)	Erdalkali-Ionen (mval/l)	Deutsche Grad (°d)	CaCO₃ (ppm)	Englische Grad (°e)	Französische Grad (°f)
1 mmol/l Erdalkaliionen		2,00	5,60	100,0	7,02	10,00
1 mval/l Erdalkaliionen	0,50		2,80	50,0	3,51	5,00
1 Deutsches Grad	0,18	0,357		17,8	1,25	1,78
1 ppm CaCO₃	0,01	0,020	0,056		0,0702	0,100
1 Englisches Grad	0,14	0,285	0,798	14,3		1,43
1 Französisches Grad	0,10	0,200	0,560	10,0	0,702	

Umrechnung der Karbonathärte (nach KRAUSE)

	Säure-kapazität (mmol/l)	Deutsche Grad (°d)	Französische Grad (°TAC)	Hydrogen-carbonat (mg/l)
Säurekapazität 1 mmol/l	–	2,78	4,94	61,0
Deutsche Grad 1 °d	0,36	–	1,78	21,8
Französische Grad 1 °TAC	0,20	0,56	–	12,3
Hydrogencarbonat 1 mg/l	0,016	0,046	0,08	–

zurückgreifen, die dafür aber genauer sind und in Abstufungen von 0,2 oder 0,3 pH-Einheiten messen. Will man die für die Pflege der meisten Fische und Pflanzen günstige pH-Einstellung um 7 überwachen (meist mit der Anwendung einer CO_2-Düngung gekoppelt), so ist die Anschaffung eines Tests mit verringertem Meßbereich und höherer Genauigkeit sinnvoll.

Im spezialisierten Zoofachhandel angebotene Flüssig-pH-Tests haben in der Regel eine Reichweite von 50 bis 80 Messungen pro Packung. Manche Hersteller bieten zusätzlich noch preiswerte Nachfüllungen an, die nur das Reagens enthalten (ohne Probenröhrchen, Farbkarte und so weiter). Hin und wieder werden auch pH-Meßstäbchen angeboten. Sie sind für aquaristische Zwecke zu ungenau und deshalb nur für orientierende Messungen geeignet.

Wer auf häufige und genaue pH-Messungen angewiesen ist (Züchter), wird sicherlich die Anschaffung eines pH-Meters ins Auge fassen. Um keine Fehlmessungen durchzuführen, sollte man sich exakt an die Gebrauchsanleitung halten. Von elementarer Wichtigkeit ist die regelmäßige und gewissenhafte Eichung des Gerätes. Falsch oder längere Zeit nicht geeichte Geräte messen „Hausnummern"!

Die Eichflüssigkeiten sind sorgfältig vor Verunreinigung, insbesondere Verdünnung durch Aquarienwasser, zu bewahren. Nach etwa einem Jahr sollten die Eichflüssigkeiten durch neue ersetzt werden. Die Wassertemperatur hat ebenfalls Einfluß auf die pH-Messung. Bei Geräten mit automatischer Temperaturkompensation braucht man sich dafür nicht zu interessieren. Bei anderen Geräten muß bei jeder Messung am Gerät die Wassertemperatur eingestellt werden.

Der pH-Wert im Aquarium schwankt, je nach Tageszeit, abhängig von der Assimilationstätigkeit der Pflanzen. In Aquarien ohne CO_2-Düngung sollte er gegen Abend nicht höher als 8 bis 8,5 liegen. Gegebenenfalls müssen die

„Wasseraufbereitung"

Beleuchtungsdauer und Intensität entsprechend reguliert werden. Auf schnellwachsende Pflanzen sollte in diesem Fall verzichtet werden, da sie durch ihre starke Assimilation den pH-Wert schnell über 8,5 treiben können.

Bei Verwendung von CO_2-Düngeanlagen ist eine möglichst konstante Einstellung zwischen 6,8 und 7,4 anzustreben. In der ersten Zeit nach der Neueinrichtung eines Aquariums empfiehlt sich eine häufigere Messung des pH-Wertes zu verschiedenen Tageszeiten (Tageszeit immer notieren!). Später, wenn das Aquarium eingefahren ist, genügen eine oder zwei Messungen pro Woche (immer zur gleichen Tageszeit!).

Messen des CO_2-Gehaltes

Sie haben bereits erfahren, daß der pH-Wert im wesentlichen durch das Zusammenspiel der Komponenten Karbonathärte und CO_2 zustandekommt. Aus diesem Grund kann bei bekannter Karbonathärte und bekanntem pH-Wert der CO_2-Gehalt rechnerisch ermittelt werden – unter der Voraussetzung, daß keine weiteren pH-senkenden Stoffe (Huminsäuren) im Wasser vorhanden sind. Um Ihnen die Rechnerei zu ersparen, finden Sie auf Seite 50 eine Tabelle, aus der Sie den CO_2-Gehalt ablesen können.

Es gibt jedoch auch noch die Möglichkeit, den CO_2-Gehalt mit einem Testset direkt zu bestimmen. Einer Wasserprobe wird ein Indikator zugesetzt und anschließend tropfenweise eine Meßlösung zugegeben, bis in der Wasserprobe eine leichte Rosafärbung nicht mehr verschwindet. Meist entspricht ein Tropfen verbrauchter Meßlösung 2 mg CO_2/l.

Sind jedoch außer CO_2 noch andere pH-senkende Substanzen im Wasser vorhanden, so finden Sie sowohl in der Tabelle als auch bei der Messung höhere CO_2-Werte als tatsächlich vorhanden sind. Um eine solche Fehlmessung auszuschließen, gehen Sie folgendermaßen vor: Sie entnehmen zwei gleiche Wasserproben, wovon die erste sofort gemessen wird. Die zweite Probe wird ca. eine Stunde lang belüftet, um alles CO_2 auszutreiben. Bei der nun folgenden Messung der zweiten Probe erfassen Sie den durch andere Substanzen vorgetäuschten CO_2-Gehalt. Das zweite Meßergebnis ziehen Sie vom ersten ab und erhalten so den tatsächlichen CO_2-Gehalt.

Messen des Sauerstoffgehaltes

Die Messung des Sauerstoffgehalts auf chemischem Wege ist ziemlich kompliziert. Auf aquaristische Zwecke zugeschnittene Testsets enthalten deshalb meist 4 Reagenzien. Ihre Anwendung erfordert ein sorgfältiges Vorgehen nach der jeweiligen Gebrauchsanleitung, um verläßliche Ergebnisse zu erhalten. Wesentlich bequemer, aber teuer, ist die Messung mit einem Sauerstoffmeßgerät. Auch diese Geräte erfordern, um einwandfrei zu messen, eine sorgfältige Pflege.

Wie der pH-Wert, so ist auch der Sauerstoffgehalt (zumindest in bepflanzten Aquarien) tageszeitlichen Schwankungen unterworfen – aufgrund der Assimilation der Wasserpflanzen. Bei 25 °C Wassertemperatur sollten abends um 8 mg/l und morgens noch mindestens 4 mg/l meßbar sein. Unter normalen Bedingungen ist eine Messung pro Woche ausreichend.

Messen von Ammonium, Nitrit und Nitrat

Mit diesen drei Messungen hat man den kompletten Abbauweg des „Abfalls" im Überblick. Die Tests bestehen in der Regel aus zwei bis drei Reagenzien (je nach Hersteller) und sind problemlos zu handhaben. In einem gut bepflanzten und eingefahrenen Aquarium sollten Ammonium und Nitrit nicht nachweisbar sein! Bis 0,5 mg/l Ammonium und 0,2 mg/l Nitrit können jedoch noch als normal angesehen werden, wobei eine regelmäßige Kontrolle zeigen muß, ob die Werte stabil sind oder sich erhöhen.

Vor allem nach Behandlungen gegen Fischkrankheiten sind häufigere Messungen empfehlenswert, da die Medikamente oft auch die nitrifizierenden Bakterien in Mitleidenschaft ziehen. Auf die pH-Wertabhängige Giftigkeit des Ammoniums sei noch einmal verwiesen (Tabelle Seite 31). Nitratgehalte von über 20 mg/l können, wie bereits erwähnt, den Algenwuchs beschleunigen und sollten deshalb vermieden werden, obgleich die Fische auch wesentlich höhere Werte ohne Schaden tolerieren.

Die angebotenen Tests haben Reichweiten von etwa 50 Messungen bei Ammonium und Nitrit und 25 bis 50 bei Nitrat. Unter normalen Bedingungen genügt eine Messung pro Woche. Die Tageszeit spielt dabei keine Rolle. Was den Meßbereich anbelangt, so sollte als untere Grenze bei Ammonium ein Gehalt von 0,2 mg/l noch gut nachweisbar sein. Die Obergrenze des Meßbereichs sollte zwischen 5 und 10 mg/l liegen. Bei Nitrit sollte als untere Grenze 0,05 mg/l noch gut zu erkennen sein, wobei die Obergrenze etwa bei 1–1,5 mg/l liegen kann.

Nitrattests gibt es mit relativ engem Meßbereich von 0,1 bis etwa 10 mg/l und mit weiterem Meßbereich von etwa 10 bis einige 100 mg/l. Tests mit engem Meßbereich sind genauer, erfordern jedoch eine gezielte Verdünnung der Probe mit destilliertem Wasser, wenn man höhere Werte erfassen möchte.

Dies entfällt bei den Tests mit höherem Meßbereich, geht jedoch auf Kosten der Genauigkeit im unteren Bereich. Man wird sich also je nach Aufgabenstellung entscheiden müssen.

Messen von Phosphat

Leider sind Phosphattests bei Aquaristikfirmen (noch) dünn gesät. Wenn es Ihnen also nicht gelingen sollte, im spezialisierten Zoofachhandel einen derartigen Test zu erstehen, so wenden Sie sich an den einschlägigen Labor- oder Chemikalienfachhandel. Große Chemiekonzerne bieten schon lange Testsets für das Fischereiwesen an, die auch vorzüglich für die Aquaristik geeignet sind. Da sie jedoch trotz hoher Reichweite (ca. 100 Messungen) relativ teuer sind, wird man nur in Sonderfällen, wie zum Beispiel beim Phosphat, darauf zurückgreifen.

In der Natur gelten Phosphatgehalte von mehr als 0,1 mg/l bereits als hoch und deuten eine beginnende Überdüngung (Eutrophierung) der Gewässer an. Im Aquarium können Werte von 0,5–1 mg/l noch als normal betrachtet werden. Höher sollte der Phosphatgehalt jedoch auf Dauer nicht liegen. In manchen Aquarien konnten wir Gehalte von 10 mg/l und mehr messen!

Messen des Eisengehaltes

Über die Bedeutung des Eisens im Aquarium haben Sie bisher noch nichts erfahren, wir holen dies im Pflanzen-Kapitel nach. Eisentests werden eingesetzt, um die Dosierung eisenhaltiger Düngepräparate zu kontrollieren. Dabei ist es wichtig, daß der Test auch chelatgebundenes Eisen miterfaßt, da alle modernen Wasserpflanzendünger das Eisen in Form von Chelaten enthalten. Dies können Sie überprüfen, wenn Sie eine Wasserprobe mit Eisentestreagens mal für einige Stunden stehen lassen. Nimmt die Farbintensität der Probe während dieser Zeit langsam zu, so ist der Test für aquaristische Zwecke nicht geeignet.

Als Richtwerte für das Aquarium können Gehalte um 0,1 mg/l ange-

sehen werden. Der Test sollte in der Lage sein, noch 0,05 mg/l nachzuweisen. Die Reichweite der aquaristisch gängigen Tests liegt bei etwa 50 Messungen pro Packung.

Der Umgang mit Chemikalien

Wir möchten dieses Kapitel nicht abschließen, ohne noch ein Wort zum Umgang mit den verschiedenen Testsets gesagt zu haben. Sämtliche Testsets bestehen aus Chemikalien, die mehr oder weniger gesundheitsschädlich sein können. Deshalb gehören Tests nicht in Kinderhände und auch nicht in die Nähe von Lebensmitteln.

Vermeiden Sie Hautkontakt sowohl mit den Testflüssigkeiten als auch mit den behandelten Wasserproben; nicht nur, weil verschiedene Testsubstanzen möglicherweise Verätzungen verursachen können, sondern auch, weil durch den Kontakt mit der Haut die Meßergebnisse verfälscht werden können.

Wählen Sie zur Durchführung der Tests einen Platz, der nicht mit Lebensmitteln in Berührung kommt und schütten Sie behandelte, nicht mehr benötigte Wasserproben nicht in den Küchenausguß, sondern in die Toilette oder das Waschbecken im Bad und spülen Sie gut nach.

Die Haltbarkeit der Tests variiert, je nach Art der verwendeten Chemikalien. In der Regel kann eine Mindesthaltbarkeit von zwei Jahren zugrundegelegt werden. Da der Aquarianer jedoch beim Kauf eines Tests nicht weiß, welche Zeit dieser Test bereits in Lagern (Hersteller, Großhändler, Zoofachhandel) zugebracht hat, wäre es wünschenswert, wenn mehr Hersteller dazu übergingen, ein Haltbarkeitsdatum anzugeben.

Für Leute mit Berührungsängsten gegenüber dem „Chemiekram" sei noch erwähnt, daß viele spezialisierte Zoofachhändler entweder als Serviceleistung oder gegen angemessenes Entgelt Wasseranalysen durchführen.

Technik: Der Natur auf die Sprünge helfen

Die Fortschritte in der modernen Aquaristik haben die Aquarienpflege wesentlich einfacher und sicherer gemacht. Denken wir doch daran, wie sich unsere Vorväter noch mit so mancherlei „erfinderischen Konstruktionen" behelfen mußten, die wir uns heute kaum noch vorstellen können.

Trotzdem ist Technik nicht das allein Seligmachende. Ein gewisses Einfühlungsvermögen in die biologischen Vorgänge im Aquarium kann durch keinen noch so großen technischen Aufwand ersetzt werden. Betrachten Sie also die Technik als segensreiches Hilfsmittel, das, mit dem richtigen Augenmaß eingesetzt, der Natur im Aquarium durchaus „auf die Sprünge helfen" kann. Wir wollen versuchen, Ihnen im Laufe dieses Kapitels ein Gefühl für dieses richtige Augenmaß zu vermitteln.

Zuvor jedoch ein Hinweis: Die allermeisten der nachfolgend behandelten technischen Geräte werden mit der üblichen Netzspannung von 220 Volt betrieben. Gerade die Kombination von Wasser und Strom birgt erhebliche Gefahren. Verwenden Sie deshalb nur Geräte, die den geltenden VDE-Richtlinien entsprechen und möglichst noch ein GS-Zeichen haben.

Unterlassen Sie alle Basteleien mit Strom am Aquarium! Wenn sich Eigenbauten nicht umgehen lassen, zum Beispiel bei Beleuchtungen für Aquarien, die von der üblichen Norm abweichen, verwenden Sie nur zugelassene Bauteile und lassen Sie das Ganze von einem Fachmann prüfen, bevor Sie es in Betrieb nehmen. Wer absolut sichergehen möchte, kann die gesamte Elektrik für das Aquarium an einen sogenannten FI-Schalter anschließen, der in Gefahrensituationen (Beleuchtung fällt ins Wasser etc.) abschaltet, bevor es zum Unfall kommen kann. In modernen Neubauten gehören FI-Schalter bereits zur Hausinstallation.

Die unsichtbaren Helfer – Filter

Sie werden sich vielleicht fragen, warum „unsichtbare" Helfer? Filter besitzen nun mal eine gewisse Größe und sind allenfalls nach geschickter Unterbringung oder Verkleidung unsichtbar. Die „unsichtbaren Helfer" sind nicht die Plastikgebilde selbst, die man im Handel erwirbt, sondern sie sitzen im Inneren des Filters, nach einer gewissen Einlaufzeit. Doch darüber später.

Was muß ein Filter leisten?

Ein Filter muß, wie bereits der Name sagt, etwas filtern, nämlich das Aquarienwasser – mit dem Ziel, es sauberzuhalten, was auch immer darunter zu verstehen ist. Darüber hinaus muß er für eine gewisse Strömung im Aquarium sorgen, die gleich mehrere Aufgaben zu erfüllen hat: Gleichmäßige Verteilung der Wärme im Aquarium, Zuführung von nährstoffhaltigem Wasser zu den Aquarienpflanzen, Abtransport von Ausscheidungsprodukten (wuchshemmende Stoffe etc.) und, in wenig bepflanzten Aquarien, Sauerstoffanreicherung des Wassers.

Die Pumpleistung des Filters richtet sich nach den Ansprüchen der zu pflegenden Fische und Pflanzen. Bei strömungsliebenden Arten darf die Stundenleistung dem zwei- bis dreifachen Beckenvolumen entsprechen. Bei weniger strömungsliebenden Arten genügt das halbe bis einfache Beckenvolumen als Stundenleistung. Bedenken Sie bei der Auswahl, daß die Pumpenleistungen immer im Leerlauf angegeben sind und sich nicht selten beim Betrieb mit Filtermasse auf etwa die Hälfte reduzieren.

Mechanische oder biologische Filterung?

Nichts wird in Aquarianerkreisen heftiger und kontroverser diskutiert als die Art und Weise der Filterung. Die einen stehen auf dem Standpunkt, daß ein Filter nicht oft genug gereinigt werden kann und sprechen ihm jede biologische Funktion ab. Der Dreck, der sich im Filter ansammelt, macht ja nur eine Ortsverlagerung durch, befindet sich nach wie vor im System Aquarium und gammelt im Filter vor sich hin, mit allen erdenklich schlechten Folgen für das Aquarium.

Die anderen betrachten eine Filterreinigung so, als müßte eine heilige Kuh in Indien geschlachtet werden, und schwören auf die biologische Reinigungskraft. Die wertvollen nitrifizierenden Bakterien sollen ja so lange wie möglich ungestört ihre segensreiche Tätigkeit der Entgiftung (siehe Seite 38) durchführen können, wobei Filterreinigung nur unnötig stört.

Wir haben die beiden Extreme bewußt überspitzt dargestellt. Wie so oft im Leben, ist an beiden Einstellungen „was dran", und der goldene Mittelwert ist mal wieder der richtige. Jeder Filter wird über kurz oder lang biologisch arbeiten, das heißt mit nitrifizierenden Bakterien besiedelt werden, daran

gibt es nichts herumzudeuten. Nur sollte man diesen Bakterien ihren „Arbeitsplatz" auch so optimal wie möglich gestalten! Dazu gehört nun einmal, daß man sie einerseits in Ruhe läßt (heilige Kuh), und ihnen andererseits aber auch unnötigen Dreck von der Pelle hält!

Im Klartext heißt das, ein Filter sollte so aufgebaut sein, daß das Wasser zuerst über eine leicht und bequem zu reinigende feine Vorfiltermasse laufen muß, die regelmäßig gereinigt wird, und anschließend über eine etwas gröbere Filtermasse mit möglichst großer innerer Oberfläche, die möglichst selten gereinigt wird und so den Bakterien einen optimalen Arbeitsplatz bietet. Leider läßt sich dieses Prinzip in vielen käuflichen Filtern nicht so einfach verwirklichen.

Unzählige Gespräche mit Kunden in Zoofachgeschäften zeigen immer wieder die gleichen Probleme auf. Leute, die ihren Filter permanent (am liebsten mit Sagrotan) putzen oder jede Woche nagelneues Filtermaterial einsetzen, haben immer Probleme mit zu hohem Nitrit- und Ammoniumgehalt, weil die Nitrifikation nicht richtig in Gang kom-

men kann. Andererseits hatten die „Nie-Reiniger" immer Probleme mit schnell hoch ansteigendem Nitratgehalt, da der ganze „Dreck" den Bakterien zum Aufarbeiten überlassen wurde.

Filterbauarten

Für welche Filterbauart Sie sich entscheiden, hängt von der Durchführbarkeit des gerade erläuterten Fil-

terprinzips ab, vom zur Verfügung stehenden Platz und nicht zuletzt von Überlegungen, wie man einer versehentlichen Flutung des Wohnzimmers am besten vorbeugt.

Zunächst unterscheidet man Außen- und Innenfilter. **Innenfilter** haben den entscheidenden Vorteil, daß sie sich im Aquarium befinden, also keine wasserführenden Rohre oder Leitungen außerhalb des Aquariums verlegt werden müssen. Nachteil ist das relativ kleine Filtervolumen und der zusätzliche Fremdkörper im Aquarium, der entsprechend verkleidet werden muß. Wenn man ihn für die Reinigung

Das Arbeitsprinzip eines geschlossenen Außenfilters. 1 Vorfiltermasse, 2 Hauptfiltermasse, 3 Pumpenkopf.

entnimmt, wird man naß (sollte für Aquarianer kein Hinderungsgrund sein) und stört eventuell empfindliche Beckeninsassen. Besonders für kleine Aquarien sind genau ins Eck passende, motorbetriebene Innenfilter sehr beliebt. Da hier die Trennung in Vorfiltermasse und Langzeitfiltermasse nicht möglich ist, wird man einen Mittelweg im Reinigungsintervall suchen müssen.

Außenfilter gibt es in geschlossener und offener Bauweise.

Geschlossene Außenfilter können bequem unter, neben oder hinter dem Aquarium, praktisch unsichtbar, untergebracht werden. Nachteil: Wasserführende Schläuche führen aus dem Aquarium in den Filter und wieder zurück. Die meisten Hersteller haben die Gefahrenquelle erkannt und liefern Filter mit (mehr oder weniger gut bedienbaren) Schlauchverschraubungen. Sehr empfehlenswert für solche Filter ist die Anschaffung von Doppelabsperrhähnen mit dazwischen befindlicher Schnelltrennkupplung, die das An- und Abkuppeln des Filters ohne großen Wasserverlust ermöglicht.

Die meisten dieser Topf-Außenfilter werden von unten nach oben durchströmt, so daß man zur Reinigung der Vorfiltermasse immer erst den gesamten Filterinhalt ausräumen muß. Das ist lästig. Es gibt bereits einigermaßen brauchbare Vorfilter, die man auf das Ansaugrohr aufsteckt. Ihre Reinigung ist auch wieder nicht ganz das „Gelbe vom Ei", da sie sich meist an einer unzugänglichen Stelle im Aquarium befinden. Man will ja das Ansaugrohr mit Vorfilter nicht dauernd vor der Nase haben, wenn man ins Aquarium sieht.

Offene Außenfilter sind oben offene Behälter, die entweder als „Rucksack" für kleinere Aquarien oder als separat stehender Behälter für größere Aquarien so angebracht sein müssen, daß sich die Wasserspiegel im Filter und im Aquarium auf einem Niveau befinden. Ein großvolumiges Überlaufrohr führt das Wasser nach dem Heberprinzip in den Filter, von wo es nach Durch-

Auswahl an Filtermaterialien: Formkohle, verschiedene Plastikfüllkörper, Torfgranulat, verschiedene Schaumstoffzuschnitte, feine und grobe Filterwatte, Lava und Keramikringe.

fluß der Filteranlage mit einer Pumpe (Unterwasserpumpe oder Tauchkreiselpumpe) wieder in das Aquarium zurückbefördert werden kann. Gegenüber dem Nachteil des nicht frei wählbaren Aufstellungsortes haben diese Filter den entscheidenden Vorteil des spielend leichten Zugriffs auf die Filtermasse zwecks Reinigung.

Filtermassen

Als Vorfiltermasse zum Zurückhalten von groben Verunreinigungen sind Perlonwatte und feinporiger Schaumstoff aus dem spezialisierten Zoofachhandel hervorragend geeignet. Verwenden Sie keinen Schaumstoff aus Verpackungen unbekannter Herkunft, er könnte unerwünschte Stoffe an das Wasser abgeben oder von Bakterien aufgefressen werden.

Als Langzeitfiltermasse zur Besiedelung mit Bakterien bietet sich praktisch jedes offenporige, nicht reagierende Material an. Auf eine gewisse Porenweite bzw. Körnung des Materials ist zu achten. Klassisches und unserer Meinung nach optimales Material ist Schaumstoff mit einer Porenweite von 1–2 mm.

Weiterhin geeignet sind Lavabruch, Tongranulat und sogenannte Raschig-Ringe aus Keramik, die gegenüber den anderen Materialien jedoch eine bereits deutlich verringerte Oberfläche besitzen.

Vergessen Sie alles, was sich zur Zeit als Modeerscheinung an Plastikfüllkörpern auf dem Markt herumtreibt. Diese Gebilde haben in der Klärtechnik und bei einigen Spezialaufgaben auch in der Aquaristik durchaus ihre Berechtigung. Als Filtermasse im *untergetauchten* Betrieb sind sie, auch mit noch so tollen Attributen, sehr schlecht geeignet. Die von Bakterien besiedelbare Oberfläche ist im Vergleich zu Schaumstoff bei gleichem Volumen geradezu kläglich.

Selbstverständlich dürfen Filtermassen, gleich welcher Art, nur unter kühlem (25 °C) Wasser ausgespült werden. Ersatz durch neue Filtermasse erfolgt erst, wenn die alte nach häufigem Ausspülen unbrauchbar geworden ist. Niemals die komplette Filtermasse durch neue ersetzen!

Besondere Filtermassen

Torf und Aktivkohle, zwei Filtermassen mit wichtigen Sonderfunktionen, sollen nicht unerwähnt bleiben. Um eines gleich vorwegzunehmen: Die gleichzeitige Filterung über Torf und Aktivkohle ist Nonsens, geradeso als würden Sie mit Ihrem Auto gleichzeitig vorwärts und rückwärts fahren. Aktivkohle filtert nämlich genau die Bestandteile wieder heraus, die man mit Torf in das Wasser bringen möchte.

Aktivkohle ist eine Sonderfiltermasse, die aufgrund ihrer speziellen Eigenschaften und besonderer Herstellungsweise dazu in der Lage ist, hochmolekulare organische Verbindungen aus dem Wasser adsorptiv zu entfernen. Zu solchen hochmolekularen organischen Verbindungen zählen zum Beispiel Reste von Medikamenten, die nach erfolgter Behandlung aus dem Wasser entfernt werden sollen, aber auch solche erwünschte Stoffe wie zum Beispiel Huminstoffe, Schutzkolloide und Nährstoffträger (natürliche wie künstliche) mitsamt den gebundenen Nährstoffen, die man durch Wasseraufbereitungsmittel und besonders angepaßte Dünger erst mühsam dem Wasser zugesetzt hat.

Aus diesem Grund hat eine *Dauer*filterung über qualitativ hochwertige Aktivkohle im Süßwasseraquarium nichts zu suchen, leistet jedoch als „Feuerwehr" (Medikamentenreste etc.) gute Dienste. Die besten Adsorptionseigenschaften haben sogenannte Formkohlen, das sind Preßlinge verschiedener Größe aus Kohlenstaub. Zerkleinerte Kohle, der man noch die Holzstruktur ansieht, ist vergleichsweise wirkungslos.

Bei der Zucht von Weichwasserfischen ist **Torf** das Mittel der Wahl, um das Zuchtwasser auf natürliche Weise anzusäuern. Gleichzeitig gibt der Torf wertvolle Huminstoffe an das Wasser ab, die durch ihre bakterienhemmende Wirkung die für diese Fische wichtige bakterienarme Umgebung schaffen. Der pH-Wert muß öfters kontrolliert werden, um im weichen Wasser ein zu starkes Absinken zu verhindern. Der Zoohandel bietet verschiedene Torfar-

ten an. Man kann jedoch auch normalen Ballentorf aus Hochmooren verwenden, der jedoch keine Düngezusätze enthalten sollte. Im Zweifelsfall eine Probe im Wasser einweichen und nach einigen Tagen auf Ammonium, Nitrat und Phosphat prüfen.

Egal wie der Filter auch immer aussehen mag, den regelmäßigen Teilwasserwechsel kann er nicht ersetzen.

Es werde Licht – Beleuchtung

Die Beleuchtung ist eines der wichtigsten technischen Hilfsmittel der modernen Aquaristik. Das Aquarium wird damit unabhängig von dem schlecht zu kontrollierenden Tageslicht auf der Fensterbank. Dadurch kann eine den Bedürfnissen der Aquarieninsassen angepaßte Beleuchtung geboten werden, die die Pflege wesentlich erleichtert.

Licht steuert sämtliche Lebensvorgänge bei Fischen, zum Beispiel Nacht- und Tagesaktivitäten verschiedener Arten, den Zeitpunkt des Ablaichens und vieles mehr.

Die wichtigste Funktion ist jedoch die Lieferung von Energie für jenen pflanzlichen Prozeß, den man Assimilation oder Photosynthese nennt, und dessen „Abfallprodukt", der Sauerstoff, tierisches Leben auf unserem Planeten erst ermöglicht.

Genau dieser Funktion, nämlich Energielieferung für die Assimilation der Wasserpflanzen, muß die Beleuchtung durch geeignete Wahl der Leuchtmittel gerecht werden.

Wieviel Licht brauchen Wasserpflanzen?

Hier wäre zunächst einmal die Frage der **Beleuchtungsdauer** zu klären. Nehmen Sie dazu die Verhältnisse in der natürlichen tropischen Heimat unserer Aquarienfische zum Vorbild: Der Lichttag ist dort das ganze Jahr über annähernd gleich. Wechselnde Tageslängen wie in unseren Breiten gibt es nicht. Jahraus, jahrein sind 12 Stunden Tag und 12 Stunden Nacht.

Die Lichtbrechung im Wasser sorgt noch dafür, daß morgens und abends bei niedrigstehender Sonne kaum Licht unter Wasser gelangt. Im Endeffekt findet man unter Wasser eher nur 10 Stunden Tag und 14 Stunden Dunkelheit. Entsprechend sollte das Aquarium höchstens 12 Stunden Licht am Tage erhalten.

Der Einsatz von Zeitschaltuhren sorgt nicht nur für regelmäßiges Ein- und Ausschalten, sondern bei entsprechender Einstellung auch dafür, daß Ihre Fische noch munter sind, wenn Sie es sich abends vor dem Aquarium gemütlich machen. Die Schaltfolge könnte zum Beispiel so aussehen: 11.30/12.00 Uhr an und

Auf die richtige Beleuchtung kommt es an!

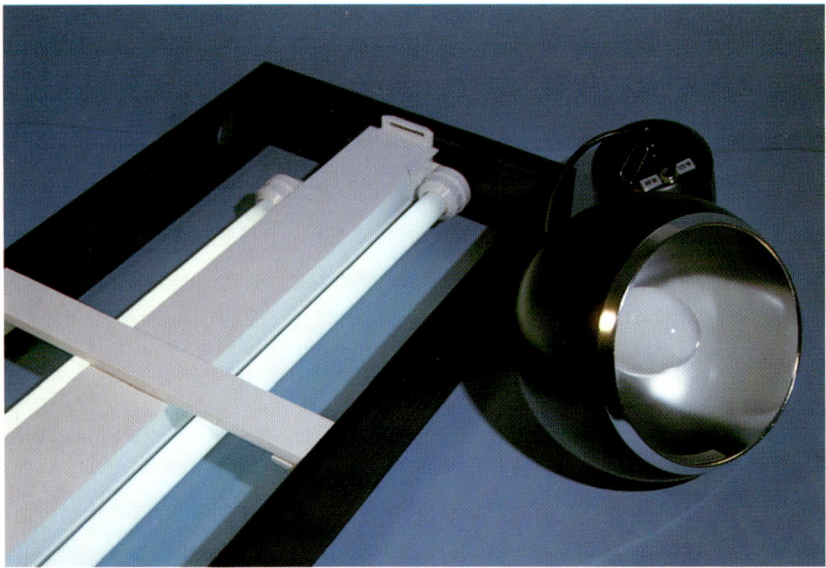

Beleuchtung: links Aquarienabdeckung (Deckel entfernt) mit sicherer Installation zweier Leuchtstoffröhren; rechts eine HQL-Leuchte.

23.00/23.30 Uhr aus. Wenn Sie eine Beleuchtung mit mehreren Lampen installieren, dann empfiehlt es sich, diese so zu schalten, daß nur die Hälfte oder, wenn machbar, nur ein Drittel während 10 bis 12 Stunden angeschaltet ist und die volle Kapazität nur während einer „Kernzeit" von 8 bis 9 Stunden leuchtet.

Was die **Beleuchtungsintensität** angeht, so gilt hier ausnahmsweise der Grundsatz „Viel hilft viel". Gerade die so begehrten rasenbildenden Vordergrundpflanzen sind meist sehr lichthungrig und haben das meiste lichtschluckende Wasser zwischen sich und der Beleuchtung. Die meisten Pflanzen können sich an stärkstes Licht gut anpassen, an zu schwaches jedoch kaum. Dazu kommt noch, daß das Licht oft noch durch Schwimmpflanzen oder an der Wasseroberfläche entlangwachsende Stengelpflanzen abgeschattet wird.

Die Lichtfarbe

Über die Lichtfarbe werden unter Aquarianern nach wie vor heiße, oft nächtelange Diskussionen geführt. Sehr lange galten die rot- und blaubetonten Lampen als das Nonplusultra der Aquarienbeleuchtung und versetzten die Unterwasserwelt in ein unnatürliches, bonbonfarbenes Licht. Die Erkenntnis, daß das Aktivitätsmaximum der Photosynthese im blauen und roten Spektralbereich liegt, führte zu dieser Lichtfarbe.

Mittlerweile weiß man, daß die Pflanzen nicht so sehr auf eine starke Betonung des Rot- und Blauanteils angewiesen sind, vielmehr auf ein ausgeglichenes Spektrum, möglichst mit Tageslichtcharakter, jedoch mit ausreichender Intensität. Außerdem stehen die rot- und blaubetonten Lampen im Ruf, algenfördernd zu sein. Da sich Pflanzen erwiesenermaßen an fast jede Lichtfarbe anpassen können, wenn man ihnen die nötige Ruhe dazu läßt, ist die Auswahl der Lichtfarbe letzten Endes eine Frage des persönlichen Geschmacks und wie „natürlich" das Aquarium aussehen soll.

Die Lampentypen

Wohl am weitesten verbreitet sind heute Leuchtstoffröhren als Aquarienbeleuchtung. Sie haben eine wesentlich bessere Lichtausbeute als die früher verwendeten Glühlampen, „leben" länger und erwärmen sich weniger. Es vergeht kein Jahr, ohne daß nicht irgendeine „sensationelle" neue Röhre mit „nie dagewesenen Eigenschaften" für die Aquaristik auf den Markt kommt.

Mal davon abgesehen, daß die Farbe, wie bereits erwähnt, Geschmackssache ist, seien Sie kritisch! Verschiedene Fabrikate unterscheiden sich ganz erheblich in der Menge Licht, die Sie bei gleichem Stromverbrauch fürs Geld bekommen. Und auf die Intensität kommt es uns ja hauptsächlich an. Sie können sie leicht am Lumenstrom pro Watt errechnen. Der Lumenstrom wird meist auf Merkblättern der Hersteller für die ganze Röhre angegeben. Teilen Sie diesen Wert durch die Leistungsaufnahme. Wenn dann ein Wert um 90 herauskommt, können Sie die Röhre unbesorgt kaufen. Sie werden sehr bald feststellen, daß unter diesen Bedingungen Tageslichtröhren die Nase vorn haben.

Als Faustregel für eine akzeptable Beleuchtungsstärke kann folgendes gelten: Bei 45 bis 50 cm Beckenhöhe rechnet man bei einer Tiefe von 40 cm zwei Röhren von etwa der Länge des Aquariums; pro 10 cm Tiefenzunahme eine Röhre mehr. Geeignete Reflektoren sollten die Lichtabstrahlung nach oben verhindern. Der Fachhandel bietet Reflektorbleche an, die auf die Röh-

re geklipst werden können. Die Leuchtkraft von Leuchtstoffröhren läßt mit der Zeit nach, deshalb sollten sie spätestens nach einem Jahr (auch wenn sie noch brennen!) ausgetauscht werden. Schreiben Sie sich das Datum irgendwo in den Beleuchtungskasten! Mehrere Röhren im Turnus wechseln, damit die Pflanzen keinen Schock bekommen.

Um genügend Licht in das Aquarium zu bekommen, sollten Leuchtstofflampen möglichst nahe an der Wasseroberfläche liegen. Es versteht sich von selbst, daß nur VDE-gerechte, wasserdichte Fassungen verwendet werden dürfen. Lassen Sie, Ihrer Sicherheit zuliebe, die Finger von Eigenkonstruktionen! Es gibt im Zoofachhandel fertige, wasserdichte Einbauleuchten für den selbstgestylten Beleuchtungskasten zu kaufen. Trotz der geringen Wärmeentwicklung der Leuchtstoffröhren kann es bei sommerlichen Außentemperaturen in einem geschlossenen Beleuchtungskasten ganz schön warm werden. Für diesen Fall sollten Lüftungsöffnungen vorgesehen sein.

Die Einführung der **Quecksilberhochdrucklampen** eröffnete neue Perspektiven in der Aquaristik. Mußten Leuchtstofflampen in mehr oder weniger geschlossenen Kästen über dem Aquarium angebracht werden, so ermöglichen die über dem Aquarium angebrachten HQL-Lampen einen ungehinderten Blick auf die Wasseroberfläche. Pflanzen können aus dem Wasser herauswachsen und Blüten bilden. Das Hantieren am Aquarium ist leichter geworden. Durch die stark gebündelte Lichtmenge können auch Becken von mehr als 50 cm Höhe effektiv ausgeleuchtet werden, was mit Leuchtstoffröhren kaum möglich war.

Die Anzahl der Leuchten ist abhängig von der Beckenlänge. Pro 50 cm Länge benötigt man eine Leuchte bei einer Tiefe von 40–50 cm. Die meisten HQL-Leuchten sind umschaltbar von 80 auf 125 Watt, wodurch die Lichtintensität an verschiedene Höhen angepaßt werden kann. Auch die HQL-Leuchtmittel sollte man nach einem Jahr Betriebsdauer austauschen, da sie in der Intensität nachlassen.

Metalldampf-Lampen (HQI) haben sich bisher nur in der Seewasseraquaristik und bei sehr großen Süßwasserbecken etablieren können, wo enorme Lichtintensitäten gebraucht werden.

Auch Pflanzen brauchen Futter – CO₂

Bis vor nicht allzulanger Zeit galt CO_2 als der Fischfeind Nummer eins in den Aquarien und man unternahm alles nur Erdenkliche, um CO_2 aus dem Wasser auszutreiben. Es wurden stark sprudelnde Ausströmersteine installiert, am Filtereinlauf von Motorfiltern wurden Lufteinzugsdüsen angebracht, und mit Strahlrohren und anderen sinnreichen Konstruktionen wurden wasserfallähnliche Einrichtungen geschaffen, deren Geräusch empfindsamere Naturen nach dem nächsten Weg zur Toilette suchen ließ.

Heute weiß man, daß CO_2 als mengenmäßig wichtigster Hauptnährstoff der Pflanzen auch ohne solche Wasserspiele im Aquarium eher Mangelware ist. Deshalb hat sich der Trend umgekehrt und man ist bestrebt, das CO_2, das durch die Atmung der Fische und die Tätigkeit von Bakterien gebildet wird, möglichst wenig aus dem Wasser auszutreiben, ja, man macht sogar erhebliche Anstrengungen, um mehr CO_2 in das Wasser hineinzubekommen, um den Pflanzen ihr nötiges „Futter" zukommen zu lassen.

Um so unverständlicher ist uns deshalb die Werbestrategie mancher Filterhersteller, die immer noch mit möglichst vielen „Wasserspielen" dem Aquarienwasser auch das letzte bißchen CO_2 austreiben und damit den Pflanzen das Leben schwer machen. So können die Pflanzen natürlich auch nicht genügend Sauerstoff liefern und man muß durch Diffusoren und Strahlrohre den Sauerstoffgehalt erhöhen

Dicht bepflanztes Aquarium. Bei der Bepflanzung wurde auf die Kontrastwirkung unterschiedlicher Blattfarben und -formen geachtet.

Bei springfreudigen Fischen braucht man eine Abdeckung, sonst kommt es zu gefährlichen Ausflügen.

– die Katze beißt sich in den Schwanz.

Es ist natürlich auch möglich, erfolgreich Aquarien ohne CO_2-Zufuhr zu fahren, wenn man mit entsprechender Disziplin nur solche Pflanzen wählt, die langsam genug wachsen und so mit dem im Aquarium entstehenden CO_2 auskommen, ohne gegen Abend den pH-Wert in schwindelnde Höhen zu treiben.

Dabei muß man jedoch auf größere Pflanzenvielfalt verzichten. Würde man nämlich schnellwachsende Arten dazusetzen, so würden die in kurzer Zeit das frei verfügbare CO_2 aufbrauchen, den langsam wachsenden bleibt nichts übrig, und da die schnellwachsenden auch das im Karbonat gebundene CO_2 noch angreifen können, steigt der pH-Wert drastisch an und macht das Wassermilieu lebensfeindlich für Fische und Pflanzen.

Dies ist auch der Grund für die häufig geäußerte Meinung, daß sich bestimmte Pflanzen nicht „vertragen". Einfache Erklärung: Die eine macht der anderen das CO_2 streitig. In Aquarien, in denen durch eine CO_2-Zufuhr von außen für ein gleichbleibendes Angebot gesorgt wird, wachsen die „Kontrahenten" meist friedlich nebeneinander. Wir sehen also: Bei ausreichendem CO_2-Angebot lassen sich Pflanzen verschiedener Ansprüche im gleichen Aquarium pflegen. Dadurch erreicht man eine Pflanzenvielfalt, die im Aquarium ohne CO_2-Versorgung von außen nicht möglich ist.

Ist CO₂ für Fische gefährlich?

Um die Antwort gleich vorwegzunehmen: Unter „normalen" Aquarienbedingungen, mit Karbonathärten zwischen 5 bis 15 °d und pH-Werten um den Neutralpunkt, kann CO_2 für Fische grundsätzlich nicht gefährlich werden. Es spielt dabei keine Rolle, ob der CO_2-Gehalt bei 20 oder 60 mg/l liegt – solange die Menge, die nötig ist, um die Karbonathärte in Lösung zu halten, nicht überschritten wird.

Erst wenn darüber hinaus noch mehr CO_2 zugegeben wird, können gefährliche Werte erreicht werden und der pH-Wert stark sinken. Da für ausreichendes Pflanzenwachstum eine gewisse Mindestmenge an CO_2 erforderlich ist, kann bei Karbonathärtewerten unter 4 bis 5 °d zuwenig Karbonat als Gleichgewichtspartner vorhanden sein und der pH-Wert zu stark absinken.

Umgekehrt würden bei sehr hohen Karbonathärtewerten unwirtschaftlich hohe Mengen an CO_2 gebraucht, um den pH-Wert auf Werte um 7 einzustellen. Das Zusammenspiel zwischen Karbonathärte, pH-Wert und CO_2-Gehalt ist in der Tabelle dargestellt.

CO₂-Gehalt (mg/l) aus pH-Wert und Härte ermitteln
(geändert nach Krause)

Karbonathärte (°d)	pH-Wert					
	6,6	6,8	7,0	7,2	7,4	7,6
2	16	10	7	4	3	2
4	32	20	13	8	5	3
6	50	30	20	12	8	5
8	65	40	25	16	10	6
10	80	50	32	20	13	8
12	100	60	40	24	15	10
14	115	70	45	28	18	11
16	130	80	50	32	20	12
18	145	90	58	36	23	14
20	160	100	65	40	25	16

empfohlener Härtebereich
empfohlener pH-Bereich
Bereich mit optimalem CO_2-Gehalt

Methoden der CO₂-Versorgung

Es gibt verschiedene, mehr oder weniger wirksame Methoden, Aquarienwasser mit CO_2 anzureichern. Von vornherein vergessen sollten Sie Mineralwasser und sogenannte CO_2-Düngetabletten als CO_2-Quelle. Dies entspricht dem berühmten Tropfen auf dem heißen Stein. Durch die Reaktion von Salzsäure mit Marmor in einem Behälter CO_2 herzustellen ist zwar möglich, wegen des Umgangs mit Salzsäure jedoch zu gefährlich. Durch alkoholische Gärung von Hefe in Zuckerlösung ist es möglich, kleine Aquarien für eine Zeitlang einigermaßen mit CO_2 zu versorgen.

Die am weitesten verbreitete und auch effektivste Methode beruht auf der Verwendung von CO_2, das in Druckflaschen in flüssiger Form gespeichert ist. Über eine Druckreduziereinrichtung wird ein geringer, gleichmäßiger Strom ins Aquarium geleitet und dort in Diffusionseinrichtungen verschiedener Art möglichst lange mit Wasser in Kontakt gebracht. Dabei diffundiert das Gas nahezu vollständig in das Aquarienwasser. Durch die Verwendung von Druckflaschen ist es möglich, einen großen Vorrat an CO_2 auf kleinstem Raum bereitzuhalten, wodurch dieses Verfahren das rationellste ist.

Umgang mit Druckflaschen

Wie alle Druckflaschen, so unterliegen auch CO_2-Druckflaschen in Deutschland einer sehr strengen „Druckbehälterverordnung". Jede Flasche muß mit einem TÜV-Stempel mit Datum versehen sein. Die Flasche darf sich von diesem Datum an gerechnet 10 Jahre im Verkehr befinden und muß dann erneut überprüft werden.

Bei normaler Raumtemperatur beträgt der Innendruck ca. 60 bar. Bei steigender Temperatur nimmt auch der Innendruck schnell zu. Um Unfälle zu vermeiden, sind alle Flaschen mit sogenannten Berstscheiben versehen, die bersten, wenn der Innendruck einen bestimmten

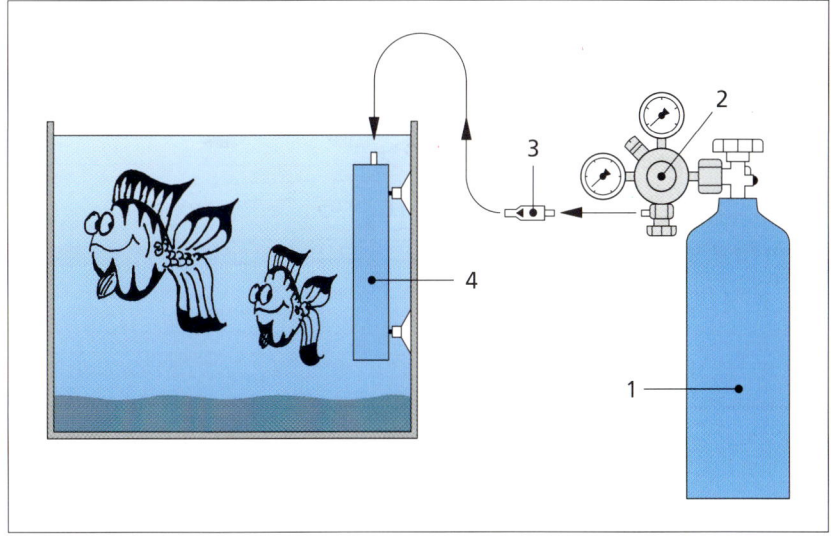

Prinzip einer CO₂-Düngeanlage. 1 CO₂-Druckflasche, 2 Druckminderer mit Arbeits- und Flaschendruck-Manometer, 3 Rücklaufsperre mit Markierung der Durchflußrichtung, 4 Diffusionseinrichtung.

Wert übersteigt, um das Gas kontrolliert austreten zu lassen (vergessene Flasche im überhitzten Auto). Defekte Berstscheiben dürfen nur von autorisiertem Fachpersonal gewechselt werden!

Unterlassen Sie in Ihrem eigenen Interesse alle Versuche, leere CO_2-Flaschen selbst zu füllen oder gar andere als die dafür zugelassenen Flaschen mit CO_2 zu befüllen! Obendrein ist es strafbar. Druckflaschen dürfen nur von autorisierten Betrieben (Hersteller oder Kohlensäuredienste) gefüllt werden.

Wie voll oder leer eine Druckflasche ist, kann nur durch Wiegen ermittelt werden. Das Gewicht der leeren Flasche ist als Tara auf jeder Flasche eingestempelt, zusätzlich das zulässige Gasgewicht. Beide Gewichte addiert ergeben das Gewicht der gefüllten Flasche.

Solange sich auch nur ein Tropfen flüssiges CO_2 in der Flasche befindet, herrscht ein Innendruck von 60 bar. Erst wenn kein flüssiges CO_2 mehr vorhanden, die Flasche also praktisch leer ist, beginnt der Druck zu fallen. Um ein Eindringen von Schmutz und Wasser in die Flasche zu verhindern, sollten „leere" Flaschen mit einem Restdruck von ca. 30 bar zum Wiederbefüllen gegeben werden.

Nadelventil oder Druckminderer?

Es gibt zwei Wege, einen einfachen und preiswerten und einen eleganten und kostspieligeren, um aus der unter Druck stehenden Flasche einen langsamen Strom an CO_2 herauszubekommen. Der einfache Weg ist ein sogenanntes Nadelventil, das durch eine feine Nadel, die über eine Gewindespindel bewegt wird, mehr oder weniger CO_2 direkt aus der Flasche ins Aquarium läßt. Die Regulierung solcher Nadelventile erfordert (gleich bei welcher Marke) eine gewisse „liebevolle" Hand, da der volle Flaschendruck von 60 bar direkt geregelt wird, wodurch die kleinste Drehung an der Nadel bereits große Wirkung haben kann. Weiterhin können Schwankungen der Außentemperatur den Gasfluß ebenfalls verändern, da sich der Druck in der Flasche ändert.

All diese Probleme gibt es nicht bei der Verwendung der zwar erheblich teureren, aber eleganteren Druckminderer. Hier gelangt nur ein variabel einstellbarer „Arbeitsdruck" zum Dosierventil, das aufgrund des niederen Druckes wesentlich präziser einzustellen ist. Der eingestellte Arbeitsdruck wird durch ein automatisches Ventil im Inne-

Auswahl an Geräten zur CO_2-Düngung: Links: Druckflaschen verschiedener Größe. Mitte, von oben nach unten: Druckminderer mit Manometern und variabel einstellbarem Arbeitsdruck, Druckminderer ohne Manometer und fest eingestelltem Arbeitsdruck, Magnetventil, Nadelventil und Rücklaufsperren, die ein Rückfließen von Wasser in die Armaturen verhindern. Rechts: Diffusionseinrichtungen für Betrieb ohne Pumpe (ganz außen) und mit Pumpe (übrige).

ren des Druckminderers annähernd konstant gehalten. An zwei Manometern können der Flaschendruck und der Arbeitsdruck abgelesen werden.

Es gibt Druckminderer von verschiedenen Herstellern und in verschiedenen Preislagen. Achten Sie darauf, daß der Druckminderer ein Sicherheitsventil besitzt, das eine Überlastung des Arbeitsdruckmanometers verhindert. Dies tritt häufig auf, wenn eine neugefüllte Flasche schnell aufgedreht wird. Je nach

Hersteller kann das System noch durch Nachtabschaltung über ein Magnetventil oder durch pH-Wert-abhängige, vollautomatische Steuerung perfektioniert werden. Solche Steuerungen und Nachtabschaltungen dürfen grundsätzlich nur mit vorgeschaltetem Druckminderer betrieben werden.

Diffusionseinrichtungen

Der Markt bietet Diffusionseinrichtungen verschiedenster Art, die der „Philosophie" der jeweiligen Hersteller entsprechen. Hier gilt: „Es führen viele Wege nach Rom." Es gibt Geräte, die mit Pumpen betrieben werden müssen, solche, die ohne auskommen, solche, die im Aquarium anzubringen sind und solche, die außerhalb angebracht werden. Lassen Sie sich von einem spezialisierten Fachhändler beraten und wählen Sie das für Ihren Bedarf geeignete Gerät.

Für eine optimale Versorgung der Wasserpflanzen sollten Sie bei einer Karbonathärte nicht unter 5 °d und

nicht über 15 °d einen pH-Wert zwischen 6,8 und 7,4 einstellen, wobei der niedrigere pH-Wert für die niedrigere Härte und der höhere für die höhere Härte gilt.

Das wohltemperierte Aquarium

Die Aquarienfische haben einen bestimmten Temperaturbereich, in dem sie sich wohlfühlen; die für die Zucht nötigen Temperaturen liegen meistens etwas darüber. Einzelheiten zu den Arten werden bei den Fischbeschreibungen genannt.

Hier geht es nun allgemein darum, welche technischen Möglichkeiten die moderne Aquaristik bietet, um den jeweils benötigten Temperaturrahmen zu schaffen und aufrechtzuerhalten. Da sich die meisten Fische bei einer Temperatur wohlfühlen, die höher als unsere übliche Zimmertemperatur liegt, braucht man eine Aquarienheizung und ein Thermometer, um die Temperatur zu überwachen.

Pflegeplan

Vor allem der Anfänger wird, gerade weil er bemüht ist, alles möglichst gut zu machen, in der Regel zu viel am Aquarium „herumwerkeln". Deshalb haben wir hier noch einmal die erforderlichen Pflegemaßnahmen zusammengestellt. Darüber hinaus sollte das Aquarium Ruhe haben!

Täglich

Ein- bis zweimal so viel füttern, wie in zwei bis drei Minuten aufgefressen wird. Ab und zu einen Fastentag einlegen. Jungfische öfters füttern, natürlich ohne Fastentag.
Fische beobachten: Fressen alle, gibt es Unverträglichkeiten oder Anzeichen von Krankheiten? Tote Fische unverzüglich entfernen.
Kontrollieren: Temperatur, Funktion der Technik.

Wöchentlich, spätestens alle zwei Wochen

Teilwasserwechsel von etwa $1/4$ bis $1/3$ des Beckenvolumens, verbunden mit Filterreinigung und, falls nötig, Korrektur des Pflanzenwuchses.

„Und was machen Sie mit Ihren Fischen im Urlaub?"

1. Erforderliche Korrekturen an Pflanzen vornehmen.
2. Frontscheibe innen reinigen.
3. Heizung und Filter abschalten.
4. Wasser ablassen, dabei übermäßige Mulmansammlungen im Sichtbereich mit absaugen.
5. Vorfiltermasse des Filters unter fließendem Wasser (kühl!) aus-

spülen. Falls erforderlich, Pumpengehäuse des Filters reinigen.
6. Falls vorhanden, Deckscheiben reinigen. Kalkablagerungen können mit Essigwasser entfernt werden, danach gut abspülen.
7. Aquarium mit temperiertem Leitungswasser wieder auffüllen.
8. Heizung und Filter wieder einschalten.

Urlaubsvorbereitungen

- Vor Urlaubsbeginn Wasserwechsel in gewohnter Weise.
- Bei Abwesenheit von ein bis zwei Wochen ist keine Fütterung der Fische erforderlich. (Jungfische müssen weiter gefüttert werden.)
- Bei längerer Abwesenheit ist eine sparsame Fütterung mit einem Futterautomaten der Fütterung durch Fremdpersonen vorzuziehen, es sei denn, diese Person ist Aquarianer. Legen Sie für alle Fälle die Telefonnummer eines befreundeten Aquarianers und Ihres Zoofachhändlers bereit.

Wohl dem, der einen Futterautomaten hat.

Zu Besuch im Schauaquarium

Wohlige Wärme, heimeliges Halbdunkel, Stille, vielleicht ein Plätzchen zum Sitzen und ringsum an den Wänden Fenster in eine faszinierende Unterwasserwelt. Korallenfische in leuchtenden, geradezu unwirklichen Farben und bizarren Formen gleiten durchs Wasser, Seeanemonen bewegen anmutig ihre Tentakeln. Die kleinen Polypen,

Muscheln und Seesterne geben ihre Schönheit erst bei genauerer Betrachtung preis.

Einige Meter weiter durchstreifen gruselig aussehende Raubfische ihr riesiges, mannshohes Becken, und die spitzen Zähne der Piranhas lassen uns, trotz der trennenden Glasscheibe, eine Gänsehaut den Rücken hinunterlaufen.

Stichlinge, Elritzen und Moderlieschen, die unscheinbaren Bewohner heimischer Gewässer, haben hier ebenso ihren Platz wie „gute alte Bekannte" aus dem Aquarium – Guppys, Schwertträger, Rote Neon und Keilfleckbarben.

Schauen, staunen, Neues entdecken, Bekanntes beim Namen nennen, von fernen Ländern und Meeren träumen – all das und noch viel mehr kann man in einem Schauaquarium. Auch dann noch, wenn es nicht ganz still und nicht ganz leer ist, weil wir nicht die einzigen Besucher sind, die sich in diese faszinierenden Welten entführen lassen wollen.

Der Aufwand lohnt

Nur zoologische Gärten und Parks, Museen und ähnliche Institutionen mit naturwissenschaftlicher Leitung und Betreuung können solche Schauaquarien unterhalten, denn der Aufwand ist groß. Tausende von Fischen, Pflanzen und niederen Tieren mit ganz unterschiedlichen Futter- und Pflegeansprüchen wollen versorgt sein. Die technischen Anlagen müssen überwacht und gepflegt werden.

Der reine Schaucharakter solcher Anlagen, der früher oft mit dem Ausstellen von Skurrilitäten und Sensationen verbunden war, ist in den letzten Jahrzehnten etwas in den Hintergrund getreten. Natürlich möchte man auch heute – zur Freude des Publikums – herzeigen, was man hat. Hinzugekommen sind aber pädagogische Aufgaben: Die Nachbildung natürlicher Lebensräume mit ihren typischen Bewohnern, erläuternde Tafeln, Führungen und Sonderausstellungen gehen über das reine Zeigen von Tieren hinaus.

Neueren Datums sind auch Belange des Arten- und Naturschutzes. Zoos sind oft die einzigen Überlebensstätten von Tierarten, deren Lebensraum in der Natur zerstört worden ist. Tiere, die aufgrund der gesetzlichen Bestimmungen von „Privatleuten" nicht

Pflege- und Versorgungsgang hinter der Süßwasserabteilung

gepflegt werden dürfen (z.B. bestimmte Gruppen von Meerwasserfischen), können zumindest in Schauaquarien bewundert werden. Die Zoos tauschen übrigens nachgezüchtete Tiere untereinander aus, so daß immer weniger „Nachschub" aus der Natur entnommen zu werden braucht.

Seit jeher werden in zoologischen Gärten und Schauaquarien Forschungen angestellt und Erfahrungen gesammelt und ausgetauscht, die nicht nur der weiteren Verbesserung der Pflege und Zucht dienen, sondern von denen auch die Aquaristik profitiert.

Hinter den Kulissen

Sind schon die Schaubecken beeindruckend, so ist es für den Interessierten erst recht ein Blick hinter die Kulissen eines Schauaquariums. Solche Führungen mit sachkundigen Erklärungen werden von manchen Einrichtungen auf Wunsch und nach Anmeldung von Zeit zu Zeit angeboten.

Und was gibt es da nicht alles zu sehen: Dimension und Menge der Leitungen und Ventile, Absperr- und Umleitungshähne an allen Ecken und Enden erinnern an große Wasserversorgungsunternehmen.

Große Filteranlagen halten das Wasser mechanisch und biologisch sauber. Sorgfältig aufbereitetes Frischwasser wird für den Teilwasserwechsel und das Nachfüllen von verdunstetem Wasser bereitgehalten. Alle Wasserwerte werden ständig überwacht, so daß kontinuierliche, optimale Bedingungen für die verschiedenen Pfleglinge gewährleistet sind, die ja ganz unterschiedliche Ansprüche an das Wasser haben – Meerwasser, Brackwasser, Süßwasser mit unterschiedlichen pH- und Härtewerten usw.

Neben den Schaubecken befinden sich hinter den Kulissen weitere Aquarien für die Zucht und Aufzucht von Jungfischen, für Forschungszwecke, die Behandlung kranker Tiere und die Quarantäne von Neuankömmlingen.

Fünf Pumpen versorgen ein Großbecken von 230 000 Liter Inhalt.

Überdimensionale Außenfilter: Rieseltürme.

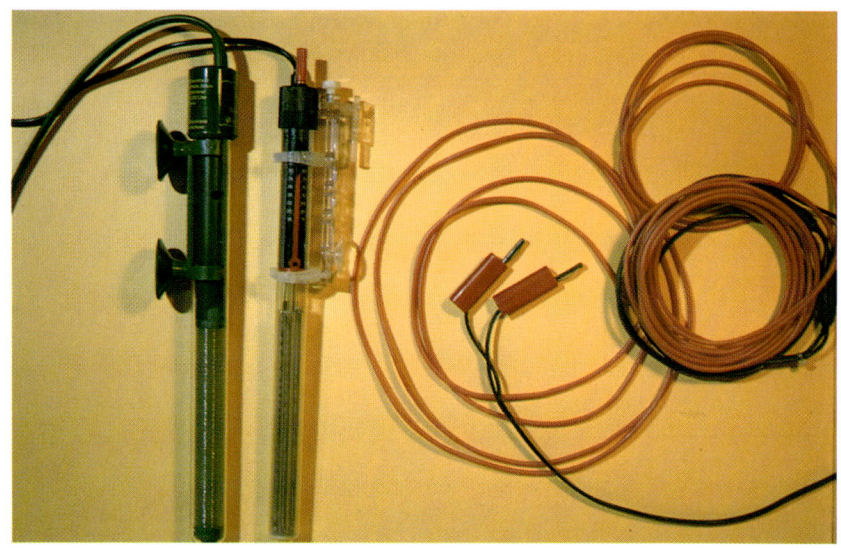

Heizung: Zwei Regelheizer (220 V) und ein Niedervoltheizkabel (mit Transformator zu betreiben).

Beim Befüllen eines neuen Aquariums und beim Wasserwechsel verwenden Sie gleich erwärmtes Wasser. Der Heizer würde viel zu lange brauchen, um das Wasser zu temperieren, und außerdem vertragen die Aquarienbewohner Temperaturschwankungen schlecht.

Welche Heizmöglichkeiten gibt es nun? Je nach dem beheizten Bereich unterscheidet man Boden- und Wasserheizungen.

Bodenheizungen

Es gibt Heizmatten, die man *unter* das Becken legen kann. Von diesem Heiztyp kommt man aber immer mehr ab, da relativ viel Wärme verlorengeht. Ohne daß es exakte Untersuchungen dazu gibt, erscheint es doch einleuchtend, daß die Unterlage, der Boden des Aquariums und ggf. auch der Rahmen einiges an Wärme schlucken, bevor sie den Insassen zugute kommt.

Direkter wirksam sind Heizkabel oder kabelartige Elemente *im* Aquarium. Sie werden bei der Ersteinrichtung unter oder im Bodengrund verlegt und mit Dekorationsmaterial gesichert und kaschiert. Es gibt auch Heizsysteme, die direkt auf dem Beckenboden unter Kunststoff-Gitterbausteinen plaziert werden.

Bodenheizungen bewirken die gewünschte Wasserbewegung im Bodengrund, die die Nährstoffe ver-

teilt und der Anhäufung von Abbauprodukten vorbeugt. Außerdem verschaffen sie den Pflanzen „warme Füße", was diese mit gutem Wurzelwachstum quittieren.

Um das gesamte Aquarienwasser auf die nötige Temperatur zu erwärmen, sind Bodenheizungen nicht so praktisch: Da wird es den Pflanzen leicht von unten zu warm. Wir empfehlen, nur etwa ein Drittel der nötigen Heizleistung aus Bodenheizern zu beziehen und ansonsten das Wasser direkt zu erwärmen.

Dafür gibt es im Prinzip wieder zwei Möglichkeiten: Stabheizer und Thermofilter.

Stabheizer

Sie erwärmen das Wasser direkt. Die entstehende Wärmeströmung sorgt – zusammen mit der durch den Filter bewirkten Strömung – für eine Wasserumwälzung; dadurch wird die Wärme gleichmäßig im Aquarium verteilt.

Stabheizer sind Glas- oder rostfreie Metallröhren, in denen Heizdrähte einen Füllkörper (meist Sand) erhitzen und die ständig von ausreichend Wasser umspült sein müssen. Die Stäbe dürfen niemals „trocken" laufen, sie könnten platzen! Beim Anbringen im Wasser auf die Markierung und die Gebrauchsanweisung der Hersteller achten!

Thermofilter

Eine komfortable und technisch ausgereifte Heizmöglichkeit bieten Thermofilter. Das Heizelement befindet sich im Filtertopf, so daß stets temperiertes, gefiltertes Wasser in das Aquarium zurückfließt. Der Temperaturregler ist von außen zugänglich.

Wie leistungsfähig müssen die Heizgeräte sein? Da hilft eine Faustregel: Pro Liter Rauminhalt des Aquariums werden etwa 0,5 bis 1 Watt Heizleistung veranschlagt. In normal geheizten Räumen können 0,5 Watt/Liter Wasser ausreichen, in kühleren Räumen (z.B. Hobbykeller) wird eher 1 Watt/Liter Wasser benötigt.

Außer in sehr kalten Räumen ist es prinzipiell empfehlenswert, die Heizung mit der Zeitschaltuhr für die Beleuchtung zu koppeln, so daß beides nachts ausgeschaltet wird (geht nicht bei Thermofiltern, da die Filterung ja weiterlaufen soll). Dann ergibt sich nachts eine um ca. 1 bis 2 °C niedrigere Wassertemperatur, was den Verhältnissen in der natürlichen Heimat der Fische entspricht.

Für alle Heizsysteme gilt, daß die Geräte das VDE- und GS-Prüfsiegel haben sollten. Regelmäßige Reinigung und sachgemäßer Betrieb gemäß der Gebrauchsanweisung erhöhen ihre Funktionstüchtigkeit

und Lebensdauer. Bitte ziehen Sie beim geringsten Verdacht auf Defekte den Netzstecker und lassen Sie die Geräte nötigenfalls vom Fachhandel bzw. Hersteller reparieren.

Weiteres nützliches Zubehör

Eimer, Schläuche und Kescher gehören zur Grundausstattung und sollen nur für aquaristische Zwecke benutzt werden. Wenn Sie mehrere Aquarien pflegen, empfiehlt es sich, für jedes Becken einen eigenen Kescher anzuschaffen und zu benutzen. So können keine Krankheitserreger verschleppt werden.

Flaschenbürsten machen sich bei der Reinigung von Schläuchen, Rohrverbindungen und Filterteilen nützlich.

Scheibenreiniger entfernen festsitzende Algenbeläge von den Glasscheiben. Filz- und Kunststoffteile entfernen den Bewuchs auf die sanfte Tour, in hartnäckigeren Fällen nimmt man die Klingen (sie sind auswechselbar). Ob Sie Geräte mit einer Magnetführung von außen oder Schaber an langen Stäben wählen, bleibt Ihrem persönlichen Geschmack überlassen.

Schwimmende **Futterringe** mit einem siebartigen Einsatz sind bei der Verfütterung von lebenden Tubifex und Enchyträen nützlich.

Die Tierchen werden gleich von den Fischen gefressen, sobald sie aus dem Sieb herauskrabbeln und kommen nicht mehr dazu, sich im Bodengrund zu „verkrümeln".

Um den Bodengrund von zuviel Mulm und Schlamm zu reinigen, kann man beim Absaugen eine **Mulmglocke** oder andere „staubsaugerähnliche" Vorrichtungen auf das Schlauchende stecken. So lassen sich Kotreste und Schmutzpartikel entfernen, ohne daß Kies mit angesaugt wird.

Eine **Pflanzenzange** ist für die anfallenden Pflegearbeiten im Unterwassergarten recht nützlich. Der Umgang mit einem derartigen Gerät ist etwas gewöhnungsbedürftig, doch lernt man den verlängerten Arm rasch schätzen und braucht nicht – zum Schrecken der Fische – bis zum Ellbogen ins Aquarium tauchen.

In gut bepflanzten Aquarien kann auf eine **Belüftung** getrost verzichtet werden; beinahe schon unsinnig wird sprudelnde Druckluft in Becken, die über eine CO_2-Versorgung für die Pflanzen verfügen. Die gutgemeinten Luftblasen treiben nämlich das wertvolle CO_2-Gas rascher aus dem Wasser aus, als es sich dort lösen und von den Pflanzen aufgenommen werden kann! Nur in kaum bepflanzten Aquarien (z.B. Buntbarschbecken mit Stein- und Holz-

dekoration) und in kargen, hygienisch eingerichteten Zuchtbecken hat die künstliche Belüftung ihre Berechtigung.

Leistungsfähige Membran- oder Kolbenpumpen verdichten angesaugte Umgebungsluft und geben sie über einen dünnen Schlauch und verschiedene Ausströmermodelle ins Wasser ab. Bei der Pumpe, die ja auch zum Betrieb eines kleinen Filters verwendet werden kann, rechnet sich ein gutes Markenfabrikat durch geräuscharmen Dauerbetrieb bei guter Förderleistung schnell. In unmittelbarer Nähe des Ansaugstutzens sollte aber auch tatsächlich frische Luft vorhanden sein, nicht etwa Tabakqualm oder Küchendünste. Schlauchklemmen zur Drosselung der Luftzufuhr und Abzweigstücke zur Versorgung mehrerer Leitungen aus einer Luftpumpe erhält man im Zoofachhandel.

Ein technisches Hilfsmittel zur Reduzierung des Keimgehaltes im Wasser wird wohl nur bei der Pflege von sehr empfindlichen Arten und in Zucht- und Aufzuchtanlagen benötigt und soll daher hier nur kurz erwähnt werden: die **UV-Anlage.** Das Aquarienwasser wird in einem Röhrensystem an UV-Brennern vorbeigeleitet; durch die ultraviolette Strahlung verringert sich die Zahl der Bakterien im Wasser deutlich.

Es grünt so grün – Pflanzen fürs Aquarium

In den letzten beiden Jahrzehnten hat sich das Verständnis für die Bedeutung der Aquarienpflanzen zunehmend gewandelt. Die Pflanzen im Aquarium gelten heute nicht mehr als reine Dekorationsgegenstände, die nebenbei mehr oder weniger gut wachsen, sondern als vollwertige und segensreiche Partner der Fische und wesentliche Stabilisatoren des künstlichen Biotops Aquarium.

Dies bringt jedoch auch ein Umdenken bezüglich der Pflege mit sich. Denn um ihre segensreiche Wirkung im Aquarium entfalten zu können, müssen Pflanzen gesund wachsen. Dafür müssen bestimmte Pflegeansprüche erfüllt werden. Dem interessierten Leser seien die Werke von Brünner, Horst und Paffrath empfohlen.

Der Urwald unter Wasser – warum?

Es gibt eine ganze Reihe von Gründen, die den „Urwald unter Wasser" zu einer unentbehrlichen Einrichtung für die Fische und das Biotop Aquarium werden lassen. Da wäre zunächst einmal die Lieferung von Sauerstoff als bedeutendste Leistung der Pflanzen zu nennen. Ähnlich wie die Wälder auf unserer Erde den Sauerstoff für alles tierische Leben liefern, sollte das Kleinbiotop Aquarium durch die Assimilation gut gepflegter Pflanzen mit diesem Lebenselixier versorgt werden.

Wenn Licht als Energiequelle und bestimmte Nährstoffe vorhanden sind, bauen die Pflanzen aus CO_2 und Wasser Kohlenhydrate (Zucker, Stärke) auf, die sie im eigenen Stoffwechsel benötigen und geben, quasi als „Abfall", gelösten Sauerstoff an das Wasser ab. Diese Sauerstoffanreicherung geschieht so effektiv, wie sie mit keiner künstlichen Methode (Sprudelstein, Strömung) zu erreichen ist. Lediglich nachts müssen die Pflanzen auch Sauerstoff veratmen. Die dabei verbrauchte Menge ist jedoch ungleich geringer als die am Tag gebildete.

Ganz wichtig im Aquarium ist die Aufnahme und Verarbeitung von Stickstoff- und Phosphatverbindungen, die durch den Stoffwechsel der Fische reichlich anfallen. Je besser und schneller die Pflanzen wachsen, desto mehr dieser Stoffe werden dem Wasser entzogen. Beim regelmäßig erforderlichen Auslichten der Pflanzen entnehmen Sie dann dem Aquarium Schadstoffe, die in Form von Pflanzenmasse gebunden wurden.

Pflanzen bieten auch eine hervorragende Ansiedelungsfläche für Bakterien und Kleinlebewesen verschiedenster Art, die einerseits zur Entgiftung des Wassers beitragen und andererseits Jungfischen als gesunde Erstnahrung dienen. Gesunder, dichter Pflanzenwuchs hat außerdem eine hemmende Wirkung auf Krankheitserreger und auch auf die unerwünschten Algen. Ein gut wachsender Pflanzenbestand ist damit die beste Versicherung gegen übermäßigen Algenwuchs.

Für Fische bietet ein dichter Pflanzenbestand ideale Versteckmöglichkeit und Laichplätze zugleich. Die meisten Fische zeigen nur ihr volles Verhaltensrepertoir, wenn ihnen die Sicherheit von Pflanzenverstecken geboten wird. Manche Arten laichen nur in feinfiedrigen Pflanzen, andere wiederum bevorzugen breite Blätter von Cryptocorynen- oder Echinodorus-Arten. Für die Jungfische sind dichte Pflanzendickichte ideale Zufluchts-

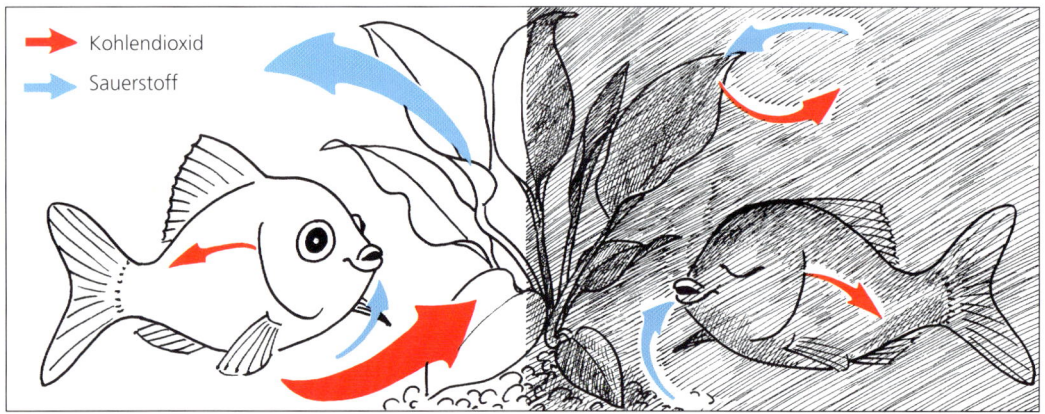

Kohlendioxid
Sauerstoff

Tagsüber steigt die Sauerstoffkonzentration im Wasser, nachts sinkt sie ab, weil Fische und Pflanzen Sauerstoff verbrauchen.

möglichkeiten, um sich vor den Nachstellungen gefräßiger „Nachbarn" zu schützen.

Neben all diesen nützlichen Eigenschaften haben gesund wachsende Aquarienpflanzen einen wesentlich höheren Dekorationswert als dahinkümmernde. Ein guter Pflanzenwuchs kommt deshalb nicht nur den Fischen, sondern auch dem ästhetischen Gesamteindruck des Aquariums und der Zufriedenheit des Aquarianers zugute.

Gärtnern unter Wasser

Unter diesem Motto wollen wir nun versuchen, Ihnen die wichtigsten Grundregeln für ein gesundes Pflanzenwachstum näherzubringen. Einige Faktoren haben wir in anderem Zusammenhang bereits behandelt oder angeschnitten, so daß wir uns in diesen Fällen kürzerfassen können.

Regelmäßiger Teilwasserwechsel

Dieses Thema zieht sich wie ein roter Faden durch die ganze Aquaristik und ist die wichtigste Pflegemaßnahme überhaupt, auch für gesunden Pflanzenwuchs. Schadstoffe, die das Pflanzenwachstum hemmen könnten (Stoffwechselprodukte der Fische), werden verdünnt. Ein eventuell durch einseitigen Verbrauch bestimmter Nährstoffe aus der Balance gebrachtes Nährstoffklima wird durch Teilwasserwechsel mit Nachdüngung wieder ausgeglichen.

Nährstoffe

Zum gesunden Wachstum brauchen Pflanzen ganz bestimmte Nährstoffe, die man in Hauptnährstoffe und Spurenelemente unterteilt. Bei Landpflanzen ist der Nährstoffbedarf aufgrund der Bedeutung für die menschliche Ernährung längst genauestens untersucht. Die Ergebnisse sind in Form einer breiten Palette von Düngemitteln sichtbar.

Prinzipiell brauchen Wasserpflanzen die gleichen Nährstoffe, nur liegt im Aquarium eine grundlegend andere Situation vor. Manche

Nährstoffe fallen im Aquarium ohnehin an und brauchen deshalb nicht zugeführt zu werden, andere dagegen sind nur minimal oder überhaupt nicht vertreten, und es kommt zu Mangelerscheinungen.

Kohlenstoff ist der mengenmäßig wichtigste Nährstoff überhaupt. Sowohl Land- als auch Wasserpflanzen beziehen ihn aus dem CO_2. Welche Bedeutung das CO_2 im Aquarium hat, und wie Mangelsituationen zu beseitigen sind, haben wir bereits ausführlich besprochen (Seite 49).

Nitrat und Phosphat, die Hauptbestandteile von Düngern für Landpflanzen, werden im Aquarium von den Fischen im Übermaß produziert. Sie dürfen deshalb in einem Dünger für Wasserpflanzen keinesfalls enthalten sein!

Kalzium, Magnesium und Sulfat (Schwefel) sind im Leitungswasser ausreichend vorhanden, wenn nicht gerade sehr weiches Wasser verwendet wird, was aus Gründen der Stabilität der Wasserwerte nicht sinnvoll ist. **Kalium** ist im Leitungswasser in unterschiedlichen Mengen vorhanden, kann jedoch Mangelfaktor werden. Düngepräparate für Aquarien enthalten deshalb Kalium.

Eisen ist nicht, wie oft behauptet wird, ein Spurenelement, sondern ein Hauptnährstoff, dem eine Schlüsselrolle in der Pflanzenpflege zukommt. Eisen spielt eine wichtige Rolle beim Aufbau des Blattgrüns der Pflanzen. Entsteht Eisenmangel, so können die Pflanzen kein Chlorophyll bilden und auch nicht assimilieren. Glasige, gelbliche Jungblätter sind deutliche Anzeichen von Eisenmangel.

Eisen ist im Trinkwasser unerwünscht und wird deshalb von den Wasserwerken in speziellen Enteisenungsfiltern entfernt. Zur erfolgreichen Pflege von Wasserpflanzen muß deshalb Näreisen in pflanzenverfügbarer Form dem Wasser zugeführt werden.

Was heißt nun pflanzenverfügbare Form? Viele schnellwachsende Wasserpflanzen nehmen ihre Nährstoffe, so auch das Eisen, über die

Blätter auf. Es kann jedoch nur das reduzierte, zweiwertige Eisenion aufgenommen werden. Im sauerstoffhaltigen Aquarienwasser würde zweiwertiges Eisen aber sofort zu dreiwertigem, für Pflanzen nicht verwertbarem Eisen oxidiert. Um dies zu verhindern, bedienen sich moderne Aquariendünger eines Tricks, nämlich der Bindung des Eisens an Nährstoffträger, sogenannte Chelatoren, die eine Oxidation verhindern und damit das Eisen pflanzenverfügbar halten.

Sie haben in einem früheren Kapitel bereits erfahren, daß natürliche Gewässer einen gewissen Gehalt an organischen Substanzen aufweisen. Zu diesen organischen Substanzen gehören auch natürliche Chelatoren, die das Eisen pflanzenverfügbar halten. Solche natürlichen Chelatoren entstehen in begrenztem Umfang auch im Aquarium bei organischen Abbauprozessen und im Mulm. Auch verschiedene Algen können Chelatoren ans Wasser abgeben. Dies ist offenbar der Grund, weshalb Pflanzen in weniger peinlich gesäuberten Aquarien oft besser wachsen.

Die im Aquarium entstehenden natürlichen Chelatoren reichen jedoch nicht aus, um eine optimale Versorgung mit Näreisen zu sichern. Deshalb ist die regelmäßige Zufuhr von Näreisen nötig, das an künstliche Chelatoren gebunden ist.

Damit hätten wir die Hauptnährstoffe abgeschlossen und wären bei den **Spurenelementen** angelangt. Zu den wichtigsten Spurenelementen zählen Mangan, Molybdän, Kupfer, Zink und Bor. Auch Spurenelemente sind im Leitungswasser meist nicht oder zuwenig enthalten. Sie müssen, ebenfalls an Chelatoren gekoppelt, dem Aquarienwasser zugesetzt werden. Moderne Düngepräparate enthalten meist eine ausgewogene Kombination von Eisen und Spurenelementen.

Die erwähnten künstlichen Chelatoren sind nun keineswegs ein Freibrief für sorgloses „auf Vorrat düngen". Chelatoren sind organische Verbindungen, die im Laborversuch hohe Stabilität zeigen. Im biologischen System Aquarium existieren jedoch verschiedene Bakterien, die die Chelatoren „knacken" können, und damit sind die Nährstoffe für die Pflanzen erst einmal verloren. Anstelle des oft empfohlenen Verfahrens bei Wasserwechsel nachzudüngen, sollte man lieber häufiger, dafür aber weniger nachdüngen und so für ein gleichmäßiges Nährstoffangebot sorgen. Die optimale Dosierung muß durch Kontrolle mit einem Eisentest „ertastet" werden. Gehalte um 0,1 mg/l sind wünschenswert.

Bodengrund

Der Bodengrund dient nicht nur der Verankerung der Pflanzen, sondern auch als Nährstoffdepot vor allem für solche Pflanzen, die aufgrund ihrer natürlichen Lebensweise als Sumpfpflanzen (*Cryptocoryne, Echinodorus*) an eine Nährstoffzufuhr aus dem Boden gewöhnt sind.

Der Vorteil eisenhaltiger Bodenbeimischungen ist heute unumstritten, entsprechende Produkte werden von verschiedenen Herstellern angeboten. Leider haben sie alle einen Nachteil: Ist man irgendwann einmal gezwungen, Pflanzen zu entfernen oder zu versetzen, geht dies nicht ohne eine unschöne Wassertrübung. Man kann auf solche Beimengungen verzichten, allerdings dauert dann die Anwachsphase wesentlich länger. Als Mittelweg könnte man nur solche Pflanzen, die auf Nährstoffe „von unten" angewiesen sind, mit den zahlreichen im Handel angebotenen Düngekugeln aus Ton oder Laterit versorgen.

Ein wichtiges Kriterium, das der Bodengrund erfüllen muß, ist die Durchlässigkeit, um eine ausreichende Bodenwasserzirkulation zu gewährleisten. Am besten bewährt hat sich dafür feiner Kies mit einer Körnung von 2 bis 3 mm. Die Wasserzirkulation im Boden kann durch

Verlegung eines Heizkabels auf der Bodenscheibe optimal gefördert werden. Dadurch werden faulende Stellen im Boden verhindert, den Pflanzen werden neue Nährstoffe zugeführt, und es entsteht kein Temperaturgefälle zwischen Wasser und Bodengrund.

Gestalten mit Pflanzen

Den Fischen wäre die Anordnung und die Auswahl der Pflanzen ja gleichgültig, Hauptsache sie wachsen gut und leisten ihre wertvollen Dienste. Da wir Aquarianer und noch mehr die zu begeisternden (noch) Nichtaquarianer jedoch Wert auf Ästhetik legen, darf und soll das dekorative Potential, das in den zahlreichen verschiedenen Pflanzenarten ruht, auch ruhig ausgenutzt werden.

Eines sollten Sie dabei jedoch lassen: Pflanzen, die eigentlich ans Blumenfenster gehören, zu Wasserpflanzen zu vergewaltigen! Leider werden derartige Gewächse auch immer wieder im Zoofachhandel angeboten. Wie war das doch gleich mit Angebot und Nachfrage? Werden Sie mißtrauisch, wenn eine „Wasserpflanze" verdächtig bunt ist und Sie an Ihr Wohnzimmerfenster erinnert! Solche Pflanzen sind für die Biologie im Aquarium wertlos. Sie sterben nur mehr oder weniger langsam vor sich hin und verpesten das Wasser.

Durch Kombination verschiedener Blattformen und Wuchshöhen können Aquarien spannungsvoll gestaltet werden.

Aquarienpflanzen gibt es in verschiedenen Wuchsformen, Farben und Größen. Es gilt, aus diesen Möglichkeiten ein abwechslungsreiches, aber harmonisches Gesamtbild zu gestalten. Dazu einige Tips: Hochwachsende Stengelpflanzen und ausläuferbildende Rosettenpflanzen (zum Beispiel Vallisnerien) verwendet man für den Hintergrund und zum Verdecken von Geräten, wie Heizer, Filteransaugrohr und so weiter.

Mittel- und Vordergrund werden in absteigender Wuchshöhe mit mittelhohen und niedrigen Pflanzen besetzt. Große Einzelpflanzen dienen als Blickfang und sollten nicht genau in die Mitte gepflanzt wer-

Ein Loch in den Bodengrund drücken, die Wurzeln hineinhalten, vorsichtig das Loch zuschieben und den Bodengrund andrücken. Nicht zu tief pflanzen: Der Wurzelhals muß immer sichtbar bleiben.

den. Stengelpflanzen und ausläuferbildende Pflanzen immer in Gruppen, nie einzeln pflanzen. Schaffen Sie Farb- und Formkontraste: Feinfiedrige Pflanzen neben breitblättrigen, rötliche neben grünen, dunkelgrüne neben hellgrünen und so weiter.

Sparen Sie am Anfang nicht am falschen Ende und bepflanzen Sie Ihr Aquarium von Anfang an dicht, um so schneller werden die Anfangsschwierigkeiten überwunden sein. Wenn Sie sich zum Einsatz einer CO_2-Düngung entschlossen haben, besorgen Sie sich als Erstbesatz möglichst viele schnellwachsende Stengelpflanzen. Damit machen Sie von Anfang an den Algen das Leben schwer. Später können einige schnellwachsende Pflanzen durch langsam wachsende ersetzt werden.

Für ein Aquarium ohne CO_2-Düngung sollten, aus den bereits erwähnten Gründen, nur langsam wachsende Pflanzen verwendet werden. Deshalb muß hier besonders in der Anfangsphase verstärkt auf Algen geachtet werden und es darf nur vorsichtig gedüngt werden.

Einsetzen der Pflanzen

Befreien Sie die Pflanzen nach dem Kauf von allen mitgelieferten Töpfen, Steinwolle, Schaumstoffstreifen und Bleidraht! Steinwolle und Schaumstoffstreifen enthalten oft noch Reste der Nährlösung, in der die Pflanzen in Gärtnereien gezüchtet wurden. Diese Nährlösung enthält Nitrat und Phosphat und darf nicht ins Aquarium gelangen.

Verletzte Blätter und Stengelteile werden sauber abgetrennt. Wurzeln von Rosettenpflanzen auf etwa 3 cm zurückstutzen. Stengelpflanzen werden vorsichtig einzeln in den Kies gedrückt, dabei den Stengel nicht quetschen. Für Rosettenpflanzen bohrt man mit dem Finger ein Loch und setzt die Pflanze tief hinein, deckt mit Kies ab und zieht die Pflanze dann bis zum Wurzelhals wieder heraus.

Verschiedene Aufsitzerpflanzen, wie zum Beispiel der Javafarn *(Microsorium)* oder das Zwergspeerblatt *(Anubias barteri var. nana)* dürfen nicht in den Boden eingepflanzt werden. Man bindet sie mit Nylonfaden auf Moorkienholz oder Steinen fest. Schwimmpflanzen läßt man auf der Wasseroberfläche treiben. Sie benötigen zum Wohlbefinden einen ausreichenden Luftraum über dem Wasser. Am besten gedei-

Beim Neu- und Umpflanzen werden die Wurzeln eingekürzt.

hen sie in Aquarien ohne Abdekkung, mit Hängeleuchten (zum Beispiel HQL).

Wenn Sie alles eingepflanzt haben, benötigen die Pflanzen Ruhe zum Anwachsen. Während der ersten zwei Wochen nur sehr sparsam oder überhaupt nicht düngen, da sich die Pflanzen erst an das neue Milieu anpassen müssen. Viele Pflanzen werden in Gärtnereien außerhalb des Wassers gezüchtet und müssen sich erst durch Bildung von Wasserblättern an die veränderte Situation anpassen. Deshalb wird sich auch der Anblick der Pflanzen mit der Zeit ändern, da die Wasserblätter anders aussehen als die Luftblätter.

Versetzen Sie Ihre Pflanzen (Ausnahme: Stengelpflanzen) so selten wie möglich. Bei jedem Umsetzen bekommen sie einen Umpflanzschock, von dem sie sich erst wieder erholen müssen.

Vermehrung von Pflanzen

Ausläufer: Am einfachsten, weil ohne unser Zutun, geschieht die Vermehrung durch Ausläufer. Wenn

die Pflanzen den Umpflanzschock überwunden haben und einige Zeit kräftig gewachsen sind, bilden sie Ausläufer, an deren Ende sich Jungpflanzen bilden. Dadurch verdichtet sich der Bestand. Wenn er zu

dicht geworden ist oder die Pflanzen über den ihnen zugedachten Bereich hinausgewachsen sind, können Jungpflanzen abgetrennt und verpflanzt werden, wenn sie vier bis fünf Blätter haben.

Nach einer gewissen Zeit müssen Altpflanzen aus dem Bestand entfernt und durch junge ersetzt werden, um ein „Vergreisen" des Bestands zu verhindern. Die Ausläuferbildung geht je nach Pflanzenart verschieden schnell vor sich. Cryptocorynen lassen sich eher Zeit, während Vallisnerien in kurzer Zeit dichte Bestände bilden.

Eine besondere Art der Vermehrung zeigt der Hornfarn oder Sumatrafarn *(Ceratopteris)*. Ältere Schwimmblätter bilden am Rand viele kleine Jungpflänzchen, die nach einiger Zeit abgetrennt werden können. Ähnliche Jungpflan-

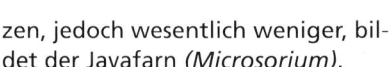

zen, jedoch wesentlich weniger, bildet der Javafarn *(Microsorium)*.

Pseudoviviparie: Zahlreiche Amazonasschwertpflanzen bilden im Aquarium bereitwillig Blütentriebe. Wenn man diese Blütentriebe daran hindert, die Wasseroberfläche zu erreichen (Beschweren mit einem Stein), bilden sie als „Notlösung" zahlreiche Jungpflanzen aus. Wenn diese kräftig genug sind, kann man sie vorsichtig abtrennen und einpflanzen.

Vermehrung durch Samen:

Eine Vermehrung durch Samen kommt im Aquarium relativ selten vor. Einige *Aponogeton*-Arten (Wasserähren) bilden regelmäßig Blütenstände aus, die teils spontan Samen ansetzen oder mit einem weichen Pinsel befruchtet werden können. Für die Aufzucht der Sämlinge finden sich Anweisungen in der einschlägigen Literatur.

Stecklinge: Alle Stengelpflanzen werden mehr oder weniger schnell die Wasseroberfläche erreichen und entweder herauswachsen oder an der Wasseroberfläche entlangwachsen. Man kann auf zweierlei Weise vorgehen: Will man den Bestand vermehren, so trennt man die Stengel etwa in der Mitte durch und setzt die abgeschnittenen Triebspitzen wieder ein. Der verbleibende Stumpf wird zwei oder mehr Neutriebe bringen, die bei Erreichen der Wasseroberfläche ebenfalls abgetrennt und eingepflanzt werden können. Nach einiger Zeit treiben die unteren Stengelteile nicht mehr aus und müssen entfernt werden. Viele Stengelpflanzen bilden auch

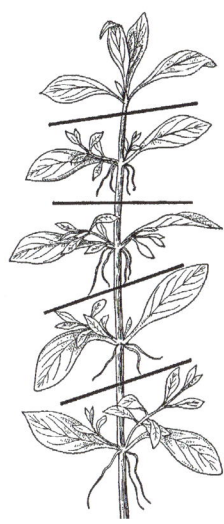

spontan Seitensprosse, die abgetrennt und eingepflanzt werden können.

Will man den Bestand nicht mehr weiter vermehren und immer einen schönen Anblick genießen, so muß man die Stengel regelmäßig herausziehen, unten einkürzen und das obere Teil wieder einpflanzen. Dabei verfährt man so, daß die Höhe der Pflanzen von vorne nach hinten stufenförmig ansteigt. Diese Methode ist allerdings mit relativ viel Arbeit verbunden.

Partner der Fische – ausgewählte Pflanzenarten

In diesem Abschnitt wollen wir Ihnen eine Auswahl gut zu pflegender Pflanzen für das Aquarium vorstellen, die normalerweise das ganze Jahr über zu bekommen sind. Es gibt selbstverständlich wesentlich mehr Arten, die für das Aquarium geeignet sind. Mit der Zeit werden Sie sicher auch Pflanzen finden, die hier nicht erwähnt sind.

Betrachten Sie die folgende Einteilung in Pflanzen für den Hintergrund, mittlere Beckenpartien, Vordergrund und Solitärpflanzen nicht als Evangelium. Ob eine Pflanze für den Hintergrund oder den mittleren Beckenbereich zu verwenden ist, hängt von der beabsichtigten Dekorationswirkung und der Beckengröße ab.

Die nachfolgend aufgeführten Pflanzen sind bei 5 bis 15 °d Karbonathärte, pH-Werten zwischen 6,8 und 7,4 und Temperaturen um 25 °C problemlos zu halten. Pflanzen mit der Angabe „CO_2-Düngung empfehlenswert" können auch ohne CO_2-Düngung wachsen. Dabei muß allerdings damit gerechnet werden, daß manche Pflanzen aufgrund der CO_2-Konkurrenz durch andere das Wachstum einstellen. Die Pflanzen werden meist auch weniger stattlich. Besonderheiten sind bei den jeweiligen Arten angegeben. H = ungefähre Wuchshöhe der Pflanze.

Pflanzen für Hintergrund und Seiten

1 Karolina-Haarnixe
   Cabomba caroliniana
Schnellwachsend, hoher Lichtbedarf, CO_2-Düngung erforderlich, bildet bei Erreichen der Wasseroberfläche Seitentriebe, durch feinfiedrige Blätter guter Kontrast zu breitblättrigen Arten, H 45–60 cm.

2 Thailand-Hakenlilie
   Crinum thaianum
Sehr groß werdende Pflanze, die jedoch für Aquarien gut geeignet ist, mittlerer bis hoher Lichtbedarf, CO_2-Düngung empfehlenswert, in größeren Becken auch als Solitärpflanze, Blätter treiben an Wasseroberfläche, vertragen zeitweiligen Rückschnitt, Zwiebel braucht tiefen Bodengrund, H bis 200 cm.

3 Seegrasblättriges Trugkölbchen
   Heteranthera zosterifolia
Mäßig schnell wachsend, hoher Lichtbedarf, bei Härte unter 10 °d Wachstum ohne CO_2-Düngung möglich, bei sehr starker Beleuchtung gedrungener Wuchs, dadurch auch für Mittelgrund geeignet, H bis 50 cm.

1

2

3

Ein Besuch beim Wasserpflanzen- züchter

Wir hielten uns wieder einmal zu einem der leider viel zu seltenen Besuche bei unseren thailändischen Freunden in der alten Königsstadt Ayuthaya auf. Eines Tages meinte unser Freund, er müsse einige Riesengurami-Jungfische nach Chachoengsao bringen. Sie würden in Deutschland für wissenschaftliche Untersuchungen benötigt, und der Besitzer einer Wasserpflanzenfarm in Chachoengsao würde den Transport für ihn arrangieren.

Beim Wort Wasserpflanzenfarm wurden wir hellhörig und fragten, ob er denn noch Platz habe, uns mitzunehmen und auch etwas Zeit, so daß wir diese Farm besichtigen

könnten. Selbstverständlich konnten wir mitkommen, und zum vereinbarten Termin ging es in einem schlecht gefederten Pick-up, der auch schon bessere Zeiten erlebt hatte, ab nach Chachoengsao.

Unser Freund machte uns zunächst mit dem Besitzer der Farm bekannt und schilderte ihm unser Anliegen. Dieser bedauerte es sehr, uns seine Farm nicht persönlich zeigen zu können, da er geschäftlich zu tun habe, aber wir könnten uns nach Lust und Laune selbst umschauen. Dies taten wir dann auch, während unser Freund seine Fische ablieferte und die nötigen Formalitäten erledigte.

Nachdem man uns durch das

Bürogebäude geführt hatte, betraten wir ein riesiges Areal, das, soweit das Auge reichte, mit Schattennetzen auf Holzkonstruktionen überspannt war, um die sengenden Strahlen der tropischen Sonne fernzuhalten. Glashäuser braucht man hier nicht, die Heizung gibt's kostenlos. Wir schlenderten eine ganze Weile mit zwei bis drei herrenlosen Hunden im Schlepp durch das „Schattenreich", bis unserem durch die Tropensonne etwas „ausgedörrtem" Gehirn bewußt wurde, daß wir uns ja in einer Wasserpflanzengärtnerei befinden und bis jetzt noch kein bißchen Wasser gesehen hatten.

Wasserpflanzen auf dem Trockenen

Sämtliche Pflanzen wuchsen in Reih und Glied in säuberlich angelegten Beeten mit hier überall natürlich vorkommendem, zwar recht feuchtem Boden, aber von Wasser konnte keine Rede sein. So langsam arbeiteten unsere grauen Zellen wieder und der biologische Sachverstand setzte sich durch: Die meisten unserer Aquarienpflanzen sind ja Sumpfpflanzen und lassen

Mit Netzen abgeschattete „Trockenbeete".

sich natürlich auch ohne Wasser kultivieren, was wesentlich einfacher und rationeller geht. Außerdem seien sie weniger empfindlich beim Transport, wie uns der Besitzer der Farm später erklärte.

Langsam gewöhnten wir uns an das Bild und nach mehrmaligem Hinsehen erkannten wir auch manch aquaristisch Bekanntes. Die Reihen der mit Netzen beschatteten Beete wurden hin und wieder von idyllisch gelegenen, palmenbeschatteten Teichen unterbrochen. Zwischen herrlich blühenden Seerosen und Lotospflanzen erkannten wir einige Hechtlinge, Bärblinge und Labyrinthfische, aber auch räuberische Schlangenkopffische.

Beim Eintritt in die nächste „Schattengalerie" änderte sich das Bild. Statt der bisher üblichen Beete trafen wir nun auf lange Reihen flacher Betonbecken, teils nur mit einem Gemisch aus Erde und Kies gefüllt. Der überwiegende Teil war jedoch „geflutet", Wasserstand ca. 40 cm, und in dem bereits erwähnten Erde-Kies-Gemisch als Bodengrund standen in Reih und Glied alte Bekannte in verschiedener Größe, angefangen bei winzigen Jungpflanzen bis hin zu verkaufsreifen Exemplaren. Wir fanden ver-

Hygrophila difformis *in submerser Kultur.*

schiedene *Aponogeton*-Arten, *Cryptocorynen, Echinodorus, Hygrophila difformis* und andere.

In der Mitte jedes dieser Betonbecken stand in schwerem Betonrahmen, mit der Öffnung unter Wasser, ein etwa 60 Liter fassendes Aquarium, dessen Funktion uns anfänglich nicht klar war. Auf unse-

rem weiteren Weg durch die Reihen der Betonbecken begegneten wir einem Angestellten, der aus einer großen Stahlflasche die umgedrehten Aquarien mit CO_2 füllte – jetzt war uns alles klar!

Nach etwa einer Stunde Rundgang kehrten wir schweißgebadet ins Bürogebäude zurück, wo man uns mit der sprichwörtlichen thailändischen Gastfreundschaft eine Erfrischung kredenzte und sämtliche verfügbaren Ventilatoren auf uns richtete. Es fand sich auch noch die Gelegenheit zu einem kurzen Gespräch mit dem Besitzer. Er zählte uns alle Länder auf, in die er seine Pflanzen exportiert; Deutschland war auch dabei.

Es interessierte uns noch, ob hier alle Pflanzen selbst vermehrt werden oder ob auch Naturentnahmen stattfinden. Bereitwillig erklärte uns der Besitzer, daß vor allem die in Thailand nicht heimischen Pflanzen gezüchtet werden, während verschiedene heimische Arten der Natur entnommen und nur zu Verkaufsgröße herangezogen werden. Unser Freund hatte mittlerweile seine Geschäfte erledigt, so bedankten wir uns und fuhren zurück nach Ayuthaya.

Die „umgedrehten Aquarien" werden mit CO_2 gefüllt.

1 Indischer Wasserwedel
Hygrophila difformis
Schnell wachsend, hoher Lichtbedarf, CO_2-Düngung empfehlenswert, sehr dekorativ, bei zu wenig Licht weniger stark geschlitzte Blätter, H 50 cm.

2 Indischer Wasserfreund
Hygrophila polysperma
Schnell wachsend, mittlerer bis hoher Lichtbedarf, CO_2-Düngung empfehlenswert, hellgrüne Blätter, rötliche Blattfärbung nur bei starkem Licht, eine der populärsten Aquarienpflanzen, H 50 cm.

3 Madagaskar Wasserpest
Lagarosiphon madagascariensis
Schnell wachsend, hoher Lichtbedarf, CO_2-Düngung, kann freitreibend oder im Boden verankert kultiviert werden, Beschattung durch andere Gewächse meiden, H variabel.

4 Sumpffreund
Limnophila sessiliflora
Schnell wachsend, hoher Lichtbedarf, CO_2-Düngung empfehlenswert, ähnliche Form wie *Cabomba*, jedoch leichter zu halten, H 60 cm.

Bastardludwigie, Kriechende Ludwigie
Ludwigia repens
Mäßig schnell wachsend, hoher Lichtbedarf, CO_2-Düngung empfehlenswert, rötliche Färbung nur bei genügend Licht, etwas empfindlich gegen Temperaturen über 28 °C, H 50 cm.

5 Rundblättrige Rotala
Rotala rotundifolia
Schnell wachsend, hoher Lichtbedarf, CO_2-Düngung empfehlenswert, rötliche Blattspitzen, H 50 cm.

6 Mexikanisches Eichenblatt
   Shinnersia rivularis
Sehr schnell wachsend, hoher Lichtbedarf, starker CO_2-Verbrauch,
Blattform erinnert an Eichenlaub,
empfindlich gegen Temperaturen
über 25 °C, H 60 cm.

7 Schraubenvallisnerie
   ***Vallisneria asiatica var.
   biwaensis***
Mäßig schnell wachsend, hoher
Lichtbedarf, CO_2-Düngung empfehlenswert, in größeren Becken auch
für den Mittelgrund geeignet, eng
gedrehte Blätter, Ausläuferbildung,
H 25–30 cm.

8 Gewöhnliche Sumpfschraube
   Vallisneria spiralis
Schnell wachsend, mäßig hoher
Lichtbedarf, starker CO_2-Verbrauch,
sonst anspruchslos, Ausläuferbil-
dung, H 40–60 cm.

Pflanzen für den mittleren Bereich

Die hier aufgeführten Pflanzen
eignen sich in kleineren Aquarien
auch für den Hintergrund und können in größeren Becken auch als Solitärpflanze oder in einer Gruppe als
Blickfang eingesetzt werden.

Papageienblatt
Alternanthera reineckii
Langsam wachsend, prächtig rot ge-
färbte Blätter, hoher Lichtbedarf,
CO_2-Düngung, nicht durch andere
Pflanzen beschatten, Wachstums-
stop bei CO_2-Mangel, hoher Dekora-
tionswert in Gruppe mit nach hin-
ten ansteigender Stengellänge,
H variabel, um 50 cm.

9 Große Kognakpflanze
   Ammania gracilis
Mäßig schnell wachsend, hoher
Lichtbedarf, CO_2-Düngung, rötlich-
braune Blätter mit guter Kontrastwirkung zu anderen Pflanzen, keine
Abschattung durch andere Pflanzen. *Ammania senegalensis:* ähnlich,
jedoch kleinere Blätter, H 50 cm

10 Härtels Wasserkelch
   Cryptocoryne affinis
Anspruchslos, langsam bis mäßig

schnell wachsend, mäßiger Lichtbedarf, Blätter je nach Licht unterschiedlich gefärbt, Ausläufer,
H um 20 cm, bei starkem Licht
auch größer.

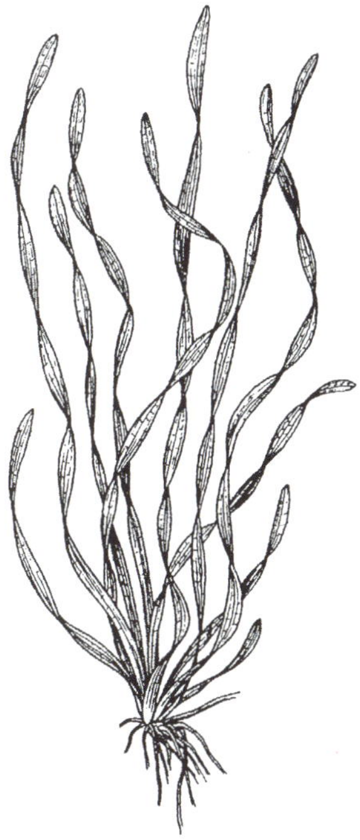

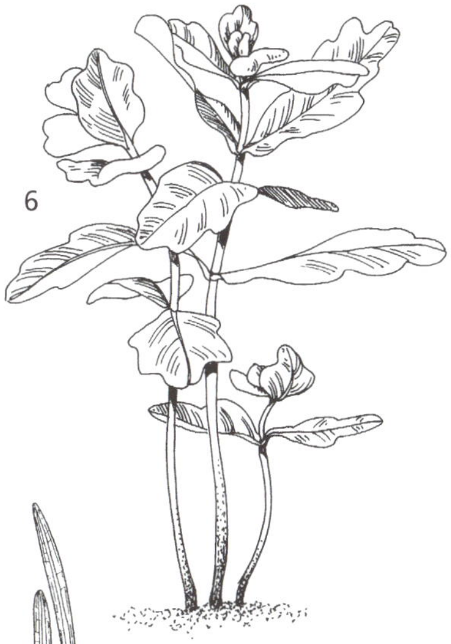

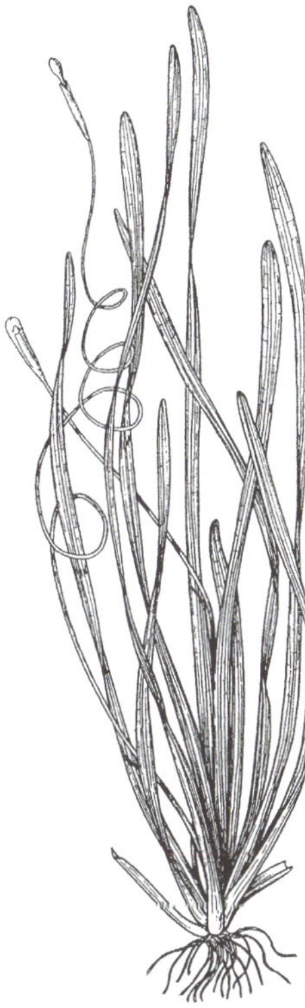

1 Genoppter Wasserkelch
Cryptocoryne crispatula
Langsam wachsend, hoher Lichtbedarf, CO_2-Düngung empfehlenswert, genoppte, schmale, dunkelgrüne Blätter, Ausläufer, H bis
40 cm.

2 Pontederiablättriger Wasserkelch
Cryptocoryne pontederiifolia
Anpassungsfähig, langsam wachsend, mäßiger Lichtbedarf, Blätter
leuchtend grün, herzförmig, Ausläufer, H 20–30 cm.

Wendt's Wasserkelch
Cryptocoryne wendtii
Anspruchslos, mäßig schnell wachsend, mäßiger Lichtbedarf, Blätter
sehr variabel in Form und Farbe,
Ausläufer, in größeren Becken auch
als Vordergrundpflanze geeignet,
bekannteste und am weitesten verbreitete Cryptocoryne,H 8–15 cm.

3 Kardinalslobelie
Lobelia cardinalis
Steife, langsam wachsende Stengel-
pflanze, hoher Lichtbedarf, er-
reicht mit CO_2-Düngung stattliche
Größe, sonst zierlicher, Pflanzung
in Gruppe mit aufsteigender Höhe,
H bis 50 cm.

4 Javafarn
Microsorium pteropus
Langsam bis mäßig schnell wachsend, mäßiger Lichtbedarf, anpassungsfähig, Vermehrung durch Adventivpflanzen an den Blättern,
Rhizom darf nicht in den Boden eingegraben werden, auf Steinen oder
Wurzelholz befestigen, ältere Blätter können schwärzliche Flecken bekommen, H um 20 cm.

Rotweiderich
Rotala macrandra
Mäßig schnell wachsend, hoher
Lichtbedarf, CO_2-Düngung, herrlich
rote, rundliche Blätter, gute Kontrastwirkung, ohne CO_2-Düngung
schwer zu halten, H 50 cm.

5 Breitblättriges Pfeilkraut
**Sagittaria graminea var.
platyphylla**
Mäßig schnell wachsend, hoher
Lichtbedarf, CO_2-Düngung empfeh-
lenswert, steife, breitbandförmige
Blätter, die auch gegen robustere
Fische unempfindlich sind, Ausläu-
fer, H bis 30 cm.

6 Javamoos
Vesicularia dubyana
Mäßig schnell wachsend, mäßiger
Lichtbedarf, anspruchslos, hervorra-
gendes Versteck für Jungfische, auf
Steinen oder Wurzelholz verankern,
H variabel.

Pflanzen für den Vorder-
grund

7 Zwergspeerblatt
Anubias barteri var. nana
Langsam wachsend, hoher bis mäßiger Lichtbedarf, CO_2-Düngung empfehlenswert, Rhizom darf auf keinen Fall in den Boden eingegraben
werden, wächst auch als Aufsitzer
auf Steinen oder Wurzelholz, die
steifen Blätter werden gern von Pinselalgen besiedelt, H 10–15 cm.

8 Kleiner Wasserkelch
Cryptocoryne x willisii
Langsam wachsend, mäßiger Licht-
bedarf, leicht zu pflegende Art, bil-
det durch Ausläufer dichte Polster,
H um 10 cm.

Vordergrund

1 Zwergschwertpflanze
Echinodorus quadricostatus var. xinguensis
Mäßig schnell wachsend, hoher Lichtbedarf, keine Abschattung, CO_2-Düngung empfehlenswert, sonst robust, Ausläufer, H 10 cm.

2 Samolusblättrige Schwertpflanze
Echinodorus parviflorus „Tropica"
Langsam wachsend, mäßiger Lichtbedarf, CO_2-Düngung empfehlenswert, neue dekorative Zuchtform mit dichtstehenden, leicht genoppten Blättern, Adventivpflanzen an Blütenstengeln, H bis 10 cm.

Grasartige Schwertpflanze
Echinodorus tenellus
Mäßig schnell wachsend, hoher Lichtbedarf, CO_2-Düngung, anspruchsvoll, keine Abschattung, entwickelt durch Ausläufer niedrigen Rasen, ähnelt *E. quadricostatus,* hat aber schmalere Blätter, H 5 cm.

3 Zwergpfeilkraut
Sagittaria subulata f. pusilla
Mäßig schnell wachsend, mäßiger Lichtbedarf, leicht zu pflegen, Rasenbildung durch Ausläufer, H 5–10 cm.

Solitärpflanzen

Die hier aufgeführten Pflanzen dienen in Einzelexemplaren als Blickfang im Aquarium. Einige können in großen Aquarien auch als Gruppe gepflanzt werden.

4 Salatblättrige Wasserähre
Aponogeton ulvaceus
Sehr schnell wachsend, mäßiger bis hoher Lichtbedarf, CO_2-Düngung empfehlenswert, hellgrüne, dekorative, gewellte Blätter, Knolle nicht ganz eingraben, macht Ruheperiode durch, H 50 cm.

5 Langblättrige Barclaya
Barclaya longifolia
Langsam wachsend, hoher Lichtbedarf, keine Abschattung, CO_2-Düngung, eine der schönsten Aquarienpflanzen überhaupt, oliv-

1

3

grüne bis rötlich getönte, gewellte Blätter, keine „kalten Füße", Höhe bis 30 cm.

6 Sumatrafarn, Wasserhornfarn
Ceratopteris thalictroides
Schnell wachsend, anspruchslos, CO_2-Düngung empfehlenswert, Schwimmform möglich, kann leicht dominieren, H 40 cm.

2

6

5

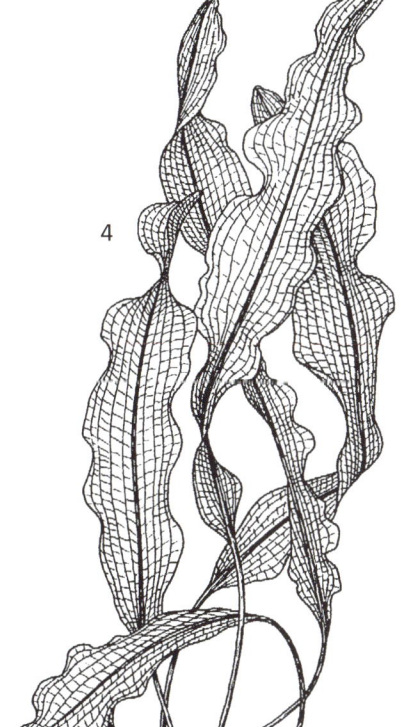

4

Hauptsache pflege-leicht ...

Für den attraktiven Luftbefeuchter mit Fischdekoration gibt es fast keine Accessoires mehr, die es nicht gibt. Sollten Sie keinen grünen Daumen haben und Ihnen das Glück in bezug auf die Unterwassergärtnerei nicht hold sein, dann verzweifeln Sie nicht: Hygienisch, farbenfroh und so lebensnah, wie Plastik nur sein kann, gibt es sie, die Plastikpflanzen! In allen erdenklichen Ausführungen treiben sie unter Wasser bunte Blüten. In „Naturausführung" geht die Natürlichkeit so weit, daß die Plastikstengel bald von Algen besiedelt werden.

So wie der Bodengrund zur Tapete zu passen hat, so läßt auch die Zubehörindustrie in bezug auf die Dekoration keine Wünsche mehr offen. Wer sagt denn, daß Pflanzen nur grün, gelb, rot oder braun auszusehen haben? Pflegeleicht sind sie, bei falscher Beleuchtung nehmen sie kein kümmerliches Aussehen an und verschandeln so die Aussicht auf die Fische. Ausdünnen, umsetzen und düngen braucht man sie jedenfalls nicht.

Und die Vegetarier unter den Fischen können ihnen nicht den Garaus machen: Ein gieriger Goldfisch kann sie ebensowenig verdauen wie die kleine Welsbande, dieses lichtscheue Gesindel,

Geschmacksache

welches mit Vorliebe Blätter durchlöchert ...

Doch eines können sie nicht: Sauerstoff produzieren und ein Aquarium zum wirklichen Biotop werden lassen. Doch wozu gibt es Ausströmer?

1 Blass-Wasserkelch
Cryptocoryne cordata blassii

Langsam wachsend, geringer Lichtbedarf, evtl. durch Schwimmpflanzen abschatten, CO_2-Düngung,
zwei verschieden hohe Wuchsformen im Handel, braunrote, große
Blätter, möglichst wenig stören,
H 30–40 cm.

2 Amazonasschwertpflanze
Echinodorus amazonicus

Mäßig schnell wachsend, mäßiger
bis hoher Lichtbedarf, CO_2-Düngung
empfehlenswert, anpassungsfähig,
bekannteste aller Schwertpflanzen,
Jungpflanzen an Blütenstiel,
H 30–40 cm.

Rotblättrige Amazonasschwert-
pflanze
Echinodorus osiris

Mäßig schnell wachsend, hoher
Lichtbedarf, CO_2-Düngung, sehr
dekorative Pflanze, Varianten mit
verschieden ausgeprägter Rotfär-
bung im Handel, keine Abschattung, Jungpflanzen an Blütenstiel,
H 30–50 cm.

3 Thailändischer Wasserfreund
Hygrophila stricta

Schnell wachsend, hoher Lichtbedarf, CO_2-Düngung empfehlenswert, Stengelpflanze mit großen,
hellgrünen, an Pfirsichlaub erin-
nernden Blättern, untere Teile ver-
kahlen bei zu wenig Licht oder
wenn die Pflanze über den Wasserspiegel wächst, H 50 cm.

4 Roter Tigerlotus
Nymphaea lotus

Mäßig schnell wachsend, hoher
Lichtbedarf, keine Abschattung,
CO_2-Düngung, herrliche, rote
Unterwasserblätter mit dunklen
Flecken, Schwimmblätter abtren-
nen, H 30–50 cm.

Schwimmpflanzen

Schwimmpflanzen tragen durch
ihre Saugwurzeln wesentlich zum
Abbau von Schadstoffen im Wasser
bei. Der CO_2-Bedarf wird, außer bei
Riccia, aus der Luft gedeckt. Licht-
hungrige Unterwasserpflanzen dürfen nicht durch Schwimmpflanzen

1

abgeschattet werden. Bei abgedeck-
ten Aquarien auf genügend Luftraum zwischen Wasser und Abdekkung achten!

5 Schwimmender Wasserhornfarn
Ceratopteris pteridioides

Sehr schnell wachsend, Vermehrung
durch Adventivpflanzen an den
Blatträndern, Jungfische finden

gute Verstecke in den Wurzeln, Labyrinthfische bauen gern ihr Nest
zwischen den Blättern, Durchmesser
bis 40 cm.

6 Südamerikanischer Froschbiß
Limnobium laevigatum

Mäßig schnell wachsend, dunkelgrüne, schwammige Blätter, Vermehrung durch Ausläufer, gedeiht

4

2

3

am besten in offenen Aquarien, Durchmesser 5–8 cm.

7 Flutendes Teichlebermoos
   Riccia fluitans
Schnell wachsend, keine echte Schwimmpflanze, da unter dem Wasserspiegel treibend, bildet dichte undurchdringliche Polster, ideal für Jungfische.

5

6

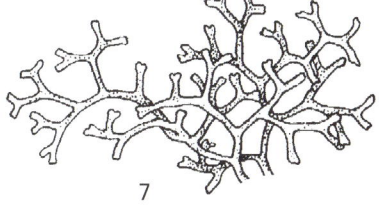

7

Die Hauptdarsteller: Unsere Fische

Der Fisch, ein unbekanntes Wesen?

Sicher nicht! Naturwissenschaftler, Systematiker und nicht zuletzt Aquarianer haben in den letzten Jahren und Jahrzehnten eine Fülle von Informationen über Fische im allgemeinen und die Aquarienfische im besonderen herausgefunden und zusammengetragen.

Zur Systematik

Fische gehören, ebenso wie Lurche (Amphibien), Kriechtiere (Reptilien), Vögel und Säugetiere, zu den Wirbeltieren. (Diesen fünf Tiergruppen ist die Wirbelsäule als zentraler und tragender Bestandteil des Skelettsystems gemeinsam.)

Fische stellen die älteste, artenreichste und von der Individuenzahl häufigste Gruppe unter den Wirbeltieren dar. Ihre Systematik wurde und wird immer wieder diskutiert und abgeändert. Selbst die Gesamtzahl der Fischarten ist unsicher: Die Schätzungen schwanken zwischen 21 000 und 25 000. Da sicher noch nicht alle Arten entdeckt und beschrieben sind, könnten es sogar 30 000 sein.

Die größte und zugleich am besten erforschte Gruppe ist die der echten Knochenfische. Zwischen 5 000 und 8 000 Arten leben – zeitweise oder immer – im Süßwasser, davon könnten 4 000 Arten im Prinzip für eine Pflege im Aquarium geeignet sein. Wirkliche Bedeutung im internationalen Handel haben aber „nur" rund 300 Arten.

Die Körpertemperatur

Fische sind wechselwarm, das heißt, daß sie ihre Körpertemperatur nicht selbst regeln, also keine Körperwärme erzeugen können, sondern so warm bzw. kalt wie ihre Umgebung sind. (Amphibien und Reptilien sind ebenfalls wechselwarm, während Vögel und Säugetiere ihre Körpertemperatur aktiv regulieren.)

Daß Fische wechselwarm sind, bedeutet nun aber nicht, daß sie mit jeder Temperatur zurechtkommen. In Anpassung an ihre jeweiligen natürlichen Lebensräume haben die Fischarten bestimmte Temperaturbereiche, in denen sie sich wohlfühlen und wo ein Überleben möglich ist: Um ein „Temperatur-Optimum" herum liegt ein mehr oder weniger breiter Temperaturbereich, der für die Fische zuträglich ist. Ist es *zu* kalt oder *zu* warm, sterben die Tiere nicht unbedingt sofort, siechen aber dahin, werden krankheitsanfällig und schreiten nicht mehr zur Fortpflanzung.

Die Flossen

Die Flossen sind ein typisches Fischmerkmal. Es handelt sich um Hautflächen, die von Teilen des Skeletts, den sog. Strahlen, gestützt werden und über Muskelstränge bewegt und auf- oder zusammengefaltet werden können.

Man unterscheidet paarige und unpaare Flossen. Meist sind es insgesamt sieben: Je ein Paar Brust- und Bauchflossen sowie die unpaare Rücken-, After- und Schwanzflosse.

Die Rückenflosse kann in mehrere Abschnitte unterteilt sein, die Bauchflossen können völlig zurückgebildet oder zu Haftorganen verwachsen sein (z.B. bei Welsen). Bei den Fadenfischen sind sie zu „Fäden" mit Geschmacks- und Tastsinneszellen umgebildet. Die Männ-

chen der lebendgebärenden Zahnkarpfen haben als Begattungsorgan ein sogenanntes Gonopodium, das aus der umgebildeten Afterflosse hervorgegangen ist.

Oft unterscheiden sich männliche und weibliche Tiere in der Form und Farbe bestimmter Flossen (siehe Artbeschreibungen).

Eine untypische Flosse ist die zwischen Rücken- und Schwanzflosse gelegene Fettflosse vieler Salmler: Sie hat keine stützenden Strahlen und trägt nicht zur Bewegung bei; ihre Funktion ist ungeklärt.

Die Flossen höherer Wirbeltiere, z.B. der Delphine und Wale, weisen die gleiche Funktion wie die Fischflossen auf, sind aber anders gebaut („homolog").

Die Fortbewegung

Fische bewegen sich durch abwechselnden Zug der Seitenmuskeln praktisch „schlängelnd" vorwärts. Rücken-, After- und Schwanzflosse machen diese Wellenbewegung mit oder unterstützen sie aktiv (insbesondere die Schwanzflosse mit ihrer kräftigen Muskulatur). Die Brust- und Bauchflossenpaare steuern, bremsen und halten das Gleichgewicht. Rückwärtsschwimmen ist mit Hilfe der Brustflossen möglich.

Haut und Schuppen

Die Fischhaut ist aus der Oberhaut (Epidermis) und der darunterliegenden Lederhaut aufgebaut. In der Epidermis liegen Drüsen, die den schleimigen „Schutzfilm" absondern, der der Fischhaut einen gewissen Schutz gegen Fremdstoffe, Parasiten, Bakterien und Pilze gibt. Manche Krankheiten, schlechte Wasserqualität und Verletzungen (auch vom unsachgemäßen Hantieren) schädigen diese Schleimschicht, so daß Krankheitserreger leichteren Zutritt haben.

Männliche karpfenartige Fische zeigen während der Laichzeit, meist auf Kopf und Rücken, weiße punktförmige Verhornungen der Epidermis. Dieser sog. Laichausschlag kann leicht mit der Weißpünktchenkrankheit *(Ichthyophthirius*, siehe im Krankheitskapitel) verwechselt werden.

Die Schuppen sind verknöcherte Strukturen, die in der Lederhaut gebildet und in Schuppentaschen bis dicht unter die Epidermis vorgeschoben werden. Nicht alle Fische haben Schuppen, so sind z.B. die Welse und einige Schmerlen „nackt". Als Abwandlungen gibt es z.B. sehr kleine, tiefliegende Schuppen, nur teilweise beschuppte Fische (Spiegelkarpfen) und flache Knochenplatten anstelle der Schuppen (Panzerwelse).

Die Seitenlinie

Die Seitenlinie der Fische ist ein Ferntast-Sinnesorgan, das mit Hilfe von Sinneszellen genaue Informationen über Wasserbewegungen aufnehmen kann.

Die Farben

Die Färbung der Fische kommt durch die in der Lederhaut liegenden pigmenthaltigen Farbzellen zustande. Die ganze Farbenpracht entsteht durch nur vier Zelltypen, die unterschiedlich kombiniert sein können: Rot-, Gelb- und Schwarzzellen sowie Glanzzellen mit reflektierenden Kristallen. Blau kommt durch die Mischung von Schwarz- und Glanzzellenpigmenten zustande.

Farbwechsel, Aufhellungen und „Verdunkelungen" entstehen durch Änderung der Lage und der Ausdehnung der Pigmente in den Farbzellen. Bei Albinos fehlen alle Farbpigmente.

Gräten oder Knochen?

Das Knochengerüst der Fische fungiert als Stütze und Muskelansatz. Da das Wasser die Fische trägt, ist ihr Skelett nicht so großen Beanspruchungen ausgesetzt wie das der Landtiere und kann daher relativ zart gebaut sein.

Zentrales Element ist die Wirbelsäule mit ihren Fortsätzen, die sich vom Kopf bis in den Schwanz erstreckt und im vorderen Bereich die Rippen trägt. Alle diese Elemente sind Knochen, nur Feinschmecker bezeichnen die Wirbelsäule als „Mittelgräte". Echte Gräten sind nur die kleinen, frei in der Muskulatur liegenden Stützelemente (verknöcherte Sehnen), die keine Verbindung zu Kopf, Flossen oder Wirbelsäule haben.

Die inneren Organe

Den meisten Platz in der Leibeshöhle nimmt der Verdauungskanal ein. Über Maul und Speiseröhrenschlund gelangt die Nahrung in den Magen, bei einigen Arten direkt in den vordersten Darmteil. Fleischfresser haben einen kurzen, Pflanzenfresser einen stark geschlängelten, langen Darm. Speicheldrüsen haben Fische nicht, wohl aber Leber, Galle und Bauchspeicheldrüse.

Der Bau der Knochenfische am Beispiel eines Barsches.

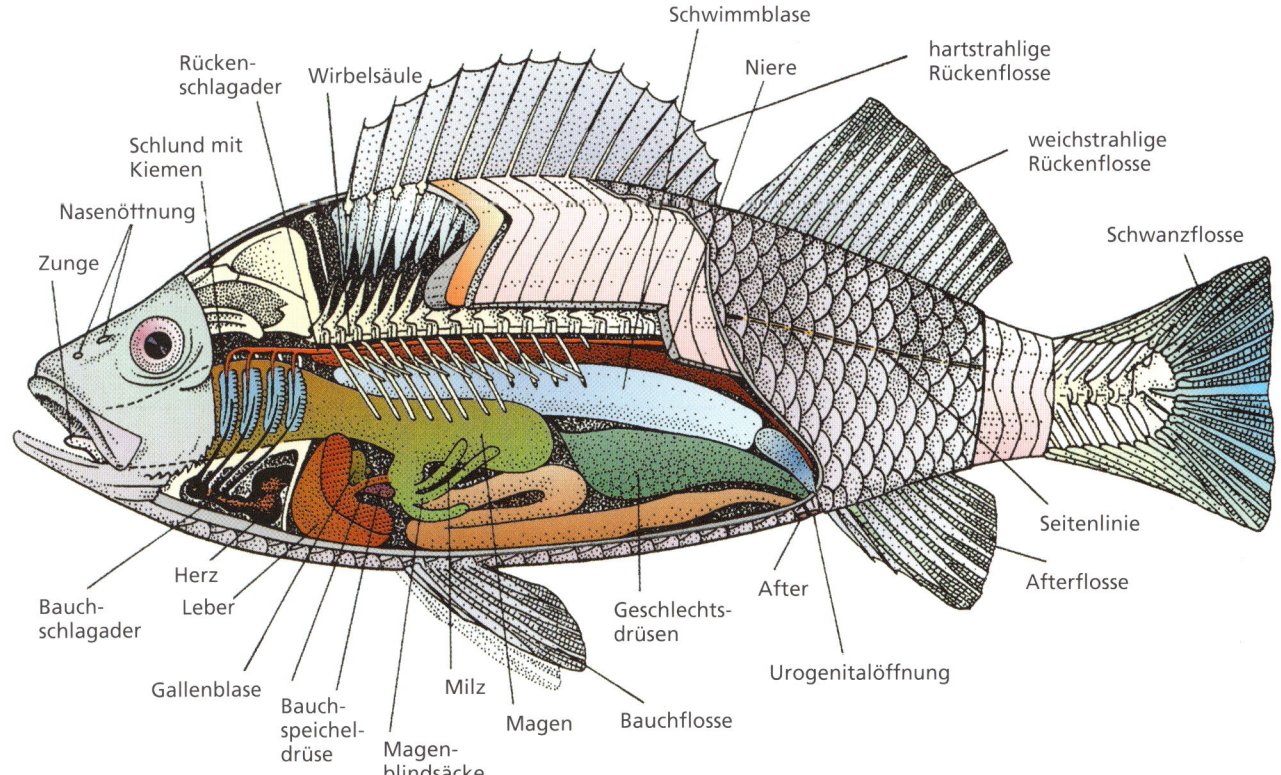

Trinken Fische?

Um diese alte Aquarianer-Frage zu beantworten, muß man zwischen Meerwasser- und Süßwasserfischen unterscheiden: Meerwasserfische ja, Süßwasserfische im Prinzip nicht.

Das Meerwasser ist salziger und enthält mehr gelöste Stoffe als „der Fisch selbst". Da ein Bestreben nach Konzentrationsausgleich besteht (Diffusion, Osmose), verliert der Fisch über seine Körperoberfläche Wasser. Dies gleicht er durch Trinken wieder aus. Das dabei notgedrungen mit aufgenommene Salz wird über die Kiemen und sehr konzentrierten Urin wieder ausgeschieden.

Im Süßwasser ist es umgekehrt: Das „Fischinnere" ist konzentrierter als das umgebende Wasser, es tritt also durch die Körperoberfläche Wasser in den Fisch ein, welches über die Nieren wieder ausgeschieden werden muß. Trinken brauchen Süßwasserfische also nicht; sie nehmen nur eher zufällig kleine Wassermengen auf.

Die Kiemen

Kiemen sind ein typisches Fischmerkmal: Außer bei Amphibienlarven treten sie bei keiner anderen Tiergruppe auf. Einige Fischarten haben noch zusätzliche Atmungsorgane, die bei der Beschreibung der Fischgruppen im folgenden Kapitel vorgestellt werden.

Die Kiemen sind empfindliche, stark durchblutete Hautlamellen (Kiemenblättchen), die ständig von Atemwasser umströmt werden. Seitlich am Kopf gelegen, werden sie durch die Kiemendeckel geschützt. An der Bewegung der Kiemendeckel kann man die Atemfrequenz erkennen.

Das Blut strömt aus dem Körper zum Herzen, wird zu den Kiemen und dort in die feinsten Blutgefäße gepumpt, wodurch eine gewisse Aufenthaltsdauer gegeben ist. Hier gelangt aus dem umgebenden Wasser Sauerstoff ins Blut; gleichzeitig werden Kohlendioxid und „Abfallstoffe" ans Wasser abgegeben. (Die Niere scheidet viel Wasser, aber nur wenig darin gelöste Stoffwechselendprodukte aus.)

Größe und Alter

Alle Fische wachsen Zeit ihres Lebens, nach der Geschlechtsreife allerdings nur noch sehr langsam. Nur ungünstige Lebensbedingungen und der Alterstod beenden dieses potentielle Dauerwachstum. Süßwasserfische erreichen Größen zwischen wenig mehr als einem Zentimeter und über vier Meter (Arapaima).

Die Lebensdauer von Fischen schwankt zwischen einem Jahr und mehreren Jahrzehnten. In der Obhut des Menschen ist meist eine höhere Lebenserwartung als in der freien Natur gegeben.

Nachwuchs im Aquarium

Bei sachgerechter Pflege werden die Fische im Aquarium irgendwann einmal einen körperlichen Reifestatus erreicht haben, wo das Fortpflanzungsverhalten zu den ganz normalen Lebensäußerungen zählt. Andererseits kann die Fortpflanzungstätigkeit auch als Bestätigung dafür gesehen werden, daß man den Fischen zusagende

In der Leibeshöhle liegen ferner die Milz, unterhalb der Wirbelsäule die Niere und die inneren Geschlechtsorgane, also Hoden oder Eierstöcke.

Nur bei den Fischen, und auch hier nicht bei allen Arten, findet sich eine **Schwimmblase.** Dieser dünnhäutige Sack enthält ein Gasgemisch aus Sauerstoff, Stickstoff und Kohlendioxid und dient als Schwebeorgan. Bei vielen bodenlebenden Fischen wird die Schwimmblase nach dem Larvenstadium zurückgebildet.

Ihre erste Füllung nach dem Schlupf der Jungfische erhält die Schwimmblase durch aktives Luftschlucken an der Wasseroberfläche; danach findet der Gasaustausch (z.B. zum Druckausgleich in wechselnder Wassertiefe) über den Blutkreislauf statt.

Die langflossige Form der Prachtbarbe (Barbus conchonius) *entstand durch gezielte Zuchtauslese aus der normalflossigen Form.*

Lebensbedingungen geschaffen hat.

Bei vielen Fischen findet die Fortpflanzung spontan im Haltungsbecken statt, andere benötigen dazu bestimmte Auslösereize. Wieder andere Fische werden im Haltungsaquarium zwar geschlechtsreif, laichen unter Umständen auch ab, jedoch sterben die Eier, weil für die *Haltung* der Fische härteres Wasser ausreicht, die Entwicklung der Eier und Jungfische aber weicheres Wasser erfordert. Solche Fische (viele Salmler und Barben) müssen in separat bereitgestellten Zuchtaquarien mit genau vorbereitetem Wasser gezüchtet werden. Uns sollen hier in erster Linie einmal die Fische interessieren, die sich auch im Haltungsbecken fortpflanzen.

Wesentliche Voraussetzung, damit eine Fortpflanzung überhaupt stattfinden kann, ist natürlich das Vorhandensein männlicher und weiblicher Tiere. Nur selten wird man beim Kauf der Tiere im Zoofachhandel bereits erkennen können, was Männlein und Weiblein wird. In der Regel werden Jungtiere verkauft, die sich auch besser in ihre neue Umgebung einleben können.

Beim Guppy gibt es deutliche Geschlechtsunterschiede: Oben das unscheinbarere, größere Weibchen, unten das farbige Männchen mit der zum Gonopodium (Begattungsorgan) umgebildeten Afterflosse.

Wenn Ihnen der Zoohändler also empfiehlt, mehrere Tiere, am besten zehn oder mehr, einer Art zu kaufen, so hat das durchaus seinen Sinn. Bei mehreren Tieren ist die Chance natürlich größer, ein ausgewogenes Verhältnis an Geschlechtern zu erwerben. Außerdem sollten viele beliebte Aquarienfische sowieso nicht „paarweise" gepflegt werden, weil es sich oft um Schwarmtiere handelt, die sich nur unter ihresgleichen wohlfühlen.

Viele Arten sind auch recht wählerisch (zum Beispiel Buntbarsche) was die Wahl des Partners anbelangt. Wenn man mehrere Jungtiere kauft, erhöht sich natürlich die Chance, daß „zwei sich finden".

Tiere nur eines Geschlechts zu halten, aus welchen Gründen auch immer, ist nicht nur unnatürlich, sondern man bringt sich auch um den aufregendsten und interessantesten Teil, den die Aquaristik zu bieten hat, nämlich die Beobachtung der verschiedenen Fortpflanzungsweisen. Viele Fische zeigen auch erst „Farbe", wenn beide Geschlechter vorhanden sind.

Geschlechtsunterschiede

Nun müssen Sie noch wissen, wie man bei Fischen überhaupt Männlein und Weiblein unterscheidet. Das ist nicht immer ganz einfach und kann hier auch nicht bis ins Detail abgehandelt werden. Nähere Einzelheiten sind in der entsprechenden Fachliteratur zu finden. Die folgenden allgemeinen Hinweise können als Anhaltspunkt dienen.

Flächig rot gefärbte Zuchtform des Zwergfadenfisches (Colisa lalia, Männchen).

Balzstimmung.

Am sichersten ist die Unterscheidung bei lebendgebärenden Fischen. Die Afterflosse der Männchen ist zu einem typischen Begattungsorgan, dem Gonopodium, umgestaltet, während die Weibchen eine normale Afterflosse besitzen. Meist werden die Weibchen auch größer als die Männchen. Bei Guppies sind die Männchen außerdem farbenprächtiger und bei Schwertträgern zeigen nur die Männchen den schwertartigen Fortsatz der Schwanzflosse. Schwertträgerweibchen können sich übrigens in Männchen umwandeln, die dann kräftiger sind als Tiere, die von vornherein Männchen waren.

Bei vielen verschiedenen Fischfamilien sind die unpaaren Flossen (Rücken-, After- und Schwanzflosse) der Männchen länger oder spitzer auslaufend als die der Weibchen. Oft sind die Männchen auch farbiger als die Weibchen (viele Labyrinther und Buntbarsche). Bei vielen Zwergbuntbarschen zeigen die Weibchen während der Balz und Brutpflege ein typisches schwarzes Muster auf gelbem Grund, das den Männchen fehlt.

Auslösende Faktoren

Manche Fische vermehren sich spontan, wie bereits erwähnt, ohne daß man etwas dagegen tun könnte. Dazu gehören zum Beispiel fast alle lebendgebärenden Zahnkarpfen, die vor allem dem Anfänger das erste Hochgefühl der eigenen Nachzucht im Aquarium vermitteln.

Andere benötigen bestimmte auslösende Faktoren. Das sind in der Regel Reize aus der Umwelt, die dem Organismus das Signal zur Fortpflanzung geben. Bei vielen tropischen Fischen ist die Regenzeit das auslösende Signal. Durch häufigen Wasserwechsel in kurzen Zeitabständen kann Regenzeit simuliert werden. Wenn dabei die Härte noch etwas abgesenkt und das nachgefüllte Wasser etwas kühler ist, klappt es meistens.

Manche Fische, vor allem Wildfänge, sind noch an die zeitlichen Abläufe ihrer Heimat angepaßt. Sie lassen sich meist nur dann zum Ablaichen stimulieren, wenn in ihrer Heimat auch Regenzeit ist. Bei Panzerwelsen genügt oft bereits eine Temperatursenkung, um die Fortpflanzung anzuregen. Bei Laby-

rinthfischen sind fallender Wasserstand und Temperaturerhöhung auf bis zu 30 °C der Auslöser.

Vielfach kann auch ein ganz bestimmtes Futter ausschlaggebend sein, daß Fische Laich ansetzen. Schwarze Mückenlarven wirken bei verschiedenen Fischen förderlich. Darüber hinaus gibt es viele Fische, zum Beispiel die Prachtschmerle (*Botia macracantha*), wo man die auslösenden Faktoren noch nicht genügend kennt oder nicht effektiv genug simulieren kann. Hier ist noch ein weites Betätigungsfeld für forschende Naturen. Es wäre nicht das erste Mal, daß Aquarianer ein solches Geheimnis lüften.

Außer diesen auslösenden Reizen benötigen die meisten Fische auch noch bestimmte Substrate, an die die Eier angeheftet werden. Viele Salmler und Barben brauchen kein direktes Laichsubstrat, bevorzugen aber bestimmte Pflanzen, zwischen denen abgelaicht wird.

Jungfische im Haltungsaquarium

Wer nicht unbedingt Wert auf hohe Jungfischzahlen legt, kann durch geschickte Einrichtung des Haltungsaquariums dafür sorgen, daß immer einige Jungfische hochkommen. Dabei ist es noch nicht einmal erforderlich, spezielles Futter anzubieten. Mit feinfiedrigen Pflanzen dicht bepflanzte Ecken oder dichte Moospolster und ein mit Schwimmpflanzen abgedeckter Teil des

Bevölkerungsexplosion.

Aquariums bieten Jungfischen Schutz vor ihren gefräßigen Mitinsassen und gleichzeitig viele Kleinstlebewesen als ideale Erstnahrung.

Viele anspruchslose Salmler werden in solcher Umgebung regelmäßig für „Verstärkung" im Schwarm sorgen. Auch Regenbogenfische, Hechtlinge und viele andere werden auf diese Weise den Bestand ständig ergänzen oder vergrößern. Lebendgebärende werden Ihnen in einem solchen Aquarium sehr bald mehr Nachwuchs bringen als Ihnen lieb ist. Trächtige Weibchen von Lebendgebärenden in Ablaichkästen zu sperren, um ihre Jungen zu gebären, ist unnatürlich und mit Streß für das Muttertier verbunden.

Zuchtbecken

Wer auf möglichst viele Fischkinder Wert legt, wird um die Einrichtung eines Zuchtbeckens nicht herumkommen. Sei es um den gesamten Fortpflanzungsvorgang von vornherein in diesem Becken ablaufen zu lassen, sei es, um aus dem Haltungsaquarium entnommenen Laich oder Jungfische aufzuziehen.

Weibchen von **Apistogramma cacatuoides** *in typischer gelbschwarzer Brutpflegefärbung mit Jungfischen.*

Alle nicht brutpflegenden, eierlegenden Fische (Salmler, Barben und andere) wird man bereits im Zuchtbecken ablaichen lassen, um möglichst zahlreichen Nachwuchs zu erhalten.

Als Zuchtbecken wählt man ein Glasaquarium, das je nach Größe der Fische 10 bis 30 l Fassungsvermögen hat. Das Becken erhält keinen Bodengrund und alle Einrichtungsgegenstände müssen vorher gründlich mit heißem Wasser gesäubert werden. Die Grundeinrichtung besteht aus: Heizung, schwach perlendem Ausströmer und je nach Fischart erforderlichem Laichsubstrat.

Für viele Fische geeignet und praktisch (weil leicht zu reinigen und wiederverwendbar) ist ein Büschel aus zusammengebundenen Wollfäden (Kunstfaser), die man mit einem Sauger am oberen Rand befestigt oder an einem Kork hängend treiben läßt. Boden-, Rück- und Seitenscheiben werden abgedunkelt (dunkle Pappe oder Anstrich).

Da die meisten der in solchen Aquarien zu vermehrenden Fische ihren Laich als willkommene Nahrung ansehen, muß dies möglichst verhindert werden, zum Beispiel durch Auslegen von Glasmurmeln von etwa 20 mm Durchmesser. Die Eier fallen dazwischen und sind weitgehend sicher. Beim Einsetzen der Elterntiere und der Wahl des richtigen Zuchtwassers verfahren Sie nach den Angaben bei unseren Fischbeschreibungen und in der einschlägigen Literatur.

In der Regel werden die Zuchttiere abends eingesetzt, der Laichvorgang findet dann am nächsten Morgen statt. Anschließend müssen die Eltern sofort entfernt werden. Zur Überführung von Laich oder Jungfischen aus dem Haltungsaquarium wird das Zuchtbecken zunächst mit Wasser aus dem Haltungsaquarium gefüllt. Dann wird der Laich mitsamt der Unterlage (Stein, Pflanze etc.) aus dem Haltungsaquarium entnommen und in das Zuchtbecken gebracht.

Panzer- und Harnischwelse laichen oft an der Glasscheibe. Man kann den Laich mit einer Rasierklinge vorsichtig entfernen und in das Zuchtbecken überführen. Bereits schwimmfähige Jungfische saugt man am besten mit einem Schlauch ab und bringt sie dann zusammen mit dem abgesaugten Wasser in das Zuchtbecken.

Ei- und Jungfischentwicklung

Ob nun die Fische direkt im Zuchtbecken abgelaicht haben oder ob Sie Laich aus dem Haltungsaquarium in das Zuchtbecken überführt haben (gleiche Wasserwerte beachten!), in beiden Fällen beginnt nun die erste Phase im Leben der Fische. Innerhalb weniger Stunden bis mehrerer Tage (je nach Art) entwickelt sich im Ei eine kleine Larve. Bei entsprechend großen und transparenten Eiern kann man den Fortschritt der Entwicklung mit der Lupe beobachten.

Nach einer gewissen Zeit sprengen die Larven die Eihüllen. Sie sind zu diesem Zeitpunkt noch nicht in der Lage zu schwimmen oder zu fressen. Je nach Fischart hängen sie mit speziellen Haftorganen an Scheiben und Einrichtungsgegenständen oder liegen auf dem Boden. Einige Tage zehren sie nun von dem im Dottersack „mitgebrachten" Nahrungsvorrat und entwickeln sich weiter, bis sie eines Tages frei im Becken umherschwimmen und nach Nahrung suchen.

Die Jungfischentwicklung am Beispiel des Riesenguramis. Nach dem Schlüpfen zehren die Larven einige Tage vom Dottervorrat und wachsen heran. Am sechsten Tag beginnen sie umherzuschwimmen und Nahrung zu suchen.

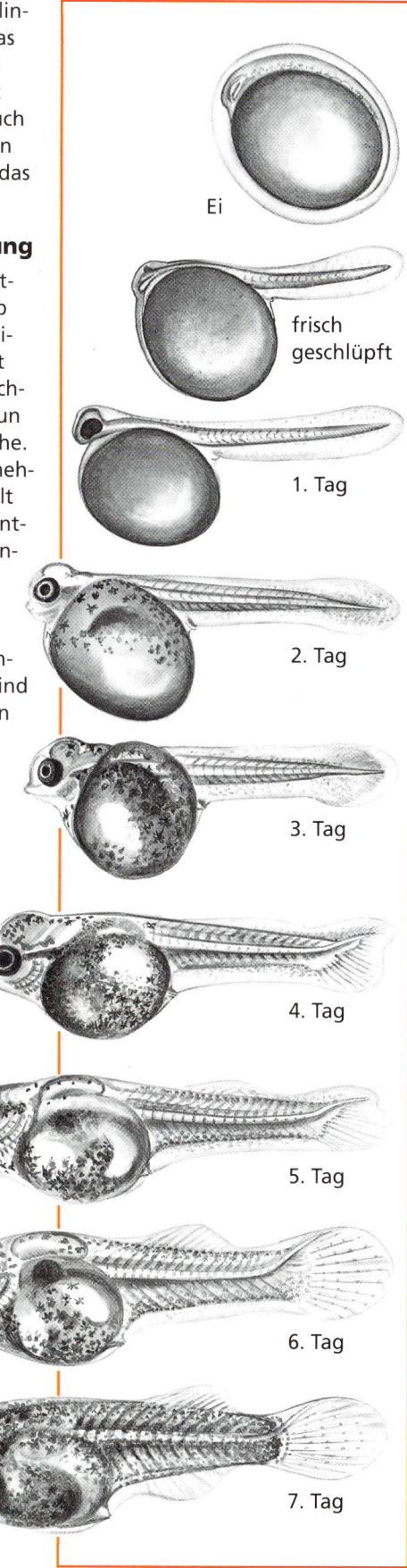

Ei

frisch geschlüpft

1. Tag

2. Tag

3. Tag

4. Tag

5. Tag

6. Tag

7. Tag

Fortpflanzung und Brutpflege der Fische

Fische haben im Laufe der Evolution die verschiedenartigsten Fortpflanzungsstrategien und damit verbundene Brutpflegeverhalten entwickelt. Die Palette reicht vom einfachen Abgeben der Geschlechtsprodukte ins Wasser bis zu hochspezialisierter Brutpflege oder gar Lebendgebären.

Die allermeisten Fische sind Eierleger. Die Eier werden entweder frei ins Wasser abgegeben oder auf ein Substrat geheftet und anschließend befruchtet. Fische, die keine Brutpflege betreiben, legen pro Laichakt sehr viele kleine Eier, um die hohe Verlustrate während der Entwicklung und dem Heranwachsen der Jungfische auszugleichen.

Je weiter die Brutpflege entwickelt ist, desto weniger und größer werden die Eier. Durch die Brutpflege der Eltern wird die Gefahr des Gefressenwerdens vermindert, so daß geringere Eizahlen genügen, um den Fortbestand der Art zu sichern.

Eine besonders hoch entwickelte Form der Brutpflege findet man bei den lebendgebärenden Fischen, wie zum Beispiel den lebendgebärenden Zahnkarpfen. Hier findet die gesamte Entwicklung von der Besamung bis zum fertigen, selbständig lebensfähigen Jungfisch im Schutz des Mutterleibes statt. Die Männchen dieser Fische besitzen ein besonderes Begattungsorgan (Gonopodium), das durch

Schmetterlingsbuntbarsch (**Papiliochromis ramirezi**), *ein Paar am Gelege.*

Umbildung der Afterflosse entstanden ist.

Auch Fische balzen

Am Anfang der Fortpflanzungsaktivitäten steht das Balzverhalten. Bestimmte Verhaltensabläufe, oft gekoppelt mit bestimmten Färbungen und Zeichnungsmustern, dienen dazu, die Abgabe der Geschlechtsprodukte beider Partner zu synchronisieren, das heißt, dafür zu sorgen, daß beide Partner zur gleichen Zeit und am richtigen Ort Eier und Spermien abgeben.

Eng verwandte Arten, die im gleichen Biotop vorkommen, verfügen oft über ein sehr unterschiedliches Balzverhalten, wodurch eine Kreuzung vermieden wird. Je nach Fischgruppe kann das Balzverhalten mehr oder weniger stark ausgeprägt sein. Bei vielen nicht brutpflegenden Arten (Salmler, Barben usw.) ist es wenig auffällig und dauert meist nur wenige Stunden. Arten mit stark ausgeprägter

Brutpflege, wie zum Beispiel die Buntbarsche verfügen über ein umfangreiches Repertoire an Balzverhaltensweisen.

Mit dem Balzverhalten geht bei brutpflegenden Arten auch die Besetzung eines Brutterritoriums einher, das heftig gegen Artgenossen verteidigt wird. Wenn dabei nicht selten von einem Paar das ganze Aquarium als eigenes Territorium beansprucht wird, kann es zu erheblichen Komplikationen kommen, da die übrigen Artgenossen nicht ausweichen können und deshalb oft stark verletzt werden.

Der Laichvorgang

Je nachdem, wo die Fische ihre Eier ablegen, unterscheidet man sogenannte Freilaicher und Substratlaicher. **Freilaicher** geben Eier und Spermien einfach ins Wasser

ab und kümmern sich nicht weiter darum. Das kann im freien Wasser oder zwischen Pflanzenbeständen geschehen. Die Eier fallen entweder zu Boden oder bleiben an den Pflanzen kleben. Viele Salmler, Barben und Regen-

Nest des Riesenguramis, das aus dem Zuchtteich genommen und geöffnet wurde, um das Gelege zur künstlichen Aufzucht zu entnehmen.

bogenfische laichen auf diese Art und Weise.

Substratlaicher heften ihre Eier auf eine bestimmte Unterlage, ein Substrat. Dazu können Steine, Pflanzenblätter, Holz oder auch Schaumnester dienen. Substratlaicher üben meist eine mehr oder weniger stark ausgeprägte Brutpflege aus. Je nach Art und Dauer unterscheidet man verschiedene Typen der Brutpflege.

Pflege der Eier und Larven

Als sehr interessante Vertreter dieser Gruppe wären die Labyrinthfische zu nennen, die eine besondere Art von Laichsubstrat selbst produzieren: das Schaumnest. Die Männchen nehmen von

der Wasseroberfläche Luftblasen ins Maul, umgeben sie mit einem zähen Schleim und spucken sie wieder aus, bis ein dickes Polster von Luftblasen entstanden ist, in das die Weibchen die Eier abgeben.

Nach dem Laichakt wird das Weibchen vom Männchen vertrieben, das dann das Nest mit den Eiern und den später schlüpfenden, noch nicht schwimmfähigen Larven gegen Freßfeinde verteidigt. Während dieser Zeit wird das Nest auch immer wieder durch neue Luftblasen ergänzt.

Der größte Labyrinthfisch, der Riesengurami *(Osphronemus gurami)* zeigt eine besondere Form des Nestbaus. An überhängenden Wurzeln oder an Schilfstengeln wird ein großes Nest aus verschiedenen Pflanzenteilen gebaut, das an ein mit der Öffnung nach unten zeigendes Vogelnest erinnert. Wenn der Laichvorgang abgeschlossen ist, wird die Öffnung vom Männchen verschlossen und das Nest be-

wacht, bis die Jungfische es verlassen. Der Riesengurami gilt in Asien als beliebter Speisefisch und wird in speziellen Anlagen auch gezüchtet. Die Züchter lassen die Fische auf natürliche Weise ablaichen und entnehmen dann die Nester, um die Jungen künstlich großzuziehen.

Pflege der Jungfische

Zu den Fischen, die auch noch die schwimmfähigen Larven und Jungfische über einen langen Zeitraum betreuen, gehören vor allem die Cichliden (Buntbarsche). Abgelaicht wird auf offenliegenden Steinen, in Höhlen oder an Pflanzenblättern. Das Gelege und später auch die geschlüpften Larven und Jungfische werden heftig gegen Eindringlinge verteidigt. Die Eier werden durch „Belutschen" gepflegt und saubergehalten.

Wenn der Zeitpunkt des Schlüpfens gekommen ist, werden die Larven aus den Eihüllen gekaut und in vorbereitete Gruben verfrachtet oder mit speziellen Klebedrüsen an Pflanzenblätter „angeheftet". Während der Entwicklungszeit der frisch geschlüpften Larven bis zum Freischwimmen werden sie öfter umgebettet und von Zeit zu Zeit von den Eltern „belutscht".

Nach dem Freischwimmen zeigen die Eltern besondere Verhaltensweisen und Zeichnungsmuster, über die sie mit den Jungen kommunizieren. Cichlideneltern, die

Junge führen, sind besonders aggressiv. Diskusfische sondern ein Hautsekret ab, von dem sich die Jungen während der ersten Lebenstage ernähren.

Maulbrutpflege

Dies ist eine hochspezialisierte Form der Brutpflege, die bei verschiedenen Fischfamilien entwickelt

wurde. Am bekanntesten sind wohl die maulbrütenden Cichliden aus den afrikanischen Seen. Bei der höchstentwickelten Form der Maulbrutpflege werden die Eier

sofort nach dem Ablaichen vom Weibchen ins Maul genommen. Die ganze Entwicklung der Eier und der Larven findet im schützenden Maul statt.

Erst die freischwimmenden, sehr weit entwickelten Jungfische werden zur Nahrungssuche aus dem Maul entlassen und flüchten bei Gefahr dorthin zurück, bis sie dafür zu groß sind.

Viele Fischgruppen zeigen Übergangsformen zwischen Offenbrutpflege und Maulbrutpflege. So werden beispielsweise die Eier normal auf dem Substrat gepflegt und erst die geschlüpften Larven werden ins Maul genommen.

Je nachdem, wer sich bei den brutpflegenden Arten um das Gelege und die Jungfische kümmert, unterscheidet man verschiedene Familienformen, wie zum Beispiel Elternfamilie, Mutterfamilie, Vaterfamilie und so weiter. Verständlicherweise kann im vorliegenden Rahmen nicht in letzter Ausführlichkeit auf das gesamte Spektrum von Fortpflanzungs- und Brutpflegeverhalten eingegangen werden. Wer sich näher für dieses aufregende Gebiet der Aquaristik interessiert, sei auf die einschlägige Literatur verwiesen.

Macropodus opercularis: *Paar am Schaumnest.*

Diese sogenannten Ballon-Mollies sind ein Negativbeispiel für „Zuchtbemühungen". Die Ballonform entstand durch Wirbelsäulenverkrümmung.

Manche Zuchtformen sind nicht mehr fortpflanzungsfähig, wie dieser Schwertträger mit überlangem Gonopodium.

Tischlein deck dich ...

Zu einer verantwortungsvollen Aquarienhaltung gehört neben arttypisch gestalteter Umwelt auch eine Ernährung, die den Bedürfnissen der Fische gerecht wird. Da Aquarienfische wohl nur sehr selten die Gelegenheit haben werden, in ihrem Lebensraum das ihrer Gewohnheit entsprechende Futter vorzufinden, sind wir Aquarianer gehalten, es ihnen zu bieten. Welche Futteransprüche die einzelnen Arten stellen, entnehmen Sie bitte den Einzelbeschreibungen im nächsten Kapitel und der einschlägigen Literatur.

Man unterscheidet im wesentlichen drei Ernährungstypen: Karnivore oder Fleischfresser, Omnivore oder Allesfresser und Herbivore oder Pflanzenfresser. Irgendwo zwischen den beiden letztgenannten sind noch die Limnivoren (Aufwuchsfresser) einzuordnen. Selbstverständlich lassen sich nicht alle Fische stur in eine dieser Gruppen pressen. Sehr oft gibt es Übergangsformen.

Das Verdauungssystem der Fische hat sich im Laufe der Entwicklungsgeschichte an die in ihrem speziellen Lebensraum vorkommende Nahrung angepaßt. Das manifestiert sich unter anderem in der Darmlänge, die proportional zur Verdaulichkeit der Nahrung ist.

Rein karnivore Fische, die mehr oder weniger ausschließlich von Fischen und anderen Wassertieren als Beute leben, besitzen einen sehr kurzen Darm mit einem großen Magen, der vor allem der Aufnahme der großen Beutestücke dient. Da diese Nahrung leicht verdaulich ist, ist kein langer Darm erforderlich. Bei Allesfressern wird der Darm bereits länger, weil schon in gewisser Menge schwerer verdauliche, pflanzliche Kost mitgefressen wird. Der Pflanzenfresserdarm schließlich ist extrem lang und auf schwer verdauliche Pflanzenkost eingestellt.

Dies muß bei der Wahl des Futters und bei der Herstellung von industriell gefertigtem Futter berücksichtigt werden, da sonst erhebliche Verdauungsstörungen eintreten

Jetzt muß mit geeignetem Futter mehrmals täglich gefüttert werden. Wenn die Jungfische bereits groß genug sind, um frischgeschlüpfte Artemia-Nauplien bewältigen zu können, so ist die Aufzucht einfach. Dieses Futter kann man sich aus im Zoofachhandel erhältlichen Eiern selbst erbrüten. Das Verfahren ist einfach, und jede Packung enthält eine Gebrauchsanleitung, weshalb wir uns die Erklärung hier sparen wollen.

Die Jungfische vieler Salmler und Barben sind jedoch so winzig klein, daß sie in den ersten Tagen mit Infusorien (Einzeller, meist Pantoffeltierchen) ernährt werden müssen. Pantoffeltierchen muß man selbst züchten (eine Anleitung ist im Werk von FRIEDRICH/VOLLAND zu finden). Wenn die Winzlinge genügend herangewachsen sind, kann mit Arte-

mia-Nauplien weitergefüttert werden. Einige Zeit später können die Tiere dann langsam an andere Futtersorten (Flockenfutter, Mückenlarven usw.) umgewöhnt werden.

Es versteht sich von selbst, daß das Aufzuchtbecken regelmäßig gereinigt werden muß und mit dem Heranwachsen der Jungfische öfter ein Teilwasserwechsel durchzuführen ist. Eine Filterung über einen luftbetriebenen Schaumstoffpatronenfilter ist ebenfalls ratsam. Statt mit Pantoffeltierchen oder Artemia-Nauplien können die Jungfische auch mit verschiedenen Ersatzfuttern, wie zum Beispiel feinst zermahlenem Flockenfutter oder homogenisiertem Flüssigfutter ernährt werden. Der Aufzuchterfolg ist mit den genannten Lebendfuttern in der kritischen Anfangsphase jedoch besser.

Die heiße Schlacht am kalten Buffet.

können. Auch auf die richtige Art und Zusammenstellung der Rohstoffe für ein Futter kommt es an. Bei industriell gefertigten Markenfuttermitteln können Sie davon ausgehen, daß dem Rechnung getragen wird. Sie müssen lediglich aus dem breiten Angebot das richtige auswählen.

Da trotzdem, vor allem bei selbst gefertigtem Futter, öfter (gut gemeinte) Fehler begangen werden,

hier noch einige Hinweise auf mögliche Gefahren: Auf Proteine von Warmblütern, vor allem reines Muskelfleisch, sollte man als ausschließliche Proteinquelle verzichten. Proteine wasserlebender Organismen (insbesondere Fische) sind weitaus besser geeignet. Vor allem einseitige Ernährung mit Rinderherz oder anderem Muskelfleisch kann zu Mangelerscheinungen führen.

Fette können von Fischen nur

verwertet werden, wenn sie bei der entsprechenden Haltungstemperatur flüssig bleiben, das heißt sehr viele sogenannte ungesättigte Fettsäuren enthalten. Damit scheidet Fett von Warmblütern von vornherein aus, es wird nahezu unverdaut wieder ausgeschieden, verpestet das Wasser und führt zu Darmentzündungen.

Da Aquarienfische nicht die Bewegungsfreiheit haben wie in der freien Natur und auch eher zu viel als zu wenig gefüttert werden, sollte der Fettgehalt im Futter nicht allzu hoch sein. 3 bis 5% können als Anhaltspunkt dienen.

Kohlenhydrate (typische Vertreter sind Zucker und Stärke) stammen aus dem Pflanzenreich und sollten in Verbindung mit Ballaststoffen (pflanzliche Zellwände etc.) wesentlicher Bestandteil im Futter für Pflanzenfresser sein. Futter mit zuviel Protein und zuwenig Ballaststoffen hält den langen Darm der Pflanzenfresser zu wenig „in Schwung". Manche Fische, die auf pflanzliche Kost angewiesen sind, und die diese nicht in ausreichendem Maße erhalten, werden dies durch entsprechende Selbstbedienung an Aquarienpflanzen zum Ausdruck bringen. Prachtschmerlen können, vor allem als größere Tiere, großblättrige Pflanzen „herrlich perforieren".

Flockenfutter

Flockenfutter werden heutzutage nach komplizierten Rezepturen hergestellt und sind absolut kein minderwertiges Ersatzfutter, wie es allzuoft hingestellt wird. Ohne die professionell hergestellten Flockenfutter wäre die Aquaristik heute nicht das, was sie ist. Flockenfutter von Markenherstellern enthält alle für die Ernährung der Fische notwendigen Bestandteile. Durch Kombination unzähliger Rohstoffe und gezielte Vitaminisierung ist das Auftreten von Mangelerscheinungen ausgeschlossen.

Flockenfutter gibt es in vielen verschiedenen Formen und Zusammensetzungen, entsprechend den Ernährungsgewohnheiten der

Futtertabletten, an die Scheiben geheftet, sind ein willkommener Leckerbissen.

Verschiedene Flockenfutter, Futtertabletten, granuliertes Futter, Staubfutter und gefriergetrocknetes Futter.

Lebendfutter

Trotz aller Vorteile des Flockenfutters – einen Nachteil hat es: Es bewegt sich nicht. Es gibt bestimmte Fische, die partout nicht an Flockenfutter gehen, sei es, weil es sich nicht bewegt, oder weil Geschmack und Form nicht dem gewohnten Futter entsprechen. Viele Importfische kennen gar kein Flockenfutter und müssen erst langsam umgewöhnt werden.

Wer einmal gesehen hat, wie Fische hinter Lebendfutter herjagen, wird diesen Anblick zumindest hin und wieder nicht missen wollen und seinen Fischen diese Abwechslung gönnen. Es gibt verschiedene Wege, an Lebendfutter zu kommen. Man kann es selbst züchten, verschiedene Zuchtansätze sind über den Versand zu beziehen (Adressen in Aquarienzeitschriften), man kann es fangen, oder man kann es (der bequemste Weg) im Zoofachgeschäft kaufen.

Die eigene Zucht von Lebendfutter (vor allem verschiedene Wurmarten und Fliegen) ist sicher nur für Fischzüchter interessant, da sie durchaus zeitaufwendig ist. Selbstfang von Lebendfutter kann eine interessante und gesunde (vor allem mit dem Fahrrad) Freizeitbeschäftigung sein. Aber Vorsicht! Lebendfutter aus Fischgewässern kann Krankheitserreger mit ins Aquarium bringen.

Darüber hinaus werden Sie nur noch selten ein Gewässer finden, wo der Selbstfang von Lebendfutter nicht mit irgendwelchen Eigentums- oder Fischereirechten kollidiert. Wohl dem, der in einem Aquarienverein ist, der eigene Futterteiche hat.

Bleibt also der Gang zum Zoofachhändler als Hauptmöglichkeit, an Lebendfutter zu kommen. Halt, eines hätten wir fast vergessen: Im Sommer können Sie in Regentonnen oder sonstigen Wassergefäßen im Freien schwarze Mückenlarven fangen. Wenn im Aquarium nicht alle gefressen werden, haben Sie jedoch einige Tage später liebe, stechende Zimmergenossen! Die

Fische. Lassen Sie sich bei Ihrem spezialisierten Zoofachhändler beraten. Zu erwähnen wären unter anderem Flocken verschiedener Größe für große und kleine Fische, unterschiedliche Proteingehalte für mehr „fleischlich" oder mehr „pflanzlich" orientierte Fische. Dann wären noch verschiedene **Futtertabletten** für bodenbewohnende Fische zu erwähnen.

Verschiedene Hersteller bieten Informationsbroschüren an, aus denen Sie mehr über das Futter erfahren, als auf eine kleine Dose gedruckt werden kann. Vor allem für die Analysendaten sollten Sie sich interessieren, die, weil es nicht vorgeschrieben ist, oft nicht auf den Dosen zu finden sind. So können Sie schnell feststellen, ob ein Pflanzenfresserfutter wirklich ein Pflanzenfresserfutter ist, oder nur ein anders eingefärbtes Allesfresserfutter.

Noch ein Wort zu den Futterdosen: Flockenfutter besteht aus Naturprodukten, die verderblich sind. Markenhersteller unternehmen alles Erdenkliche, um durch geeignete Verpackung das Futter vor vorzeitigem Verderb zu schützen. Sie geben auch ein Mindesthaltbarkeitsdatum an, das selbstverständlich nur bei ungeöffneter Dose gilt. Vitamine

und freie Fettsäuren sind sehr leicht verderblich. Kaufen Sie deshalb kein Futter, das in Klarsichtbehältnissen (Beutel, Dosen) oder unversiegelt angeboten wird. Futter in einer einmal geöffneten Dose verdirbt schneller. Kaufen Sie also nur solche Gebindegrößen, deren Inhalt Sie in zwei bis drei Monaten verfüttert haben und lagern Sie das Futter möglichst kühl.

„Was es heute wohl gibt?"

gängigsten Lebendfuttertiere zeigt der Kasten.

Frostfutter

Unter Frostfutter versteht man tiefgefrorene Lebendfuttertiere oder Teile davon. Außer den im Kasten aufgeführten Mückenlarven und Kleinkrebsen findet man noch eine Reihe weiterer Sorten. Für das Süßwasseraquarium kommen noch ausgewachsene Artemia (Salinenkrebschen), Fischfilet (für Raubfi-

Salinenkrebschen (Artemia).

sche) oder Rogen von Fischen (sehr fett!) in Frage!

Frostfutter muß vor Verfütterung komplett aufgetaut werden, um Verdauungsstörungen zu vermeiden. Für die Lagerung gelten die gleichen Regeln wie für tiefgefrorene Lebensmittel. Frostfutter hat, wenn es sachgerecht gelagert und beim Auftauen nicht zu lange gewässert wird, den gleichen Nährstoffgehalt wie Lebendfutter.

Gefriergetrocknetes Futter

Gefriergetrocknetes Futter ist tiefgefrorenes Lebendfutter, dem anschließend unter Vakuum die Feuchtigkeit entzogen wurde. Bei dieser Methode bleibt der volle Nährstoffgehalt erhalten, Krankheitserreger werden abgetötet, und das Futter hat die Haltbarkeit von Flockenfutter. Die meisten Hersteller von Flockenfutter bieten als Sortimentsbereicherung auch gefriergetrocknetes Futter an. Oft wird der Ausdruck FD-Futter verwendet (FD = freeze dried). Mit gefriergetrocknetem Futter lassen sich viele Lebendfutterfresser an Flockenfutter gewöhnen. Außerdem dient es als Abwechslung auf dem Speiseplan.

Lebendfutter

Weiße Mückenlarven

Larven der Büschelmücke *Corethra*. Ausgezeichnetes, unbelastetes Lebendfutter, das nur in sau-

Büschelmückenlarve (Corethra)

beren Gewässern vorkommt. Wegen des durchscheinenden Aussehens auch als Glasstäbchen bezeichnet. In feuchtes Zeitungspapier eingeschlagen im Kühlschrank monatelang haltbar. Fertige Mükken stechen nicht.

Rote Mückenlarven

Larven der Zuckmücke *Chironomus*. Rote Mückenlarven werden von allen Fischen sehr gern genommen. Stammen aus belasteten Gewässern, deshalb nur geringe Mengen füttern. Aufbewahrung wie weiße Mückenlarven, jedoch leicht penetranter Ge-

„Rote Mückenlarve" (Zuckmückenlarve, Chironomus).

ruch. Fertige Mücken stechen nicht.

Schwarze Mückenlarven

Gibt es wegen der Stechmückengefahr nur gefroren zu kaufen. Lebende müssen Sie auf eigenes Risiko selbst fangen.

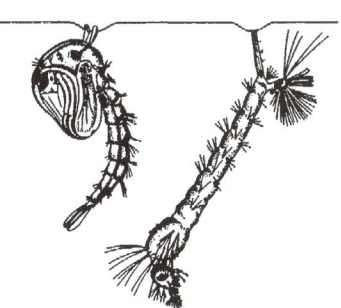

„Schwarze Mückenlarven" sind Larven der Stechmücke Culex (links eine Puppe).

Kleinkrebse

Wasserflöhe *(Daphnia)*, Hüpferlinge *(Cyclops)* und Rüsselkrebschen *(Bosmiden)* sind die gängigsten. Sehr kleinen Jungfischen können *Cyclops* gefährlich werden. Klein-

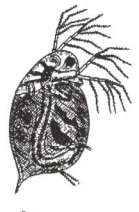

Wasserfloh (Daphnia)

Rüsselkrebschen (Bosmina)

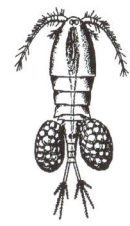

Hüpferling (Cyclops, *hier ein Weibchen mit Eiersäcken*)

krebse sind ernährungsphysiologisch wertvoll, mit hohem Ballaststoffgehalt; alleinige Verfütterung kann jedoch zu Mangelerscheinungen führen. Aufbewahrung im Eimer mit kühlem Wasser; sehr sauerstoffbedürftig.

Tubifex, Schlammröhrenwürmer

Stammen aus belasteten Gewässern. Durch Wässern unter fließendem Wasser für mehrere Tage kann der Schadstoffgehalt gesenkt werden. Trotzdem nur sparsam

Bachröhrenwurm (Tubifex)

füttern, da sehr fett und proteinreich. Nicht gefressene Würmer verkriechen sich schnell im Bodengrund, sterben dort ab und führen zu Fäulnis.

Ein Besuch beim Fischfutterhersteller

Wir betreten in gespannter Erwartung die „heiligen Hallen", sprich den Empfangsbereich im Büro- und Verwaltungstrakt einer namhaften Firma der Heimtierbranche. Richtig, wir sind zu Gast in der Produktionsstätte eines auf Zierfischnahrung spezialisierten Futtermittelherstellers.

Natürlich sind schon hier in der Nähe des Eingangs, wie später auch im Labor- und Testbereich, gepflegte Aquarien zu sehen. Ein freundlicher „Weißkittel" begrüßt uns, um uns nach einigen einführenden Worten und Verhaltensmaßregeln sogleich an den eigentlichen Ort des Geschehens und den Mittelpunkt unseres Interesses zu geleiten.

Vor allem möchten wir die „Dünnschichtflocken" sehen, die vor Jahrzehnten erfunden und seitdem ständig verbessert wurden. Gerade diese Darreichungsform eines Vollwertfutters hat die Aquaristik ja geradezu revolutioniert und bei vielen Pfleglingen zum züchterischen Durchbruch verholfen. Daher steht zunächst die Besichtigung der Flockenfutterfertigung auf unserem Programm.

Dazu folgen wir dem normalen Produktionsverlauf von den Rohstoffen über die (im Detail natürlich geheime) Rezepturmischung zur eigentlichen technischen Verarbeitung der Komponenten. Im Lager harren die Rohstoffe in Silozellen, auf Paletten gestapelte Säcke, in Hochregalen befindliche Fässer und andere Gebinde wie wir der Dinge, die da kommen werden.

Im Vorbeigehen können wir einen Blick auf einige Beschriftungen werfen: Fisch- und Garnelenerzeugnisse, Getreidemehle, Hefe, Algen und vieles mehr sind zu erkennen. Einige Verpackungseinheiten tragen Abkürzungen und unbekannte Bezeichnungen; allzu neugierige Fragen der Besucher werden lediglich mit einem geheimnisvollen Lächeln beantwortet.

Gänzlich verschlossen bleibt der Raum für die „Zusatzstoffe". Wir erfahren, daß hier die Vitamine und einzelnen Nähr- und Wirkstoffergänzungen gelagert und abgewogen werden. Gerade verläßt ein Mitarbeiter diesen Raum, aber mehr als einen flüchtigen Eindruck von einer gelblich-hellbraunen, pulverig aussehenden Mischung in einer Kunststofftrommel bekommen wir nicht mit.

Hier kommt die „Riesenflocke" frisch von der Walze.

Tiefer in den Hallen werden die Gerüche noch intensiver als im Warenlager. Der unbedarfte Fremdling würde sagen: Es stinkt! In Sachen Fischfutter versierte Aquarianer sind sich jedoch rasch einig: Es riecht typisch!

Vom Brei zur Flocke

In der Produktionshalle wird gemischt und angerührt, denn Flockenfutter entsteht aus einem fast dünnflüssigen Teig. Den gilt es zunächst mit Wasser optimal anzurühren, ähnlich dem Pfannkuchen- und Waffelteig in unseren Küchen daheim. Unser Führer erzählt von Mischgenauigkeiten und Rührdrehzahlen, doch wir haben kaum Ohren dafür. Es gibt einfach viel zu viel zu sehen.

Wir betrachten in dieser warmen, dampfenden Hexenküche eine komplette Fertigungslinie für eine bestimmte Flockenvariante genauer. Zunächst erkennt man einen großen, zylindrischen Rührbottich, wo gerade Wasser zufließt. Hier entsteht der fragliche Teig und eine Leitung fördert den Teigmix nun auf ein dröhnendes, vor blankem Metall blitzendes Ungetüm von Maschine.

Aha, das also ist ein sogenannter Walzentrockner, eine von innen beheizte, liegend aufgehängte und unermüdlich rotierende Walze. Ein Pendelarm am Ende der Förderleitung verteilt das Material gleichmäßig. Es entsteht ein dünner Film auf der Trocknungswalze. So wird dem Teig Flüssigkeit entzogen und er wird, kontinuierlich von einem scharfen Messerbalken abgeschabt, zu einer breiten, papierähnlichen Futterbahn. Am unteren Ende der Walze verläßt also quasi eine „Riesenflocke am Stück" diese Produktionsmaschine, um in einem Auffangbehälter zunächst grob zu zerbrechen.

Zur Weiterbehandlung müssen diese großen Flocken nun aber den dampfgeschwängerten Umgebungsbereich der Walzen verlassen, um in dieser hohen Luftfeuchtigkeit nicht wieder zuviel Wasser aufzunehmen. Wir folgen ihnen, das Rauschen und Dröhnen der Technik hinter uns lassend.

Die endgültige Zerkleinerung und Größenklassifizierung sind die nächsten, weit weniger spannenden Schritte. Ein großer Mischer vermengt nun nach den Vorgaben des Produktionsleiters die einzelnen Flockenqualitäten. Aus überdimensionalen Behältern gelangen sie schließlich zur weitgehend automatischen Abfüllung in versiegelte Dosen, wie wir sie aus unserem Zoofachgeschäft kennen.

Andere Futterarten

Zuletzt zeigt man uns noch eine der gerade fleißig vor sich hin stempelnden Tablettenpressen, wo eine andere, besonders bei Bodenfischen beliebte Futtervariante hergestellt wird. Ein völlig trockener Prozeß diesmal, in dem aus mehligpulverigen oder feingrießigen Zutaten durch rein mechanisches Ausformen unter Druck feinste Zierfischhappen entstehen.

Die Besichtigung der Produktionsstraße zur Siebung und Abpackung von (gefrier-)getrockneten, ganzen Futterorganismen wie Wasserflöhen und anderen Kleinkrebsen, Tubifex, diversen Larven und Co. beschließt unseren Besuch. Hier rumpelt und staubt es nicht wenig, und alle Beschäftigten tragen einen Mundschutz.

Tief beeindruckt verlassen wir unsere Gastgeber, nicht ohne uns für das Erlebte zu bedanken. Eins steht fest: Die nächste Portion Futter für unsere Aquarienbewohner betrachten wir mit ganz anderen Augen, ja, vielleicht öffnen wir die Verpackung sogar mit ein bißchen Ehrfurcht.

Auch bei Fischen gibt es Vegetarier.

Grünfutter

Manche Fische legen Wert auf frisches „Grün", auch wenn sie grünfutterhaltiges Flockenfutter in ausreichender Menge erhalten. Viele Harnischwelse, aber auch Schmerlen nehmen frisches Grünfutter als Abwechslung gern an. Was gefressen wird, hängt oft auch vom Geschmack der Tiere ab, hier gilt es zu experimentieren. Die einen mögen rohe Salatgurkenscheiben, die anderen gekochte Kartoffelstücke, Erbsen, überbrühten Spinat, Salat und was Haus und Garten sonst noch zu bieten haben. Der Auftrieb dieses Grünfutters im Wasser läßt sich durch Festklemmen an einem Stein umgehen.

Wie oft und wieviel füttern?

Für ausgewachsene oder nahezu ausgewachsene Fische genügen ein bis zwei Fütterungen am Tag. Für halbwüchsige Fische kann eventuell auch eine dritte Fütterung empfehlenswert sein. Kleine Jungfische müssen fünf- bis sechsmal am Tag gefüttert werden, damit sie möglichst schnell wachsen. Was sie in der Jugend versäumt haben, holen sie später nie wieder nach!

Füttern Sie nur soviel, wie die Fische in zwei bis drei Minuten restlos auffressen können. Es sind schon wesentlich mehr Fische zu Tode gefüttert worden, als an Futtermangel gestorben. Nachtaktive Fische, vor allem Bodenbewohner, sollten abends nach Ausschalten der Beleuchtung eine angemessene Extraration Futtertabletten bekommen.

Frisches Grünfutter (Gurken, Salat etc.) darf bis zu zwei Tage im Wasser verbleiben; wenn dann noch Reste sind, diese entfernen.

Futteraufnahmetypen

Am Körperbau der Fische kann man erkennen, in welcher Wasserregion sie sich bevorzugt aufhalten. Das kann man nicht nur dafür nutzen, ein Aquarium ausgeglichen mit Fischen zu besetzen, son-

dern es läßt auch Rückschlüsse auf die Ernährungsweise zu.

So findet man Fische mit glatter Rückenlinie und nach unten gewölbtem Bauch, die sich an der Wasseroberfläche aufhalten. Das Maul dieser Fische ist schräg nach oben gerichtet (oberständig). Sie suchen ihre Nahrung meist an der Wasseroberfläche. Man kann sie mit Flockenfutter ernähren, lieber fressen sie allerdings gefrierge-

trocknete Insektenlarven und ab und zu auch eine Fliege.

Fische, die sich in den mittleren Wasserschichten aufhalten, haben

Flockenfutter füttert man am besten nicht in einem Futterring. Das Futter kann sich so auf der Wasseroberfläche verteilen, und auch scheue und kleinere Fische haben die Möglichkeit, etwas zu erwischen.

Gesund wie ein Fisch im Wasser?

Leider trifft dieses Sprichwort nicht immer zu. Denn auch im Aquarium können die Fische mitunter alles andere als „gesund wie der Fisch im Wasser" sein. Bevor wir uns jedoch mit möglichen Krankheitserscheinungen bei Aquarienfischen beschäftigen, muß eines von vornher-

mehr oder weniger gleichstark gewölbte Rücken- und Bauchlinien. Das Maul steht ziemlich genau waagerecht (endständig). Solche Fische fressen bevorzugt alles, was sich in den mittleren Wasserschichten findet, sei es herabsinkendes Flockenfutter, Lebend- oder Frostfutter.

Am Boden sitzen Fische, die bei ziemlich geradlinigem Bauch eine mehr oder weniger stark gewölbte Rückenpartie haben. Das Maul ist nach unten gerichtet (unterständig) und trägt Barteln, oder es ist zu einem Saugmaul umgebildet. Diese Fische suchen am Boden

nach Nahrung, die man ihnen in Form von Futtertabletten extra zukommen läßt. Die „Bodenkinder" haben oft auch einen nicht zu unterschätzenden Appetit auf Pflanzliches.

Zwischen diesen drei Typen gibt es natürlich auch Übergangsformen, die mehr nach oben oder nach unten orientiert sind. Reine Oberflächen- und reine Bodenfische verlassen ihr Reich allerdings nur sehr selten.

ein klargestellt werden: Die meisten der in Aquarien auftretenden Krankheiten sind Folgen von nicht zusagenden Haltungsbedingungen.

Das bedeutet aber auch gleichzeitig, daß die beste Krankheitsvorbeugung durch eine den Bedürfnissen der Fische angepaßte Haltung und Fütterung erreicht werden kann. Damit haben Sie als verantwortungsbewußter Aquarianer das beste Mittel in der Hand, Krankheiten erst gar nicht aufkommen zu lassen. Wie heißt doch ein anderes Sprichwort: „Vorbeugen ist besser als heilen."

Eigentlich könnten Sie die Lektüre dieses Kapitels jetzt beenden, denn wenn Sie Ihr Aquarium so pflegen, wie wir bisher versucht haben, Ihnen näherzubringen, sollten Fischkrankheiten eigentlich ein Fremdwort für Sie sein. Trotzdem möchten wir Ihnen für den Fall des Falles hier einige Ratschläge geben und auch einige der häufigsten und vom Aquarianer leicht erkennbaren Krankheiten vorstellen sowie Hinweise zur Heilung geben.

Behandeln Sie Fische nicht auf Verdacht gegen Krankheiten! Jeder Behandlung muß eine einwandfreie Diagnose vorausgehen, der dann eine speziell auf die festgestellte Krankheit abgestimmte Behandlung folgen muß. Bedenken Sie bitte, daß alle Medikamente (auch die bei uns Menschen) nichts anderes als speziell wirksame Gifte sind, die in bestimmter Dosis Erreger abtöten oder lebensunfähig machen, den befallenen Organismus aber (noch) nicht schädigen.

Häufige, grundlose, vorbeugende Behandlung, möglicherweise noch mit reduzierter Dosis, schwächt letztendlich nur den Organismus, den man eigentlich schützen möchte und macht ihn dadurch erst recht anfällig gegen Krankheitserreger. Sie nehmen ja auch nicht laufend vorbeugend Aspirin, nur weil Sie vielleicht nächste Woche Kopfschmerzen bekommen könnten. Ganz davon abgesehen, daß eine Behandlung mit reduzierter Dosis den Erreger oft überhaupt nicht

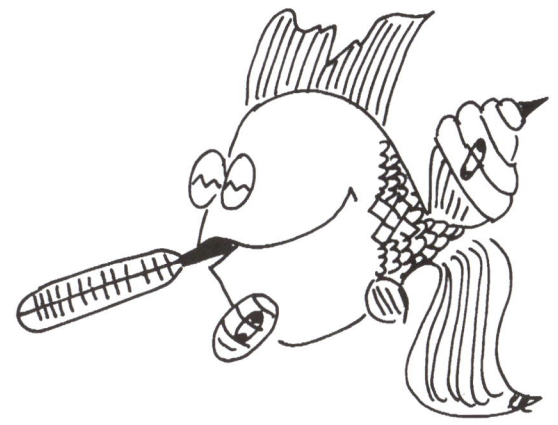

Gesund wie der Fisch im Wasser? Heute leider nicht ...

„juckt", weil eine ganz bestimmte wirksame Dosis erforderlich ist, um Erreger zu schädigen. In vielen Fällen werden Erreger durch „Unterdosis" sogar resistent gegen das Medikament, das dann im Ernstfall überhaupt nicht mehr hilft.

Die sichere Diagnose einer Krankheit setzt eine eingehende und regelmäßige Beobachtung der Fische voraus. Man muß mit den täglichen Lebensäußerungen seiner Fische soweit vertraut sein, daß einem ungewöhnliche Aussehens- oder Verhaltensänderungen sofort auffallen.

Fischkauf

Bevor Sie Fische einkaufen, sollten Sie bereits eine zu Ihrem Aquarium passende Fischgesellschaft geplant haben. Bedenken Sie bei der Berechnung der Fischanzahl, daß die Jungfische auch später als erwachsene Fische noch genügend Platz im Aquarium haben müssen. Als Anhaltspunkt kann folgendes Schema gelten:
Fische mit 2–3 cm Gesamtlänge: 2 Liter Wasser pro Fisch,
Fische mit 3–5 cm Gesamtlänge: 5–6 Liter Wasser pro Fisch,
Fische mit 5–8 cm Gesamtlänge: 8–10 Liter Wasser pro Fisch,
Fische über 8 cm Gesamtlänge: über 10 Liter Wasser pro Fisch.
Kaufen Sie nur gut genährte und äußerlich gesund aussehende Jungfische mit folgenden Merkmalen:
● gerundete, nicht eingefallene Bäuche
● Flossen ganzrandig, ohne Flecken und weißliche Punkte
● Flossen werden nicht geklemmt
● aktive, dem Temperament entsprechende Schwimmweise,

● kein Scheuern an Gegenständen oder heftiges Atmen
● keine weißlichen Punkte auf dem Körper

Die Färbung braucht bei Jungfischen nicht voll ausgebildet zu sein.
Der Händler wird Ihnen die Fische in speziellen Fischtransportbeuteln verpacken. Bringen Sie diese möglichst schnell nach Hause (im Winter mit entsprechendem Schutz gegen Wärmeverlust). Zu Hause angekommen:
● Beleuchtung ausschalten
● Fische im Beutel auf die Wasseroberfläche legen und 15 Minuten schwimmen lassen
● Anschließend Beutel öffnen und portionsweise Wasser aus dem Aquarium in den Beutel schütten, bis sich der Wasserinhalt im Beutel verdoppelt hat
● Fische vorsichtig über einem Eimer in ein Fangnetz schütten und dann ins Aquarium geben
● Transportwasser wegschütten!
● Einige Stunden später kann die Beleuchtung wieder eingeschaltet werden
● Erst am nächsten Tag füttern!

Beachten Sie dabei auch, daß Fische eine gewisse Bandbreite an normalen Verhaltensweisen und Färbungen aufweisen, wozu auch das Balz- und Brutpflegeverhalten gehört. Vor allem Neuaquarianer sind allzu leicht geneigt, hinter jedem „Flossenzucken" eine Krankheit zu vermuten. In solchen Fällen empfiehlt es sich, Rat bei erfahrenen Aquarianern oder Zoofachhändlern zu suchen.

Erst wenn Sie einige Erfahrung im Beurteilen von Krankheitsbildern und Verhaltensweisen der Fische gewonnen haben, können Sie auch beginnen, sich mit einschlägiger Spezialliteratur über Fischkrankheiten zu beschäftigen.

Vergiftungen

Zunächst wollen wir auf Krankheitserscheinungen aufmerksam machen, die eigentlich gar keine sind, sondern durch äußere Einwirkungen, meist Vergiftungen, entstehen. Charakteristisch für solche Erscheinungen ist, daß plötzlich ausnahmslos alle Fische des Aquariums „befallen" sind, während bei Infektionskrankheiten zunächst einige Fische befallen werden und sich die Krankheit dann allmählich auf den gesamten Bestand ausdehnt.

Typische Anzeichen für Vergiftungen sind ruckartiges Schwimmen, Springen über die Wasseroberfläche, heftige Atmung mit möglicherweise dunkel verfärbten Kiemen oder dunkler Körperfarbe.

Die Gegenmaßnahme ist ein sofortiger, möglichst umfassender Wasserwechsel. Zuvor entnimmt man ca. einen Liter Wasser, das man beiseite stellt und nach Beendigung des Wasserwechsels analysiert, um die mögliche Ursache herauszufinden. Selbstverständlich muß die Ursache dann beseitigt werden.

Häufige Ursache für Vergiftungen sind ein hoher Ammonium- oder Nitritgehalt in zuwenig eingefahrenen oder überbesetzten Aquarien. Auch nach einer Behandlung gegen Krankheiten kann der bakterielle Abbau gestört sein und zu einem Anstieg von Ammonium und Nitrit führen. Nitrit ist direkt giftig, während Ammonium nur bei hohen pH-Werten in das hochgiftige Ammoniak übergeht. Beide Stoffe konkurrieren mit den Sauerstoffbindungsstellen im Blut und rufen praktisch Erstickungserscheinungen hervor.

Ein stark erhöhter oder stark erniedrigter pH-Wert verursacht die Laugen- oder Säurekrankheit. Unvorsichtiges Hantieren mit Insektiziden oder Pflanzenschutzmitteln im Wohnraum kann ebenfalls zu Vergiftungen führen.

Weißpünktchenkrankheit

Diese Krankheit, landläufig „Ichthyo" genannt, wird durch den einzelligen Erreger *Ichthyophthirius multifiliis* verursacht und ist die häu-

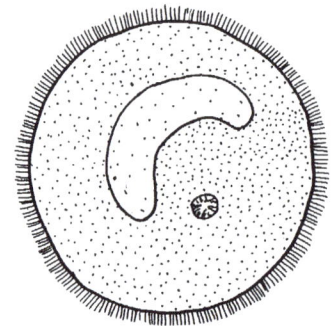

Ichthyophthirius multifiliis.

figste Fischkrankheit überhaupt. Leicht erkennbares Merkmal sind kleine, grieskornartige, weißliche Punkte auf Flossen und Körper der befallenen Fische. Die Krankheit ist mit Medikamenten aus dem Zoofachhandel erfolgreich zu behandeln. Haltungsbedingungen überprüfen!

Pilzbefall

Wattebauschähnliche, weißliche, „haarige" Stellen am Fisch deuten auf einen Befall mit Wasserschimmel *(Saprolegnia)* hin. Befallen werden nur Fische, die bereits durch Verletzungen oder Parasiten vorgeschädigt sind. Der Pilzbefall kann mit Medikamenten aus dem Zoofachhandel leicht behandelt werden. Anschließend muß jedoch die Ursache herausgefunden und beseitigt werden.

Samtkrankheit oder Süßwasseroodinium

Einzellige Erreger der Gattung *Oodinium* sind als kleine, meist gelbliche Pünktchen auf der Haut der Fische zu erkennen. Die Punkte sind wesentlich kleiner als bei *Ichthyophthirius* und rufen ein samtartiges Erscheinungsbild hervor, deshalb der Name Samtkrankheit. Die

Starker Pilzbefall an einem weiblichen Zwergfadenfisch (Colisa lalia).

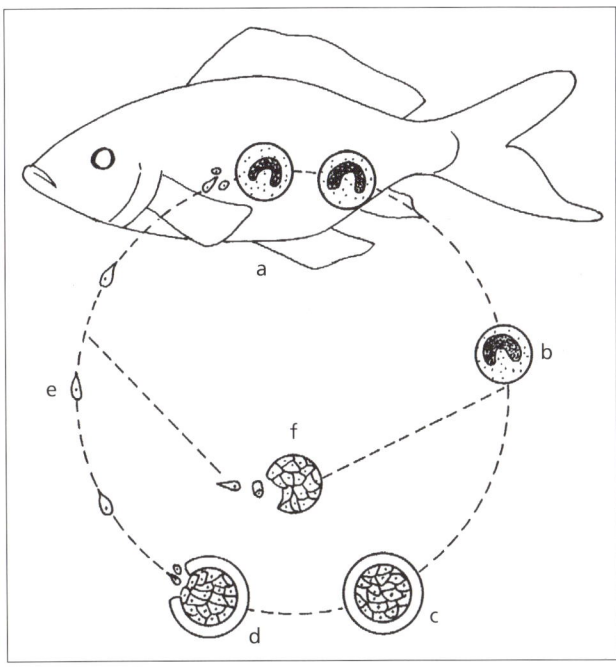

Der Entwicklungszyklus von Ichthyophthirius multifiliis:
a **Fisch mit Parasiten**
b **abgefallener Parasit**
c **am Boden abgekapselter Parasit**
d **schlüpfende Schwärmer**
e **freie Schwärmer befallen den Fisch**
f **ein unreif abgestreifter Parasit bildet Schwärmer ohne Abkapselung**

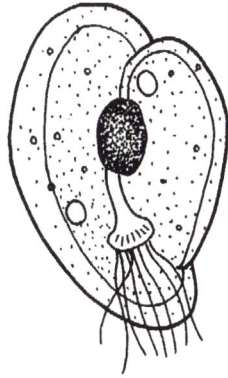

Großer herzförmiger Hauttrüber (Chilodonella).

vor und erfordern meist fachmännische Hilfe zur Diagnose. Viele der selteneren Krankheiten können

Krankheit kann mit Medikamenten aus dem Zoofachhandel bekämpft werden. Oft reicht auch eine mehrtägige Abdunkelung des Aquariums, da die Erreger Chlorophyll besitzen.

Hauttrüber

Milchig-bläulichweiße Hautstellen werden durch sogenannte Hauttrüber *(Costia, Chilodonella)* verursacht. Der Zoofachhandel bietet Medikamente an, die üblicherweise auch gegen *Ichthyophthirius* helfen. Die Behandlung kann unter Umständen bis zu zehn Tagen dauern. Temperaturerhöhung ist förderlich.

Damit hätten wir die häufigsten und auch leicht erkennbaren Krankheiten abgehandelt. Alle anderen Krankheiten (es gibt unzählige) kommen im Aquarium relativ selten

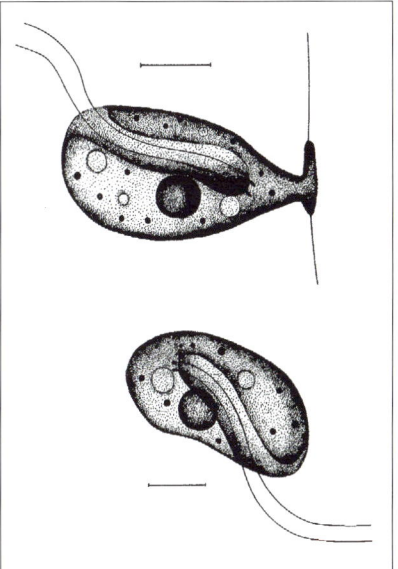

Kleiner bohnenförmiger Hauttrüber (Costia, der Maßstab entspricht 3 μm).

auch mit frei verkäuflichen Medikamenten nicht behandelt werden.

Überlassen Sie den Umgang mit den dafür erforderlichen, verschreibungspflichtigen Medikamenten dem Fachmann. Das ist sicherer, nicht zuletzt auch für Ihre eigene Gesundheit, und erspart Ihnen womöglich auch Ärger mit dem Arzneimittelgesetz. Ein Mittel gegen *Ichthyophthirius* sollten Sie aber auf alle Fälle zu Hause haben. Sie werden sehen, bei artgerechter Pflege Ihrer Fische werden Sie es selten brauchen!

Starker Befall mit Süßwasseroodinium (Piscinoodinium pillularis) *an der Rückenflosse von* Aphyosemion gardneri.

Die Qual der Wahl – die Fischarten

Die hier beschriebenen Fische sind nach ihrer Verwandtschaft in Gruppen zusammengefaßt, und zwar:

- Salmler
- Barben und Bärblinge
- Sonstige Karpfenähnliche
- Schmerlen und Dorngrundeln
- Welse
- Eierlegende Zahnkarpfen
- Lebendgebärende Zahnkarpfen
- Halbschnäbler
- Buntbarsche
- Labyrinthfische
- Ähren- und Regenbogenfische

Innerhalb der Gruppen sind die Arten nach ihren wissenschaftlichen Namen alphabetisch geordnet. Jeder Gruppe ist eine allgemeine Beschreibung vorangestellt, in der gemeinsame Merkmale und allgemeine Pflegehinweise enthalten sind.

In den Artbeschreibungen wird unter dem Stichwort **Herkunft** das ursprüngliche geographische Verbreitungsgebiet der Wildform genannt. In Zeiten des internationalen Handels und der Nachzucht ist damit also nichts über die tatsächliche „Staatsangehörigkeit" eines gerade gekauften Aquarienfisches ausgesagt.

Unter **Lebensraum** werden typische Biotope als bevorzugte Aufenthaltsorte der Wildtiere beschrieben. Doch gibt es unter den tropischen und subtropischen Fischen sehr anpassungsfähige Arten, die sich viele Lebensräume erschlossen haben.

Fische sind in ihrem Äußeren recht variabel, züchterische Veränderungen der Körper- und Flossenformen und der Farben kommen noch hinzu. Die Fotos können daher nicht die ganze „Bandbreite" einer Fischart, wohl aber typische Vertreter zeigen.

Die Größenangaben sind Maximallängen ausgewachsener Tiere.

Die im Abschnitt **Haltung** in Klammern gesetzten Angaben beziehen sich auf die Zucht. Dies können keine Patentrezepte für einen garantierten Nachzucht-Erfolg sein – zu mannigfaltig sind die Faktoren, die im Aquarium zusammenwirken. Es sind aber nützliche Hinweise aus dem gesammelten Erfahrungsschatz vieler Aquarianer und Fischzüchter.

Salmler

Innerhalb der Großgruppe der Karpfenartigen im weiteren Sinne gibt es mehrere Familien der Salmler und salmlerähnlichen Fische. Man kennt über 1 000 Arten; die meisten kommen aus Südamerika, der Rest aus Afrika. Viele beliebte Aquarienfischarten gehören in diese Gruppe.

Die überwiegend friedliebenden, meist recht flinken Fische sind wendige Schwimmer, die in der Natur in großen, oft riesigen Schwärmen zusammenleben. Sie bewohnen fließende und stehende Gewässer, schätzen jedoch stets die Nähe von Pflanzen, in deren Dickicht sie sich zurückziehen können.

Die meisten Arten tragen zwischen der Rücken- und Afterflosse eine kleine Fettflosse.

Weiches Wasser bekommt den Salmlern gut; von einigen Arten werden auch höhere Härtewerte vertragen. Zudem sollte das Wasser sauerstoffreich sein.

Stets sind mindestens sechs bis zehn Tiere einer Art gemeinsam zu pflegen, um das Schwarmverhalten aufkommen zu lassen, das den Tieren eine Art Geborgenheit gibt. Die weitaus meisten Arten gründeln und wühlen nicht, so daß das Wasser schön klar bleibt.

1 Prachtkopfsteher
Anostomus anostomus
Herkunft: Nördl. Südamerika: Guayana, Kolumbien, Venezuela; Amazonas.
Lebensraum: Flache Flußufer, Felsspalten schnell fließender Zonen.
Beschreibung: Vor allem bei der Nahrungssuche, aber auch sonst fast

Fische für jeden Geschmack und passend zur Tapete.

1

Verwendete Abkürzungen

T   Wassertemperatur tagsüber
pH pH-Wert bzw. pH-Bereich
Hä Wasserhärte
Er Ernährungstyp und Fütterungshinweise
C   Carnivore = Fleischfresser (benötigen überwiegend Lebendfutter)
H   Herbivore = Pflanzenfresser (benötigen Pflanzennahrung oder pflanzliches Trockenfutter)
O   Omnivore = Allesfresser (benötigen gemischte Kost)
L   Limnivore = Aufwuchsfresser (weiden pflanzliche Aufwüchse mit den darin hausenden Kleinlebewesen ab; zusätzliche Futtertabletten sind sinnvoll)
LF Lebendfutter (Tubifex, Mückenlarven, Kleinkrebse; ersatzweise Frostfutter)
TF Trockenfutter (Flocken, Granulate, Pellets, Tabletten; getrocknete oder gefriergetrocknete Futtertiere)

2

senkrecht schwimmend, präsentieren sich diese sehr langgestreckten, lebhaften Schwarmfische in unteren bis mittleren Beckenbereichen. Nur im Schwarm sind die mit 15–18 cm recht großen Fische untereinander verträglich, sonst pflege man ausnahmsweise auch Einzeltiere in Gesellschaft anderer Arten, die aber nicht zu langsam sein dürfen und ebenfalls die Strömung schätzen sollten. In großen Aquarien bietet man neben viel Schwimmraum reichlich Verstecke an, pro Kopfsteher mindestens eines, am besten mit Steinbrocken als Felsspalten modelliert. Dazwischen können sich Wurzeln oder langblättrige Pflanzen befinden. Die in Einzelfällen gelungene Zucht konnte noch nicht standardisiert werden.
Haltung: T: 23–28 °C, **pH:** 5,8–7,5, **Hä:** weich bis mittel, ideal wohl um 8 °dGH; leistungsstarker Filter für Strömung erforderlich, Algenwuchs auf Steinen mit Strahlern fördern. **Er:** L (C, O, H); kleines LF und besonders Frostfutter, TF (auch Tabletten), Algen, Kopfsalat und andere Pflanzenkost.

2 Arnolds Rotaugensalmler, Afrikanischer Großschuppensalmler
Arnoldichthys spilopterus

Herkunft: Westafrika: Südnigeria, Mündungsgebiet des Niger; Lagos.
Lebensraum: Fließgewässer, auch breite Flüsse.
Beschreibung: Die bewegungsliebende Art braucht viel freien Schwimmraum, weshalb sparsame, robuste Randbepflanzung genügt. Ideal sind gut durchströmte, längliche Becken oder große, flache Aquarien mit dunklem Boden. Dann, sowie auch in Gesellschaft mit Welsen und anderen großen afrikanischen Salmlern, ist dieser Schwarmfisch recht ausdauernd. Bevorzugter Aufenthaltsort sind die mittleren und oberen Wasserbereiche. Jungbrut flüchtet bei Störung in den Bodengrund. Bei Zuchtversuchen sollte deshalb weicher Bodengrund verwendet werden. Der äußere Rand der Afterflosse ist beim Weibchen gerade, beim Männchen nach außen gewölbt. Männchen haben auch lebhaftere Farben und einen roten Fleck oder ein rot-gelbschwarzes Streifenmuster auf der Afterflosse.
Haltung: T: 23–27 °C (bis 28 °C), **pH:** 6–7,5 (6–6,8), **Hä:** bis 20 °dGH (weicher); Torfzusatz, gute Filterung mit Strömungserzeuger. **Er:** C, O; kräftiges LF, Fliegen, kleine Schaben, kleine Regenwürmer oder Stückchen davon, TF (Großflocken).

1 Marmorierter Beilbauchfisch
Carnegiella strigata

Herkunft: Südamerika: mittlerer und unterer Amazonas.

Lebensraum: Stehende bis leicht fließende Gewässer, die beschattet sind.

Beschreibung: Die bis 4,5 cm langen, hübschen, etwas empfindlichen Schwarmfische mit der auffallenden interessanten Körperform haben keine Fettflosse. Als Fische der oberen Wasserzone halten sie sich bevorzugt zwischen Pflanzen auf und springen gern, daher Becken gut abdecken. Als schnelle Schwimmer „stehen" sie auch oft im Filterstrom. Die empfehlenswerten Schwimmpflanzen sowie feinfiedrige, andere Gewächse müssen vor allem an der Oberfläche des Aquariums genug freien Raum lassen. Nur mit Bodenbewohnern und zarten, anderen Fischen sinnvoll zu vergesellschaften. Die Zucht gelang vereinzelt bei guter Lebendfütterung und in stark abgedunkelten Becken. Nur beim (seltenen) Laichansatz wird das Weibchen runder und manchmal erblickt man durchscheinende Eier, ansonsten sind die Geschlechter nicht zu unterscheiden.

Haltung: T: 24–28 °C (bis 30 °C), **pH:** 6–7,5 (5,5–6,5), **Hä:** bis 10 °dGH, auch bis 20 °dGH (bis 5 °KH); Filterung über Torf oder Zusatz von Torfextrakten. **Er:** C; kleines LF, Kleinstfliegen, TF.

2 Spritzsalmler
Copella arnoldi

Herkunft: Südamerika: Guayana.

Lebensraum: Uferbereich kleiner Bäche.

Beschreibung: Die Männchen dieser interessanten Schwarmfischart erreichen ca. 8 cm, sie sind farbiger, mit ausgeprägterer Flossengestalt als die kleineren Weibchen. Um letztere durch die ständige Paarungsbereitschaft der männlichen Spritzsalmler nicht allzusehr zu stressen, pflege man einen Schwarm mit deutlicher Überzahl der Weibchen (bis zu drei pro Männchen). Laichvorgang und Brutpflege der Art sind biologisch „originell": Im Sprung erfolgen Eiablage und Be-

1

3

fruchtung an überhängenden Blättern oder der Deckscheibe außerhalb des Wassers. Allein für das Gelege verantwortlich (Vaterfamilie), bespritzt das Männchen die Eier durch fortlaufende Schläge mit der Schwanzflosse mit Wasser, um sie stets feucht zu halten (Name!). Die gut auch in Gesellschaft zu pflegende Art braucht große, gut abgedeckte helle Becken mit zeitweiliger Sonneneinstrahlung, wo sie sich in den oberen Wasserschichten tummeln kann. Großblättrige Pflanzen, die über die Wasseroberfläche ragen, oder auch eine Schwimmpflan-

zenecke, kombiniert mit einem abseits davon plazierten Pflanzendickicht, imitieren den Lebensraum ideal. Für die Zucht ist abwechslungsreiches Lebendfutter unabdingbar.

Haltung: T: 22–28 °C (24–29 °C); **pH:** 6,5–7,5 (unter 7), **Hä:** bis 12 °dGH (weicher); Torf, regelmäßige Wasserwechsel. **Er:** O, C: TF, kleines LF, Frucht- und Essigfliegen (Drosophila).

3 Silberbeilbauchfisch
Gasteropelecus sternicla

Herkunft: Südamerika: Amazonas-

2

5

4

Zuflüsse, Brasilien, Guayana, Peru.
Lebensraum: Kleine bis mittelgroße Bäche in der Nähe von Pflan-
zeninseln und unter überhängenden Uferpflanzen.
Beschreibung: Silberbeilbäuche
tragen eine Fettflosse; von oben betrachtet wirken die Männchen
schlanker. Zuchten sind noch nicht
gelungen. Die 6 bis 7 cm langen
Fische sind zunächst meist scheu.
Sie brauchen Schwimmraum an
der Wasseroberfläche, aber auch
Schwimmpflanzen sind beliebt.
Becken gut abdecken, da die
Schwarmfische gut springen (Raum

zwischen Wasser und Abdeckschei-
be lassen). Vergesellschaftung möglich, doch haben auch Artbecken
(halbhoher Wasserstand) oder Paludarien ihren Reiz. Als Fließgewäs-
ser-Bewohner sind Beilbauchfische
sehr sauerstoffbedürftig.
Haltung: T: 23–27 °C (Versuche bei
28–30 °C), **pH:** leicht sauer (um 6
probieren), **Hä:** bis 10 °dGH (sehr
weich?); Torfzusatz. **Er:** C; kleines LF,
TF.

4 Trauermantelsalmler,
Schwarzer Tetra
Gymnocorymbus ternetzi

Herkunft: Südamerika: Rio Paraguay, Südbrasilien, Bolivien.
Lebensraum: Schattige, ruhig
fließende Gewässerbereiche.
Beschreibung: Revierbildender,
aber friedfertiger Schwarmfisch, der
bei max. 6 cm Länge durch seine
Form auffällt: Die lang herunterge-
zogene Afterflosse verleiht ihm
einen interessanten Umriß. Das kleinere, schlankere Männchen zeigt
deutlicheres Weiß in der Schwanzflosse und meist eine spitzere
Rückenflosse. Leider geht die
schwarze Färbung im Alter zurück.
Die ruhigen und anspruchslosen
Fische sind überwiegend in der
Beckenmitte zu finden. Nicht zu
helle Aquarien mit lockerer Bepflanzung und Wurzeln sind günstig. Vergesellschaftung mit Fischen
bis 12 cm Körperlänge. Zucht möglich.
Haltung: T: 23–27 °C (bis 28 °C),
pH: 6–8 (unter 7), **Hä:** weich bis hart
(bis 30 °dGH). **Er:** O, TF, LF.

5 Kupfersalmler
Hasemania nana
Herkunft: Südamerika: südliches
und südöstliches Brasilien.

Lebensraum: Kleine und kleinste Fließgewässer mit strömungsbedingt hohem Sauerstoffgehalt.

Beschreibung: Die lebhaften, quirligen, um 5 cm langen Schwarmfische tragen keine Fettflosse. Sie halten sich in der mittleren bis oberen Wasserzone auf und sind gut zu vergesellschaften. Die Männchen bilden Territorien. Relativ dunkel in Beleuchtung und Boden, sollte das Aquarium vor allem am Rand bepflanzt sein, damit Freiraum für ausgiebiges Umherschwimmen bleibt. Die Art ist insgesamt farblich recht variabel, die Männchen sind farbiger als die größeren und dickeren Weibchen. Im Schwarm erscheinen männliche Kupfersalmler regelrecht strahlend, mit leuchtendem Flossenweiß.

Haltung: T: 21–26 °C (26–28 °C), **pH:** 6–7,5 (5,8–7), **Hä:** weich bis hart (bis mittelhart); Torf. **Er:** C, O; kleines LF, TF.

1 Rotkopfsalmler
Hemigrammus bleheri
Herkunft: Südamerika: Unterer Amazonas, Rio Negro, Rio Vaupes, Nordbrasilien, Kolumbien.
Lebensraum: Stehende bis leicht fließende, klare Schwarzwässer.
Beschreibung: Dieser schöne, schnelle Schwarmfisch wird bis zu 7 cm lang; bei so großen und etwas dickeren Tieren dürfte es sich um Weibchen handeln. Die Männchen tragen feine Häckchen an der Afterflosse. Die lebhaften, fettflossentra-

genden Salmler bevorzugen den mittleren Aquarienbereich. In dunkel eingerichteten Becken fühlen sich diese Fische wohl und schreiten eventuell auch zur Zucht. Vergesellschaftung möglich.
Haltung: T: 24–27 °C (bis 28 °C), **pH:** 5–6,5, **Hä:** weich bis mittelhart (bis 10 °dGH, KH unter 4°); öfters Frischwasserzusatz, besonders auf niedrige Nitratwerte achten. **Er:** O, H; TF, kleines LF, pflanzliche Kost.

2 Glühlichtsalmler
Hemigrammus erythrozonus
Herkunft: Nordöstliches Südamerika: Guayana.
Lebensraum: Durch Uferbepflanzung abgeschattete kleinere Gewässer.
Beschreibung: Die friedlichen, schwarm- und revierbildenden, um 4 cm langen Fischlein nutzen die mittlere und untere Wasserzone. Sie tragen eine Fettflosse. Die etwas größeren Weibchen wirken insgesamt rundlicher und füllig. Man sollte die Tiere bei gedämpftem Licht halten und mit ruhigen Schwarmfischen vergesellschaften. Die Bepflanzung soll viel freien Schwimmraum lassen. Zucht möglich.
Haltung: T: 22–26 °C (26–28 °C), **pH:** 6–7,5 (5,5–7), **Hä:** weich bis mittelhart (weich, bis 10 °dGH); Torfzusatz. **Er:** O, H; TF, kleines LF, Kopfsalat.

3 Karfunkelsalmler
Hemigrammus pulcher
Herkunft: Südamerika: Peru und Brasilien, oberer und mittlerer Amazonas.
Lebensraum: Gewässerbereiche mit weichem Wasser.
Beschreibung: In der mittleren Zone dunkel eingerichteter Aquarien entfaltet dieser bis zu 6 cm lange Schwarmfisch am besten seine Farbkraft. Dicht bepflanzte Bereiche müssen sich mit freiem Raum abwechseln, um den ruhigen Fischen gleichermaßen Rückzugs- und Schwimmöglichkeit zu bieten. Die etwas größeren Weibchen machen einen gedrungeneren Eindruck, manchmal zeigen die Männchen weiße Afterflossenbereiche. Revierbildend, aber friedlich; für Gesellschaftsbecken mit weichem Wasser und anderen „zarten" Fischen geeignet.
Haltung: T: 24–28 °C (eher bei 28 °C), **pH:** 5–6,5, **Hä:** bis mittelhart (weich, bis 10 °dGH); möglichst dunkler Boden. **Er:** O, H; TF, kleines LF, pflanzliche Kost.

4 Schmucksalmler
Hyphessobrycon bentosi bentosi
Herkunft: Südamerika: Guayana, unterer Amazonas.
Lebensraum: Klare, besonnte Abschnitte sandiger bis kiesiger Fließgewässer.
Beschreibung: Rot, rötlich oder auch beinahe durchsichtig zeigen

1

2

sich diese prächtigen, 4 bis 5 cm (selten bis 6 cm) langen „Kleinsegler" am besten in Gruppen (mehrere Paare). Anstelle klassischer Schwärme bilden sich im unteren Beckenbereich Balzreviere der sich dabei heftig umkreisenden Männchen. Weibchen sind dicker und ihnen fehlt die fahnenförmig ausgezogene Rückenflosse. Die Schmucksalmler brauchen eine dichte, randständige Bepflanzung, die zum Beckenzentrum hin lockerer und feinfiedriger wird. Leichte Strömung bei dunklem Boden sagt den Schmucksalmlern zu. Zucht und Vergesellschaftung möglich.

Haltung: T: 24–26 °C (26–28 °C), **pH:** 6–7,5 (5,8–7), **Hä:** bis 20 °dGH (möglichst weich); Farbschwankungen je nach Herkunft und Zuchtstamm. **Er:** C, O; kleines LF, TF, pflanzliche Kost.

5 Blutsalmler
Hyphessobrycon callistus
Herkunft: Südamerika: südliches Amazonasbecken, Paraguay, Mato Grosso.
Lebensraum: Schwarzwässer; ruhige, pflanzenreiche Zonen.
Beschreibung: Die schönen, bis 4 cm großen, lebhaften und nicht immer friedlichen Schwarmfische

bevorzugen die Beckenmitte und bilden kleine Reviere. Deshalb, und weil sie als Flossenzupfer gelten, werden meist Artbecken mit dichter Bepflanzung und freiem Schwimmraum empfohlen. Ausreichend Lebendfutter vermeidet Raufereien zwischen Artgenossen. Die Weibchen der Blutsalmler sind etwas größer und wirken höher als die Männchen.
Haltung: T: 22–25 °C (25–28 °C), **pH:** 6–7,5 (5,8–6,8), **Hä:** bis 25 °dGH (weich; bis 10 °dGH); zur Zucht Torf, dunkel halten. **Er:** C, O; kleines LF, TF, pflanzliche Kost.

3

4

5

2

3

1 Fahnen-Kirschflecksalmler, Perezsalmler
Hyphessobrycon erythrostigma
Herkunft: Südamerika: oberer Amazonas, Peru.
Lebensraum: Ruhige, teils pflanzenreiche Flußabschnitte.
Beschreibung: Ein Schwarmfisch der mittleren bis unteren Wasserzonen, der bei 6 cm Körperlänge (selten mehr) trotz Revierbildung als friedlich gilt. Die Männchen drohen sich durch Spreizen der verlängerten Rücken- und Afterflossen, kämpfen aber nicht miteinander. Die Weibchen sind größer als die Männchen und weniger farbig. Vergesellschaftung empfiehlt sich mit ruhigen Arten; die Zucht ist möglich. Freier Schwimmraum und dichte Pflanzen sollten gleichermaßen vorhanden sein.
Haltung: T: ab 23 °C (bis 25 °C), **pH:** 6–7,2 (5,6–6,8), **Hä:** bis 12 °dGH (weicher); Torfzusatz. **Er:** C, O, H; LF, TF, pflanzliche Zusatznahrung.

2 Roter von Rio (Roter Tetra, Feuersalmler)
Hyphessobrycon flammeus
Herkunft: Südamerika: Ostbrasilien (bei Rio de Janeiro).
Lebensraum: Flache Gewässer.
Beschreibung: Zähe Schwarmfischchen der mittleren bis unteren Wasserbereiche, um 4 cm Länge, friedlich und ohne besondere Ansprüche. Die größeren Weibchen sind matter in der Farbe und zeigen oft schwarze Brustflossenspitzen und eine helle Afterflosse, die der Männchen ist kräftig rot, und die Ränder der Bauch- und Afterflossen sind tiefschwarz gesäumt. Becken mit dichter Bepflanzung der Ecken und Seiten lassen genügend Schwimmöglichkeiten. Die Balz ist gut zu beobachten, und in Arten-

becken ist die Zucht einfach. Am besten mit kleinen Fischarten zu vergesellschaften.
Haltung: T: 22–27 °C (bis 28 °C), **pH:** 6–7,5 (5,8–7), **Hä:** verträgt auch hartes Wasser (Zucht in weichem Wasser einfacher und produktiver); Torfzusatz, dunkler Boden und gedämpftes Licht. **Er:** O; TF, kleines LF, pflanzliche Kost.

3 Schwarzer Neon (Schwarzer Flaggensalmler)
Hyphessobrycon herbertaxelrodi
Herkunft: Südamerika: Brasilien, Mato Grosso, Rio Taquary.
Lebensraum: Flachwasserzonen von Bächen und Flüssen.
Beschreibung: Die friedfertigen Schwarmfische sind so lebhaft, daß

4

5

sie fast ständig in den mittleren und
oberen Wasserzonen im Aquarium
in Bewegung sind. Die bis zu 4,5 cm
langen Fische zeigen bei guter Pflege einen starken Farbkontrast auf
dem Körper, was einen schönen Gesamteindruck des (möglichst großen) Schwarms ergibt. Dunkler Boden und mattes Licht werden
durch satte Färbung honoriert. Die
Männchen sind sehr klein und
schlank. Die Zucht gelingt vor allem
in separaten Zuchtbecken. Vergesellschaftung nur mit wirklich ruhigen Arten, von hektischen Schnell-
schwimmern werden die Schwarzen
Neons geradezu verschreckt.
Haltung: T: 23–26 °C (27–28 °C),
pH: 5–7 (bis 6,5), **Hä:** weich bis mittelhart (weich); strömungsliebend,
Torffilterung. **Er:** C, O; sehr abwechslungsreich mit kleinem LF, TF,
Grünzeug.

4 Zitronensalmler (Schönflossen-
   salmler)
   Hyphessobrycon pulchripinnis
Herkunft: Südamerika: Mittelbrasi-
lien, Amazonas.
Lebensraum: Kleine Fließgewässer
mit krautigen Pflanzen.
Beschreibung: Ein schöner
Schwarmfisch, bis 5 cm lang, der
dichte Pflanzenbestände am Rand
und freien Schwimmraum schätzt.
In der Mitte und in Bodennähe stehen die Tiere gern an bestimmten
Plätzen, von wo aus sie „Ausflüge"
unternehmen. Immer friedlich und

Salto mortale.

lebhaft wirkend, eignen sie sich
auch für Gesellschaftsbecken. Der
schwarze Saum der Afterflosse ist
bei männlichen Tieren kräftiger,
die Weibchen erscheinen hochrückiger als ihre Partner. Die Zucht ist
möglich.
Haltung: T: 23–25 °C (bis 28 °C),
pH: 5,5–8 (5,5–6), **Hä:** bis 25 °dGH
(möglichst weicher); Torfzusatz und
häufige Wasserwechsel in nur kleinen Teilmengen bekommen dem Zitronensalmler gut. **Er:** C, O; kleines
LF, TF, pflanzliche Kost.

5 Königssalmler
   Inpaichthys kerri
Herkunft: Südamerika: Westbra-
silien.
Lebensraum: Verschiedene Klein-
gewässer.

Beschreibung: Bei schlechter
Pflege sind diese maximal 4,5 cm
langen, friedlichen Schwarmfische
unscheinbar und wenig farben-
prächtig. In dunkel eingerichteten
Aquarien fühlen sich die Königssalmler inmitten des Freiwassers
wohl (daher bei gedämpftem Licht
nur randständig locker bepflanzen).
Die Weibchen sind kleiner und blasser, ihre Schwanzflosse ist schup-
penlos und die Seitenlinie nicht
durchgehend. Die männlichen Tiere
verteidigen auch in Gesellschaft
kleiner und friedlicher Fische anderer Arten ihre kleinen Balzreviere,
daher gelingt die Zucht am ehesten
in separaten, recht dunklen Klein-
aquarien.
Haltung: T: 23–27 °C (26–28 °C),
pH: 6,5–7,5 (6–7), **Hä:** weich bis mit-

telhart (weich, bis 10 °dGH); Torffilterung; zur Zucht feinfiedrige Pflanzen. **Er:** O; alle Arten kleiner Futtersorten gemischt.

1 Schwarzer Phantomsalmler
Megalamphodus megalopterus
Herkunft: Südamerika: Zentralbra-
silien.
Lebensraum: In Flüssen und Seen
unter Schwimmpflanzen.
Beschreibung: Die Zucht dieser
lebhaften, dabei friedlichen und
ausdauernden Schwarmfische ist leider schwer. Die schlankeren, mit
größeren Flossen (besonders
Rückenflosse) versehenen Männchen drohen einander mit gespreizten Flossen und führen Scheinge-
fechte ohne Schäden durch. Nur bei
störungsfreier, guter Haltung
zeigen sie ihr schönes Schwarz auf
kräftig grauem Körper. Dichte
Randbepflanzung umgibt den frei-
en Schwimmraum, den die Tiere von
ihren Bodenrevieren aus bis in
mittlere Wasserzonen durchstreifen.
Nicht zu stark beleuchten und nur
mit kleinen Arten vergesellschaften!
Weibchen eher rötlich.
Haltung: T: 23–26 °C (bis 28 °C),
pH: 6–7,5 (6–6,5), **Hä:** bis 18 °dGH
(bis 10 °dGH); Torfzusatz, Schwimmpflanzen. **Er:** C, O; kleines LF, TF.

2 Roter Phantomsalmler
Megalamphodus sweglesi
Herkunft: Südamerika: Brasilien,
Kolumbien.
Lebensraum: Kleingewässer kühle-
rer Quellgebiete.
Beschreibung: Bei optimaler Pflege der 4 cm langen, ruhigen
Schwarmfische sind die Männchen
(mit vergrößerter Rückenflosse)
intensiv ziegelfarben. Die Weibchen
haben zuweilen die Farbkombina-
tion rot, schwarz und weiß in der
Rückenflosse. Die schwer durchführ-
bare Zucht gelingt am ehesten
in abgedunkelten, sauberen Becken.
Die Art ist etwas empfindlicher als
der schwarze Phantomsalmler,
jedoch gleichfalls ausdauernd. Wie
bei diesem wird durch Flossensprei-
zen gedroht, ohne daß ernsthafte
Kämpfe entbrennen. Viel Platz zum
Schwimmen im unteren und mittleren Aquarienraum ist günstig, eine
Vergesellschaftung mit ruhigen und
kleinen Arten möglich. Nicht stark
beleuchten.
Haltung: T: um 23 °C, **pH:** leicht
sauer (5,5–6), **Hä:** bis 10 °dGH (1–2
°dGH); gute Wasserpflege, Torfzusatz. **Er:** C, O; kleines Lebendfutter,
TF, häufig in kleinen Portionen
verabreicht.

3 Rotaugen-Moenkhausia
***Moenkhausia sanctaefilo-
menae***
Herkunft: Zentrales Südamerika:
Paraguay, Ostbolivien, Ostperu,
Westbrasilien.
Lebensraum: Leicht fließende Gewässer.
Beschreibung: Anspruchsloser,
lebhafter und dabei friedlicher
Schwarmfisch, der als recht ausdauernd gilt und bis 7 cm lang wird.
Bei Bevorzugung der mittleren bis
oberen Wasserregionen lieben
die Tiere leichte Strömung. In Gesellschaftsbecken nicht mit ruhigen
Oberflächenfischen zusammen-
bringen. Bei teilweise dichter Bepflanzung mit harten Pflanzen
soll viel freier Schwimmraum zur
Verfügung stehen. Die Zucht ist
möglich.
Haltung: T: 22–25 °C (bis 26 °C),
pH: 5,5–8,5 (unter 7), **Hä:** weich bis
hart (weich); Torfzusatz. **Er:** O; TF,
kleines LF, kleinste Fliegen.

4 Längsband-Ziersalmler
Nannostomus beckfordi
Herkunft: Südamerika: Guayana,
Parana, unterer Rio Negro, mittlerer
und unterer Amazonas.
Lebensraum: Ufervegetations-
dickicht und zwischen im Wasser

1

2

liegenden Zweigen in fließenden Gewässern.

Beschreibung: Die 4,5 bis 6,5 cm langen, überaus lebhaften Schwarmfische sind dämmerungsaktiv und leider nur kurzlebig. In den mittleren und oberen Wasserregionen bilden die Männchen Kleinreviere, drohen einander und imponieren in Prachtfärbung. In relativ dunkel eingerichteten Gesellschaftsbecken wird auch lebhaftere Gesellschaft akzeptiert. Die Zucht ist möglich. Die unteren Schwanzflossenlappen und die Afterflosse

der Männchen sind rot; Weibchen wirken voller. Die Art ist farblich sehr variabel und trägt keine Fettflosse.

Haltung: T: 23–25 °C (bis 30 °C; durch Fortpflanzung wird die Kurzlebigkeit gefördert, was biologisch aber durchaus normal ist), **pH:** 6–7,5 (um 6), **Hä:** bis 10 °dGH, vorsichtig gewöhnbar bis 20 °dGH (extrem weich); klar bleibendes Wasser mit Torfzusatz. **Er:** C, O; kleines LF, Frucht- und Essigfliegen (Drosophila), TF.

5 Kaisertetra (Kaisersalmler)
  Nematobrycon palmeri
Herkunft: Südamerika: Westkolumbien.
Lebensraum: Mündungsbereich der Flußsysteme.
Beschreibung: Bis 6 cm lange, friedliche Schwarmfische, die ruhig bis zeitweilig lebhaft sind und aus Revieren im unteren Wasserraum bis in mittlere Wasserzonen streben. Bei der Ausbildung von Balzterritorien drohen die Männchen mit ihren spitzer als bei den Weibchen ausgezogenen Flossen, ohne zu kämpfen.

3

4

5

2

Ältere „Kaiserinnen" zeigen einen relativ hohen Rücken, die Zucht gelingt mit diesen Tieren gut. Bei dichter Bepflanzung und ausreichend Schwimmraum läßt sich der Kaisertetra auch mit nicht zu lebhaften Fischen vergesellschaften. **Haltung: T:** um 25 °C, **pH:** leicht sauer (5–7), **Hä:** bis 10 °dGH (möglichst weicher); liebt Torf, auf gute Wasseraufbereitung beim Wechseln achten. **Er:** C, O; kleines LF, TF.

1 Roter Neon
Paracheirodon axelrodi
Herkunft: Südamerika: Venezuela, Nordwestbrasilien, Westkolumbien.
Lebensraum: Schattige Abschnitte von Klarwasserbächen.
Beschreibung: Die durch kräftiges, großflächiges Rot bestechenden, quicklebendigen Schwarmfische werden selten länger als 4 bis 5 cm. Für viele Liebhaber sind rote Neons mit die schönsten Aquarienfische, die ausdauernd mittlere und untere Beckenbereiche besiedeln. Pflanzendickichte mit freiem Schwimmraum dazwischen und eine Vergesellschaftung mit kleinen bis mittelgroßen Fischen sorgen für artgerechte Bedingungen. Nach wie vor werden überwiegend Wildimporte gehandelt. Die Zucht ist nicht leicht, aber bei den genannten Bedingungen durchaus möglich. Weibchen sind etwas voller, Zuchtversuche sollen unter starker Abdunklung erfolgen.
Haltung: T: 23–25 °C (25–27 °C), **pH:** 5–7 (4,5–6), **Hä:** bis 10 °dGH (ganz weich, nur 1–2 °dGH); Torf, gedämpftes Licht. **Er:** C, O; kleines LF, TF.

2 Neonfisch, Neonsalmler
Paracheirodon innesi
Herkunft: Südamerika: Amazonas-Oberlauf, Ostperu.

1

Lebensraum: Verschiedene Flußsysteme unterschiedlicher Breite.
Beschreibung: Die farbliche Betonung dieser Schwarmfischart, die von den gehandelten Stückzahlen (viele asiatische Nachzuchten!) weltweit als die Nr. 1 gilt, liegt auf dem wunderschön glänzenden, blau-türkisfarbenen Seitenstreifen. Eine schöne optische Wirkung erzielt nur ein großer Schwarm der um 4 cm

kleinen Tiere, die nicht mit großen Arten vergesellschaftet werden dürfen. Geschlechtsunterschiede sind nicht einfach zu erkennen, doch achte man bei dicklicheren Tieren auf den seitlichen Leuchtstrich: Ist er etwas blasser und mit Knick, hat man ein Weibchen vor sich. Auch hier sind teils dichte Bepflanzungen und viel freier Raum gefragt, zur Zucht (schwer!) sollten feinfiedrige Wasser-

3

4

chen Schwarmfische tragen, wie viele Salmler, eine Fettflosse und sind leicht mit Rotkopfsalmlern zu verwechseln (den Rotmaulsalmlern fehlt die schwarze Zeichnung an den Schwanzstielrändern). Die Geschlechter sind schwer zu unterscheiden. Die männlichen Fische zeigen oft kräftigere Kontraste in der Streifenzeichnung der Schwanzflosse. Die Zucht ist bisher wohl noch nicht gelungen. Vergesellschaftung ist auch mit größeren Fischen möglich, solange es sich um friedliche Arten handelt. In Becken mit dichten Pflanzenbeständen wird bei genügend freiem Raum die mittlere bis untere Wasserzone genutzt.
Haltung: T: 23–25 °C, **pH:** 5,5–7, **Hä:** wohl bis 12 °dGH; Torffilter; nur sorgfältig aufbereitetes Wasser zum Wechseln benutzen. **Er:** C, O; kleines LF, TF, pflanzliche Kost.

4 (Blauer) Kongosalmler
  Phenacogrammus interruptus
Herkunft: Afrika.
Lebensraum: Flußsystem des Zaire (ehemals Kongo).
Beschreibung: Eine schöne, nur mit ruhigen Fischen zu vergesellschaftende Art, deren „Flossenqualität" ganz wesentlich von der Wasserbeschaffenheit abhängt. In großen, dunkelbodigen Becken mit lockerer Randbepflanzung können die 8,5 bis 12 cm großen Fische sich ausschwimmen. Abseits einer guten Strömung werden auch Schwimmpflanzen geschätzt, und die durch Sonneneinstrahlung oder erhöhte Beleuchtungsintensität auslösbaren Laichvorbereitungen bieten Zuchtchancen. Rücken-, Schwanz- und Afterflossen der größeren Männchen sind ausgezogen.
Haltung: T: 23–26 °C (24–27 °C), **pH:** 6–7 (6–6,5), **Hä:** bis 10 °dGH (sehr weich); Torfzusatz, das Wasser darf dabei bräunlich werden; dunkler Boden; auf Nitrat und Einhaltung der Härte achten, wobei auch einmal bis 18 °dGH toleriert werden, wenn alles andere stimmt. **Er:** C, O; LF, große und kleine Fliegenarten, TF, Kopfsalat. Bei Mangel an vegetarischer Kost werden Pflanzentriebe verbissen!

gewächse verwendet werden. Dunkler Boden und abgedunkelte Aquarien fördern die Ausdauer der Neons, die bei geeigneten Verhältnissen über 10 Jahre alt werden können.
Haltung: T: 20–24 °C (bis 25 °C), **pH:** 5–7 (5–6), **Hä:** weich bis hart nach sorgfältiger Eingewöhnung (sehr weich, bis 2 °dGH); Torf, regelmäßige Wasserwechsel; Zucht-

becken nur ganz matt beleuchten. **Er:** C, L; kleines LF, TF, besonders Bodentabletten, pflanzliche Kost.

3 Rotmaulsalmler
  Petitella georgiae
Herkunft: Südamerika: oberer Amazonas, Kolumbien, Brasilien.
Lebensraum: Kleine Schwarzwasserbäche.
Beschreibung: Die lebhaft-friedli-

Woher sie kommen

Aufgrund der Haltungsbedingungen und Temperaturansprüche weiß jeder, daß die in unseren Aquarien gepflegten Fische aus wärmeren Teilen dieser Erde, also tropischen oder subtropischen Ländern stammen. Aber kommen sie auch wirklich alle von dort, oder genauer gesagt, von den Gebieten, die man in der Literatur als Verbreitungsgebiet angegeben findet? – Um es gleich vorweg zu nehmen: Die wenigsten kommen wirklich von dort, sind also als sogenannte „Wildfänge" der Natur entnommen.

Die weitaus meisten (etwa 80 %) der Fische, die man heutzutage in Zoofachgeschäften findet, haben ihre Heimat nie gesehen. Sie kamen nicht irgendwo in einem Reisfeld oder einem Seitenarm des Amazonas zur Welt, sondern in den Aquarien und sonstigen Behältnissen von Züchtern.

Vor allem in Südostasien hat die Zucht und der Export von sogenannten Zierfischen eine große Bedeutung erlangt und stellt die Lebensgrundlage vieler Menschen dar. In Singapur hat sich eine regelrechte Zierfischindustrie entwickelt, die durch Forschungsprogramme und Aktivitäten vom Staat gefördert wird. Aber auch in Thailand, Malaysia und anderen Ländern wird fleißig gezüchtet, sei es im Familienbetrieb, wo vom Sohn bis zum Großvater alle mithelfen, oder in großangelegten Zuchtbetrieben.

Gezüchtet werden nicht nur asiatische Fische wie zum Beispiel Fadenfische, sondern auch Salmler, Lebendgebärende, Diskus und viele andere. Von vielen Arten werden die Jungfische in großen Betonbecken oder Freilandteichen großgezogen, wo sie nach Erreichen der Verkaufsgröße regelrecht abgefischt werden. Die Heizung liefert die Tropensonne kostenlos, so daß kostspielige Hallenkonstruktionen entfallen. Allerdings müssen gefiederte „Fischliebhaber" durch Netze oder andere Maßnahmen ferngehalten weden.

Viele der größeren Zuchtbetriebe exportieren ihre Fische auch selbst oder haben sich mit anderen zu Gemeinschaften zusammengeschlossen. Kleinere Zuchtbetriebe und Fänger, die Fische aus der Natur entnehmen, liefern ihre Fische an Exporteure, wo sie bis zum Versand in Aquarien oder Betonbecken gehältert werden.

Während eines Besuches bei einem Zierfischexporteur in Bangkok trafen wir zum Beispiel auf einen Herrn, der mehrere große Plastiktüten aus seinem Wagen in die Anlage des Exporteurs brachte. Bei näherem Hinsehen erkannten wir unzählige Jungfische der beiden Schmerlenarten *Botia sidthimunki* und *Botia macracanthus*. In einem Gespräch erfuhren wir, daß er diese beiden Arten als einziger in Thailand züchten könne. Wir erfuhren

In Freilandteichen aufgewachsene Fische werden zum Verkauf abgefischt.

von ihm auch noch, daß er Hormone benutzt, um die Tiere zur Fortpflanzung zu bringen. Weitergehende Informationen wollte er uns, verständlicherweise, nicht geben.

Bei der Gelegenheit konnten wir auch gleich sehen, wie eine Sendung von Fischen für einen deutschen Kunden zusammengestellt wurde. Alle Fische wurden, nach Arten getrennt, sorgfältig in unzählige Plastiktüten verpackt. Die Tüten enthielten nur etwa $1/3$ Wasser, die restlichen $2/3$ waren mit Sauerstoff gefüllt, damit die Fische den langen Transport sicher überstehen. Die einzelnen Tüten wurden sorgfältig in Styroporboxen verpackt, die ein übermäßiges Abkühlen ihres Inhalts verhindern. Schließlich wurden die Boxen von einem Cargofahrzeug der beauftragten Luftfahrtgesellschaft abgeholt und zum Flughafen gebracht.

Da der Transport lebender Tiere per Flugzeug in letzter Zeit stark ins Gerede gekommen ist, fragten wir natürlich den Besitzer der Firma, ob er denn Transportverluste zu beklagen hätte. Er versicherte uns daraufhin, daß die Verlustrate seiner Transporte bei weniger als 3 % liege. Dies ist auch nicht anders zu erwarten, da die Kunden ja Wert darauf legen, lebende Tiere zu erhalten. Ein Exporteur, dessen Sendungen mit hohen Verlustraten am Ziel ankommen, wird schnell Kunden und damit auch seine Existenzgrundlage verlieren.

Die Kunden der Exporteure sind in der Regel Großhändler, die ihrerseits wieder die Zoofacheinzelhändler beliefern, bei denen Sie dann als Aquarianer Ihre weitgereisten Fische erwerben. Es versteht sich von selbst, daß verantwortungsvolle Großhändler bestrebt sein werden, ihre Fische direkt am ersten Zielflughafen (in der Regel Frankfurt) persönlich in Empfang zu nehmen und sie dann schnellstmöglich in eine, den Bedürfnissen der Fische gerechte Hälterungsanlage überführen. Sie werden dann auch erst nach einer gewissen Eingewöhnungszeit, in

Teil der Aufzuchtanlage eines privaten Fischzüchters in Thailand.

Hälterungsanlage eines Fischexporteurs (Thailand).

der sie sich von dem Streß des Transports erholen können, an den Zoofacheinzelhändler weiterverkauft.

Daß dies alles, Zucht bzw. Fang, Transport, Eingewöhnung und so weiter, nicht zum Nulltarif geschehen kann, versteht sich von selbst. Aus diesem Grund werden verantwortungsvoll gezüchtete, transportierte und gehaltene Zierfische auch ihren Preis haben. Und den sollte uns das Lebewesen Fisch allemal wert sein. Vergessen wir dabei auch nicht, daß viele Familien in den Herkunftsländern der Fische letztendlich durch unser Hobby ihren Lebensunterhalt verdienen.

Nicht unerwähnt bleiben soll natürlich, daß auch in Deutschland und Europa Zierfische professionell gezüchtet weden. Seit der Öff-

nung Osteuropas kommen vor allem von dort auch qualitativ hochwertige Nachzuchten zu uns. Dabei fallen die enormen Transportkosten für Flüge aus Übersee natürlich weg. Aufgrund des höheren technischen Aufwandes (Heizung etc.) und der im Vergleich wesentlich höheren Lohnkosten können deutsche und europäische Nachzuchten aber nicht billiger sein als importierte. Da diese Fische aber wesentlich weniger Transportstreß über sich ergehen lassen müssen, wäre ein Trend in diese Richtung sicherlich wünschenswert.

Bleiben zum Schluß noch all diejenigen Fische zu erwähnen, die in den Becken begeisterter Aquarianer und Hobbyzüchter das Licht der Welt erblicken und so den Bestand im Zoofachhandel bereichern.

1 Rotflossen-Glassalmler
   Prionobrama filigera
Herkunft: Südamerika: Amazonas und verschiedene Zuflüsse, Argentinien, Südbrasilien.
Lebensraum: Bäche, Nebenflüsse großer Fließgewässer, teils auch in seeartigen Erweiterungen.
Beschreibung: Sehr friedlich und ganz besonders ausdauernd sind diese 6 bis 6,5 cm langen Schwarmfische des mittleren bis unteren Aquarienbereichs. Die Flossen der Männchen sind auffallend fadenförmig verlängert, und hinter dem Weiß der Afterflossenkante verläuft ein paralleler schwarzer Strich. Gut für Gesellschaftsbecken geeignet, genügen den Tieren lockere Pflanzengruppen am Rand des Aquariums. Freie Schwimmregionen sollen durch Schutz bietende, an der Oberfläche treibende Blätter und (besonders zur Zucht) einige Schwimmpflanzen ergänzt werden.
Haltung: T: 24–28 °C (26–30 °C), **pH:** 6–7,8 (bis 7), **Hä:** bis 30 °dGH (weich); halten sich gern in der Strömung eines leistungsstarken Filters auf. **Er:** O; TF, kleines LF.

2 Sternfleckensalmler, Stieglitzsalmler, Wasserstieglitz
   Pristella maxillaris
Herkunft: Südamerika: Venezuela, Guayana, Unterer Amazonas.
Lebensraum: Kleingewässer.
Beschreibung: Die um 5 cm kleinen Fische müßte man im Durchlicht betrachten, um eventuell das Geschlecht zu erkennen: Bei männlichen Tieren erscheint der Leibesinhalt besonders im Bereich der Schwimmblase spitz, bei Weibchen präsentiert sich diese Region abgerundet. Die Weibchen sind auch größer und plumper als die Männchen. Lebhaft im Schwarm durch das nur locker am Rand bepflanzte Becken schwimmend, gilt die Art bei nicht zu heller Beleuchtung und dunklem Boden als ausdauernd. Züchtbar und für Gesellschaftsaquarien geeignet.
Haltung: T: 22–27 °C (bis 28 °C), **pH:** 6–8 (um 7), **Hä:** bis 35 °dGH, volle Pracht nur in weichem Wasser. **Er:** O; TF, kleines LF.

1

3 Schrägschwimmer, Schwarzstreifensalmler
   Thayeria boehlkei
Herkunft: Südamerika: Amazonasgebiet, Rio Araguaia, Peru.
Lebensraum: Zwischen Pflanzen in ruhigen Gewässerbereichen.
Beschreibung: Um 7 cm lang wird dieser lebhafte Schwarmfisch. Er ist nicht immer ganz so ruhig und friedlich wie oft beschrieben, macht aber im mittleren und oberen Bereich eines Aquariums kaum ernsthafte Schwierigkeiten. Schwimmt (Name!) schräg nach oben geneigt, trägt eine Fettflosse, und weibliche Tiere wirken etwas voller. Die lockere Bepflanzung mit einigen dichten Stellen sollte noch reichlich freien Schwimmraum im Becken übrig lassen.
Haltung: T: 23–27 °C (25–28 °C), **pH:** 6–7,5 /5,5–6,5) **Hä:** 19-20 °dGH (eher weich). **Er:** O, H; TF, kleines LF, auch Frucht- oder Essigfliegen, etwas Pflanzenkost.

Barben und Bärblinge

Diese Fische gehören zu den Karpfenfischen im engeren Sinne, welche die größte Süßwasserfischgruppe bilden. Alle hier beschriebenen Arten sind Angehörige der Familie Cyprinidae (Karpfenfische), die insgesamt über 1400 Vertreter umfaßt. Die in Warmwasser-Aquarien gepflegten Karpfenfische stammen aus Asien und Afrika, aber auch in den mitteleuropäischen Flüssen und Seen gehören die meisten Arten in diese Verwandtschaft. Nordamerika hat ebenfalls seine (Kaltwasser-) Cypriniden, in Südamerika und Australien findet man diese Gruppe dagegen nicht.

Es ist geradezu selbstverständlich, daß eine so große Tiergruppe biologisch sehr verschiedenartige Arten in den unterschiedlichsten Lebensräumen entwickelt hat. Die Einzelbeschreibungen spiegeln dies wider, und meist ging mit der Eroberung unterschiedlicher Biotope auch eine gewisse Anpassungsfähigkeit einher.

Die hier behandelten Barben gelten als recht anspruchslos, Bärblinge dürfen als etwas empfindlicher eingestuft werden. Als gemeinsames Merkmal tragen sie am Körper meist Rundschuppen, während der Kopf unbeschuppt ist.

Barben und Bärblinge sind häufig Schwarmfische, die – wie Salmler – nicht unter 10 Stück pro Becken gehalten werden sollten.

2

4

3

Wegen des bei dieser Gruppe sehr verbreiteten Nahrungserwerbs durch Gründeln, verbunden mit dem Aufwirbeln von Bodenmulm, werden besonders leistungsfähige Filter benötigt.

4 Prachtbarbe
Barbus (Puntius) conchonius
Herkunft: Nord-Vorderindien: Assam, Bengalen.
Lebensraum: Flüsse, Weiher und Tümpel. Bevorzugt etwas kühlere Gewässer als andere Barben.
Beschreibung: In der Aquarienhal-

tung bereits ab ca. 6 cm fortpflanzungsfähig, kann diese bartellose Barbe doch bis 15 cm lang werden. Als gerne gründelnder Schwarm halten sich die Tiere überwiegend im unteren und mittleren Beckenbereich auf. Sie sind deshalb besonders gut mit nicht so wärmebedürftigen Fischen der oberen Regionen zu vergesellschaften. Großzügige Schwimmflächen über weichem Boden mit Mulm und einzelne Robustpflanzen zusätzlich zum komplett bepflanzten Beckenrand gefallen den Prachtbarben. Zucht leicht (Männchen farbiger, Weibchen etwas dicker).
Haltung: T: 18–22 °C (22–25 °C), **pH:** 6–8 (6–6,5), **Hä:** weich bis hart (8–15 °dGH); häufiger Wasserwechsel in geringen Mengen unter Verwendung eines guten Aufbereitungsmittels. **Er:** O; TF, LF, Kopfsalat und andere pflanzliche Zukost.

1

2

3

4

1 Purpurkopfbarbe
   Barbus (Puntius) nigrofasciatus
Herkunft: Sri Lanka: südliche Teile des Landes.
Lebensraum: Gut bewachsene, langsam fließende Waldbäche.
Beschreibung: Ausdauer, Lebhaftigkeit und friedliches Verhalten sind die Merkmale für diese bis 6,5 cm langen Barben ohne Barteln. Als Schwarmfische ziehen sie gern in Beckenmitte umher, um bald darauf intensiv den Boden nach Futter zu durchsuchen. Dieser sollte weich und möglichst mit Mulm bedeckt sein. Das Aquarium wird am Rand gut bepflanzt und ansonsten nur mit einzelnen, robusten Pflanzen bestückt. Schwimmpflanzen sorgen für relativ dunkle Bereiche, dies mögen die Purpurköpfe neben viel Platz zum Schwimmen. Beachtet man die Wasserwerte, gelingt auch die Zucht. Die Männchen zeigen eine schwarze Rückenflosse und sind insgesamt farbiger als die Weibchen.
Haltung: T: 21–25 °C (25–28 °C); mehrwöchige „Winterruhe" bei ca. 20 °C ist zuträglich und empfehlenswert!, **pH:** 5,5–6,5 (nur bis 6), **Hä:** weich bis mittelhart (bis 12 °dGH); häufiger Wasserwechsel in geringen Mengen unter Verwendung eines guten Aufbereitungsmittels. **Er:** O; TF, LF, pflanzliche Zukost.

2 Eilandbarbe, Perlmuttbarbe
Barbus (Puntius) oligolepis
Herkunft: Südostasien: Indonesien, Sumatra.
Lebensraum: Steh- und Fließgewässer des Hügellandes.
Beschreibung: Die bis zu 5 cm langen Tiere tragen ein Bartelpaar und sind ausdauernde Schwarmfische im unteren und mittleren Beckenbereich. Da die Männchen (Rücken- und Afterflosse mit dunklem Rand) sich ohne ernsthafte Kampfesfolgen drohen, kann man von einer friedlichen Art sprechen. Mit weichem Bodengrund ist das Aquarium richtig ausgestattet und bietet, locker am Rand und im Hintergrund mit robusten Wasserpflanzen versehen, reichen Schwimmraum, den diese Barben brauchen. Die Beleuchtungsintensität scheint diesen Fischen „egal" zu sein und richtet sich daher nach den Pflanzen. Eine Vergesellschaftung, auch mit munteren Fischarten, sowie die Zucht (dann etwas heller gehalten) sind gut möglich.
Haltung: T: 20–24 °C (24–27 °C), **pH:** 6–7,5 (bis 7), **Hä:** weich bis hart (bis 10 °dGH); häufiger Wasserwechsel in geringen Mengen unter Verwendung eines guten Aufbereitungsmittels. **Er:** O; TF, LF, Kopfsalat und Algen.

3 Fünfgürtelbarbe
Barbus (Puntius) pentazona
Herkunft: Südostasien: Singapur, Malayische Halbinsel, Borneo.
Lebensraum: Uferregion ruhiger Tieflandgewässer; Schwarzwasser.
Beschreibung: Daß die 5 cm langen, schön gezeichneten Fische ruhig, ja fast scheu und nicht so schwimmfreudig sind, unterscheidet sie von anderen Barben. Sie sollten über Kies mit weicher Deckschicht (Torf, Laub) und nur in Gesellschaft anderer ruhiger Fische gehalten werden. Relativ dunkle Aquarien, locker bepflanzt und mit Wurzel- und Pflanzenverstecken (besonders am Rand) versehen, sind der richtige Aufenthaltsort für diese anspruchsvolle Art. Im unteren bis mittleren Beckenbereich umwerben die kleineren, stromlinien-

förmigeren Männchen ihre nicht so ausgeprägt gefärbten Partnerinnen, doch ist die Zucht nicht einfach.
Haltung: T: 22–27 °C (27–30 °C), **pH:** 5,5–7 (bis 6,5), **Hä:** weich bis mittelhart (bis 10 °dGH); nur bei Torffilterung ist das Orange wirklich schön; wöchentlicher Teilwasserwechsel von $1/5$ bis $1/4$ des Gesamtvolumens ist anzustreben. **Er:** C; anspruchsvoll; vor allem LF, hochwertiges TF probieren; bei Zucht den Elterntieren zusätzlich Enchyträen reichen (ein Tip für viele Barbenarten, doch hier wohl unabdingbar).

4 Brokatbarbe
Barbus (Puntius) semifasciolatus schuberti
Herkunft: Die als Stammform vermutete Messingbarbe (B. semifasciolatus) kommt aus Südostchina.
Lebensraum: Brokatbarben kommen in der Natur nicht vor.
Beschreibung: Die Stammform erreicht bis 10 cm Länge, was einzelne Schläge der Zuchtform auch erreichen können. Doch bleiben Brokatbarben mit ihren zwei Bartelpaaren eher um 7 cm groß. Es sind lebhafte, friedliche Schwarmfische, die sich in Beckenmitte und vor allem am Boden recht schwimmfreudig zeigen. Dies muß bei der Gestaltung des Aquariums berücksichtigt werden, so daß sich, außer

bei wenigen Einzelexemplaren, die Bepflanzung auf die Randbereiche beschränkt. Dort darf sie teils auch dicht sein und zumindest in Teilbereichen soll der Boden weich sein. Brokatbarben lieben helle, sonnige Becken und sind gute Fresser. Besonders gilt dies für die einfache Zucht, die nicht zu warm erfolgen sollte. Die größeren Weibchen sind an den Seiten dunkel gefleckt.
Haltung: T: 19–23 °C (24 °C), **pH:** 6–7,5 (bis 6,5), **Hä:** weich bis hart (bis 10 °dGH); häufiger Wasserwechsel in geringen Mengen unter Verwendung eines guten Aufbereitungsmittels. **Er:** O; TF, LF, Kopfsalat und andere Pflanzenkost.

5 Sumatrabarbe, Viergürtelbarbe
Barbus (Puntius) tetrazona
Herkunft: Südostasien: Sumatra, Borneo, eventuell auch Thailand.
Lebensraum: Bodenbereiche stehender und langsam fließender Gewässer.
Beschreibung: 5 bis 7 cm lang werden diese sehr lebhaften Barben ohne Barteln. Innerhalb des Schwarmes bildet sich eine sichtbare Rangordnung heraus. Die Fische durchziehen besonders die Beckenmitte und gründeln in weichem, feinsandigem Boden. Nur am Beckenrand braucht es einzelne und robuste Wasserpflanzen. Die Sumatrabarben, von denen viele Farbvarianten

5

gezüchtet wurden, müssen viel schwimmen können. Zur Vergesellschaftung sind sie nur bedingt geeignet: Nur schnelle, kräftige Fische bleiben unbehelligt. Langsame Arten werden ebenso „belästigt" wie alle mit länglichen Flossen, an denen Sumatrabarben leider allzu gerne zupfen. Die Weibchen wirken kräftiger als die Männchen, bei der Naturform spielt die Färbung der Männchen mehr ins rötliche.

Haltung: T: 20–25 °C (26 °C), **pH:** 6–7,5 (5,5–6,5), **Hä:** weich bis hart (bis 10 °dGH); häufiger Wasserwechsel in geringen Mengen unter Verwendung eines guten Aufbereitungsmittels. **Er:** O; TF, LF, Kopfsalat o. a. pflanzliche Beikost.

1 Bitterlingsbarbe
   Barbus (Puntius) titteya
Herkunft: Sri Lanka
Lebensraum: Dunkle Bereiche des Bach- und Flußbodens.
Beschreibung: Die 4 bis 5 cm langen Fischlein haben ein Bartelpaar und gelten als lebhaft, dabei ruhig und friedlich. Sehr „schwarmfreudig" sind sie jedoch nicht, so kommt es häufig zu Streitereien unter den Männchen. Bitterlingsbarben bevorzugen weichen, dunklen Boden bei insgesamt relativ dunkler Einrichtung. So sollte man durch überhängende Pflanzen oder Schwimmpflanzen für Abschattung sorgen und neben viel Schwimmplatz auch Verstecke schaffen. Zucht (Weib-

chen unscheinbarer und dicklicher) und Vergesellschaftung mit ruhigen Fischen sind möglich. Die Eier hängen an einem Faden an Pflanzen.
Haltung: T: 23–26 °C (27 °C), **pH:** 6–7,5 (unter 6,5), **Hä:** weich bis hart (bis 12 °dGH). **Er:** O; TF, LF, pflanzliche Beikost.

2 Schillerbärbling
   Brachydanio albolineatus
Herkunft: Südostasien: Hinterindien, Burma, Thailand, Malayische Halbinsel, Sumatra.
Lebensraum: Bäche und Flüsse.
Beschreibung: Die munteren, etwa 6 cm langen Schwarmfische mit zwei Bartelpaaren sind sehr schwimmfreudig. Friedlich durchziehen die hübschen Tiere die mittleren und oberen Aquarienregionen, weshalb man dort für freien Schwimmraum

sorgen sollte. Ideal sind längliche Becken mit Kies und Steinen, die am Rand und im Hintergrund bepflanzt sind. Becken gut abdecken (Springer!). Vergesellschaftung ist möglich, die Zucht darf als einfach gelten. Paare zeigen eine gewisse Partnertreue; die kleineren, schlankeren Männchen sind intensiver gefärbt.
Haltung: T: 21–26 °C (26–30 °C), **pH:** 6,5–7,5 (bis 7), **Hä:** weich bis hart (5–12 °dGH); besondere Lebendigkeit und Farbenpracht bei Sonnenlicht-Einfall, ideal von oben. Zuchtansatz in nur 20 cm hohem Frischwasser und kleinblättrigen/ gefiederten Pflanzendickichten im Becken. **Er:** C, O; kleines LF, TF, pflanzliche Beikost.

2

1

3

3 Perl-, Tüpfel-, Leopardbärling
Brachydanio frankei
Herkunft: Südostasien: Vorderindien.
Lebensraum: Rasch fließende Kleingewässer.
Beschreibung: Die auffällig getupften, 5 bis 6 cm langen, sehr lebhaften, aber friedlichen Schwarmfische mit zwei Paar Barteln werden entweder als natürlich auftretende Farbabweichung (Morphe) oder aber als Zuchtform des Zebrabärblings aufgefaßt. Die endgültige Klärung steht noch aus. Gut abgedeckte Aquarien,

normal bepflanzt und mit Freiräumen zum Schwimmen (Mitte bis oben) bzw. ein Gesellschaftsbecken sind der richtige Aufenthaltsort für diese das Sonnenlicht liebenden Fische.
Haltung: T: 20–25 °C (24–26 °C), **pH:** 6–8, **Hä:** weich bis hart; Zucht nach Frischwasserzusatz. **Er:** O; alles kleines LF und TF, ab und zu auch Pflanzen.

4 Zebrabärling
Brachydanio rerio
Herkunft: Indien: vorderindische Ostküste.

4

5

Lebensraum: Schnelle, klare Fließgewässer.
Beschreibung: In der Beckenmitte bis hin zur Oberfläche halten sich diese friedlich-munteren Aquarienfische besonders gerne auf. Die schönen und robusten, bis 6 cm langen Tiere tragen zwei Bartelpaare und sind in sehr hellen, gut durchströmten Becken bestens untergebracht. Auch lange, relativ flache Aquarien, gut abgedeckt und normal bepflanzt, lassen reichlich Schwimmraum. Als Gesellschaft für Zebrabärblinge kommen kleine bis mittelgroße Fische in Frage, die ebenfalls lebhaft sind, oder solche, die sich nicht so leicht aus der Ruhe bringen lassen. Die Weibchen sind etwas größer und dicker, ihre Farben blasser. Bei niedrigem Wasserstand nach Frischwassergabe gelingt die Zucht leicht.
Haltung: T: 18–24 °C (24–25 °C), **pH:** 6–8, **Hä:** weich bis hart; die Art liebt Sonnenlicht. **Er:** O; kleines TF und LF, Abwechslung mit pflanzlicher Kost.

5 Malabarbärling, Malabarkärpfling
Danio aequipinnatus
Herkunft: Asien: Sri Lanka, Westküste Vorderindiens.
Lebensraum: Eher in Fließgewässern, aber auch in stehenden Gewässern.
Beschreibung: Die meist 8 bis 10, aber auch bis 15 cm langen, sehr aktiven Schwarmfische sind stets friedfertig. Als Oberflächenschwarm gehalten, eignen sie sich besonders zur Vergesellschaftung mit Bodenbewohnern oder – gern auch größeren – Fischen, die eher von der Mitte des Aquariums nach unten streben. Sandiger Boden und viel freier Schwimmraum werden benötigt, die Bepflanzung darf nicht zu weich sein, da sonst Fraß droht. Der blaue Mittelstreifen an der Schwanzflosse des dickeren Weibchens biegt nach oben ab, während er beim Männchen weiter gerade verläuft. Die Zucht gelingt in großen Zuchtbecken. Es gibt verschiedene Lokalrassen mit Farbunterschieden.
Haltung: T: 22–24 °C (25–28 °C),

1

pH: 6,5–8 (bis 7), **Hä:** weich bis hart
(5–12 °dGH); Zucht in hohem
Frischwasseranteil; sonniger Standort. **Er:** O; LF, auch Drosophila
u.a. Fliegen, TF, Pflanzenkost.

1 Hengels Keilfleckbärbling
   Rasbora hengeli
Herkunft: Südostasien: Zentral-
Sumatra, Thailand.
Lebensraum: Kleinere Gewässer
mit Schwarzwasser.
Beschreibung: Nur etwa 3,5 cm
lang werden diese schönen Bärblinge, deren Männchen ein leuchten-
deres rost-violettes Rot zeigen und
die eine größere Keilzeichnung als
die Weibchen haben. Zur Aquarienmitte und nach oben orientiert,
braucht dieser Schwarmfisch viel
Schatten. Dunkle Einrichtung,
wenig Licht und eine dichte Randbepflanzung sind angebracht.
Für Zuchtversuche kann eine kleine
Cryptocoryne als Ablaichpflanze
dienen. Die Zucht ist nicht einfach,
eine Vergesellschaftung mit anderen Kleinfischen möglich.
Haltung: T: 23–27 °C (28 °C),
pH: 6–6,5 (5,3–5,7), **Hä:** weich bis
mittelhart, ca. bis 12 °dGH (sehr
weich, 2 °dGH); Filterung über Torf.
Er: O; alles kleines TF und LF.

2

2 Keilfleckbärbling
   Rasbora heteromorpha
Herkunft: Südostasien: südöstl.
Thailand, Westmalaysia, Sumatra,
Java, Borneo.
Lebensraum: Uferbereiche klarer,
stehender Gewässer mit dichten
Pflanzenbeständen über und unter
Wasser.
Beschreibung: Die 4,5 cm langen
Schwarmfische des oberen bis mittleren Beckenbereichs sind munter
und friedlich, wenn auch die Männchen immer wieder einmal einander imponieren. Dunkler Boden und
eine Wurzeldekoration sind gemeinsam mit dichten und feinfiedrigen Pflanzengebüschen die richtige Aquarieneinrichtung. Zwischen
den Pflanzen muß Schwimmraum
bleiben bzw. für die nicht ganz einfache Zucht ein Platz für eine Ablaichpflanze, etwa eine kleine Cryptocoryne. Bei den Männchen ist

der Keilfleck bis zur Bauchkante ausgedehnt und an seinem vorderen Rand gerundet. Die etwas volleren Weibchen haben einen geraden Keilfleck-Vorderrand. Der Zuchtansatz geschieht am besten paarweise, ein junges Weibchen ist mit einem größeren, 2jährigen Männchen zusammenzubringen. Vergesellschaftung mit etwa gleichgroßen Fischen ist zu empfehlen. **Haltung: T:** 22–26 °C (26–28 °C), **pH:** 6–6,5 (5,3–5,7), **Hä:** bis 12 °dGH (2 °dGH); Torffilterung. **Er:** O; kleines TF und LF.

3

3 Zwergbärbling
Rasbora maculata
Herkunft: Südostasien: südwestl. Malaysia, Singapur, Westsumatra.
Lebensraum: Stark pflanzenbewachsene Uferbereiche in stehenden oder sehr langsam fließenden Gewässern, Sümpfe.
Beschreibung: Mit etwa 2,5 cm Körperlänge ein echter Mini-Schwarmfisch, der fast zierlich-zerbrechlich wirkt, aber durchaus als unempfindlich gelten kann, wenn die Wasserwerte beachtet werden. Zwischen dichten, z.T. feinfiedrigen Pflanzen wird die Beckenmitte mit viel freiem Schwimmraum bevorzugt. Dunkler Boden und abgedunkelte Beleuchtung tragen wesentlich zum Wohlbefinden der Zwergbärblinge bei. Nur mit anderen Kleinstfischen ist eine Vergesellschaftung anzuraten. Die Weibchen sind gelber und voller, die Zucht ist möglich.
Haltung: T: 23–25 °C (25–29 °C), **pH:** leicht sauer, um 6,5 (5,8–6,3), **Hä:** bis 10 °dGH (bis 3 °dGH); Torffilterung. **Er:** O; sehr kleines TF und LF.

4 Glasbärbling, Dreilinienbärbling
Rasbora trilineata
Herkunft: Südostasien: Sumatra und Borneo, Westmalaysia.
Lebensraum: Trübe Bereiche stehender und leicht fließender Gewässer.
Beschreibung: Trotz der Größe (bis 15 cm) ein relativ ruhiger und friedlicher Schwarmfisch. Strebt von der Beckenmitte aus auch nach

4

oben und braucht reichlich Gelegenheit zum freien Schwimmen. Überhaupt sind große, lange Aquarien ideal für diesen Bärbling, der sich dunklen Boden und eine lockere Randbepflanzung wünscht. Im Hintergrund dürfen auch dichte Pflanzenbestände als Rückzugsmöglichkeit stehen. Nur andere lebhafte Fische, die zum Aquarienbereich „Mitte bis unten" tendieren, passen zum Glasbärbling. Die Zucht ist möglich.
Haltung: T: 22–25 °C (25–28 °C), **pH:** 6–7 (bis 6,5), **Hä:** weich bis mittelhart (5–8 °dGH); Torffilterung. **Er:** O; TF und LF.

Sonstige Karpfenähnliche

Hier finden sich vier Arten, die ebenfalls Karpfenfische im engeren Sinne, aber keine Barben oder Bärblinge sind. Von daher werden sie getrennt abgehandelt. Auch mit den im Anschluß daran vorgestellten Schmerlen und Dorngrundeln haben sie wenig gemein.

Unter den „sonstigen Karpfenähnlichen" wird der Kardinalfisch verwandtschaftlich meist in die Nähe unserer einheimischen Weißfische gestellt. („Weißfische" ist ein fischereibiologisches Kunstwort und

1

umgangssprachlicher Begriff, der „unedle" Klein-Cypriniden zusammenfassend von „edlen" Speisefischen wie Karpfen oder Schleien trennt.)

1 Siamesische Rüsselbarbe, Algenfresser
Crossocheilus siamensis
Herkunft: Südostasien: Thailand, Malayische Halbinsel.
Lebensraum: Mittlere bis große Flüsse in hügeligem Gelände.
Beschreibung: Bisher noch nicht gezüchtet wurden diese nützlichen Cypriniden, die ein Bartelpaar an der Oberlippe tragen und bis 15 cm lang werden. Äußere Geschlechts-

2

4

3

unterschiede sind nicht bekannt. Den Tieren muß man in sehr gepflegten Becken geradezu veraltete Steine und Wurzeln anbieten, damit sie ihrem Bedürfnis, Algen abzuschaben, nachkommen können. Vor allem untereinander sind diese Fische etwas aggressiv und halten sich entweder am Boden oder auf großen Blättern/Wurzeln „aufsitzend" auf. Bei weichem Boden und dichter Bepflanzung sind sie gute und ausdauernde Gesellschaftsfische, lieben jedoch etwas Strömung und gelten als recht sauerstoffbedürftig.
Haltung: T: 23–27 °C, **pH:** 6–7,5, **Hä:** weich bis mittelhart; nach langsamer und vorsichtiger Eingewöhnung im Fachhandel und daheim sind auch Werte bis pH 8 und 20 °dGH möglich. **Er:** H, (C), O; TF, besonders Tabletten, Salat, auch LF.

2 Feuerschwanz, Feuerschwanz-Fransenlipper
Epalzeorhynchus bicolor
Herkunft: Südostasien: Malaysia, Thailand.
Lebensraum: Fließgewässer mit Stein- und Holzablagerungen am Grund.
Beschreibung: Ein imposanter Fisch der unteren Aquarienregionen, der als Einzelgänger gilt und tatsächlich Reviere bildet, die er auch – besonders gegen seinesgleichen – verteidigt. Dabei gehen die 15 bis 20 cm langen Tiere recht ruppig zur Sache, so daß sie nur bei vielen Verstecken aus Wurzeln oder Steinen zu mehreren gehalten werden sollen. Langlebig ist die Art nur, wenn die Verstecke so angeordnet sind, daß Artgenossen sich darin nicht sehen können. In großen, sandigen Becken ist unter diesen Voraussetzungen auch eine Vergesellschaftung mit anderen Arten denkbar. Das Weibchen ist kräftiger und blasser, die Rückenflosse des Männchens läuft spitz aus. Zuchten sind äußerst selten und als Zufall zu bezeichnen, gelaicht wird in kleinen Höhlen.
Haltung: T: 22–26 °C (27–28 °C), **pH:** 6–7,5, **Hä:** bis 15 °dGH (weich); toleriert, vorsichtig eingewöhnt,

auch härteres Wasser; Torfzusatz im Filter. **Er:** C, O; LF, TF, Algen, Löwenzahn, Spinat u. a. pflanzliche Beikost.

3 Grüner Fransenlipper
Epalzeorhynchus frenatus
Herkunft: Südostasien: Nordthailand.
Lebensraum: Fließgewässer.
Beschreibung: Die Körperlänge schwankt je nach Herkunft zwischen 8 und 12 cm, manchmal liegt sie auch darüber. Die lebhafte bis aggressive Art ist dämmerungsaktiv und trägt zwei Bartelpaare. Aus Versteckrevieren heraus jagt der grüne Fransenlipper andere Aquarien-Insassen oft herum, jedoch selten in wirklich gefährlicher Form. Er ist insgesamt etwas „umgänglicher" als sein Feuerschwanz-Verwandter und verhält sich mit wachsender Beckengröße immer friedlicher. Verstecke

aus Wurzeln oder Steinen und Sichtschutz durch Bepflanzung sind aber immer angebracht. Die seltenen Zuchten sind eher Zufälle. Das männliche Tier zeigt einen schwarzen Saum an der Afterflosse, die Weibchen sind dicker. Vergesellschaftung unter den o.g. Bedingungen möglich.
Haltung: T: 24–29 °C, **pH:** 6–7,5, **Hä:** bis 10 °dGH; Torffilterung. **Er:** O; TF, LF, Algen, Löwenzahn, Kopfsalat.

4 Kardinalfisch
Tanichthys albonubes
Herkunft: Ostasien: Südchina, vor allem bei Kanton.
Lebensraum: Klare Bäche des Berglandes.
Beschreibung: Dieser friedliche und lebhafte Schwarmfisch von 4 bis 5 cm Länge wurde früher auch als Arbeiter-Neon bezeichnet, vermutlich, weil er viel erschwinglicher war als „echte" Neons, die sich nicht jeder leisten konnte. Unterschiedliche Körper- und Flossenfärbungen, auch Schleierformen wurden herausgezüchtet. Die ohnehin farbigeren, kleineren und schlanken Männchen zeigen ein besonders farbintensives Imponiergehabe. Die Tiere schwimmen im Aquarium in der Mitte und oben; feinsandig-dunkler Grund wird bevorzugt. Die anspruchslosen Kardinalfische möchten gern Platz zum Schwimmen haben! Dichte Pflanzen am Rand oder Dickichtgruppen bzw. eine geschlossene Hintergrundbepflanzung ist der richtige Lebensraum im Aquarium. Guter Gesellschaftsfisch und leicht züchtbar.
Haltung: T: 18–22 °C (nie über 24 °C halten, die Tiere werden dabei blaß), **pH:** 6–8, **Hä:** weich bis hart; häufiger Frischwasserzusatz. **Er:** O; TF, kleines LF.

Schmerlen und Dorngrundeln

Die „Cobitidae" sind eine recht kleine Fischfamilie mit nur etwa 100 Arten, alle im Süßwasser der Alten Welt beheimatet und Barteln tragend. Als Tastorgane mit Geschmacksrezeptoren unterstützen sie den Nahrungserwerb. Alle Arten sind kleinschuppige oder „nackte" Bodenbewohner mit unterständigem, zahnlosem Maul, manche mit einem ausklappbaren Dorn unterm Auge und mit der Möglichkeit, Geräusche in Form eines „Knackens" von sich zu geben.

Viele Schmerlen sind Darmatmer, d.h., daß atmosphärischer Sauerstoff nach Abschlucken von Luft (an der Wasseroberfläche geschnappt) in reich durchbluteten Darmabschnitten verwertet werden kann.

Dem „forschenden" Aquarianer tut sich mit der Fortpflanzungsbiologie dieser Fischgruppe ein weites Betätigungsfeld auf – allzuviel liegt da noch im dunkeln. Die meisten Zuchten basieren auf Zufällen.

1

1 Dornaugen
  Acanthophthalmus spec.
Herkunft: Verschiedene Arten aus unterschiedlichen Ländern Südostasiens.
Lebensraum: Meist in Bächen, wo die Jungfische als Schwärme in Pflanzenverstecken hausen, um später eher einzelgängerisch zu werden.
Beschreibung: Die Dornaugen, deren Arten nur für Spezialisten auseinanderzuhalten sind, ähneln mit ihrer Schlangenform kleinen Aalen, tragen aber 3 Paar Barteln. Sie haben keine Seitenlinie und halten sich überwiegend am Boden auf.

Es gibt allenfalls Zufallszuchten im Aquarium, wobei sich das kräftigere Weibchen durch Laichansatz fast walzenförmig verdickt. Nachtaktiv (abends füttern) und langlebig, mögen Dornaugen keinerlei Störungen (dann springen sie aus dem Becken!). In dunklen Aquarien mit weichem Boden und vielen Pflanzen fühlen sich die Dornaugen wohl. Sie sollten nur mit Fischen der oberen Wasserregionen vergesellschaftet werden.
Haltung: T: 24–30 °C, **pH:** 5,5–6,5, **Hä:** bis 10 °dGH; Torffilterung, **Er:** C, O; sinkendes LF, pflanzliche Kost, TF (Gewöhnung an Tabletten).

2 Prachtschmerle
  Botia macracantha
Herkunft: Südostasien: Indo-austra-lischer Archipel, Sumatra, Borneo.
Lebensraum: Seen sowie Überschwemmungsgebiete von Flüssen.
Beschreibung: Prachtschmerlen sind lebhafte Schwarmfische, die in Aquarien selten über 16 cm lang werden, in der Natur aber 30 cm groß anzutreffen sind. Sie tragen vier Paar Barteln und können knackende Laute von sich geben. Die schwimmfreudige und nicht ganz so versteckt wie andere Schmerlen lebende Art ist auch tags unterwegs, die Neigung zu Dämmerungsaktivität ist aber unverkennbar. Die langsam wachsenden Tiere sind empfindlich gegen Chemikalien und anfällig für *Ichthyophtirius.* In ihrer Heimat zählt man sie zu den wohlschmeckenden Speisefischen. Auf

2

3

die Aquaristik nur schwerlich bieten.

Haltung: T: 24–30 °C, **pH:** 5–7, **Hä:** nicht über 10 °dGH, eher darunter; nicht in kleinen Becken, Aquarienlängen ab 1,2 m; öfter Frischwasserzusatz. **Er:** O; TF (auch Tabletten), LF mit Würmern, kleinen Schnecken, Algen u.a. Grünzeug.

3 Horas Schmerle
Botia morleti (Botia horae)

Herkunft: Südostasien: Thailand, Hinterindien.

Lebensraum: Bäche und kleine Flüsse.

Beschreibung: Die 7 bis fast 10 cm langen und damit recht klein bleibenden Schmerlen sind lebhaft, aber meist recht friedlich. Die gelegentlichen Aggressionen sind eher ungefährlich, da die Tiere nicht sehr gut schwimmen. Die Nacht- und Dämmerungsaktivität bedingt eine versteckte Lebensweise in der Nähe des Bodens, wo man dem Schwarm mindestens ein Versteck pro Tier anbieten sollte. Weicher Boden, auch feiner Sand, Steine und Wurzeln sind also die richtige Einrichtung. Als Pflanzen sind widerstandsfähige Arten empfehlenswert. Das Licht darf durch Schwimmpflanzen etwas gedämpft werden. Vergesellschaftung vor allem mit größeren Fischen, z.B. Barben oder Panzerwelsen. Geschlechtsunterschiede und Zuchterfolge sind nicht bekannt.

Haltung: T: 26–30 °C, **pH:** 6–7, **Hä:** bis 5 °dGH; öfter Frischwasserzusatz, etwa 20% pro Woche. **Er:** C, O; LF, TF, Algen.

weichem Aquarienboden biete man Verstecke und Höhlen aus Wurzeln, Steinen oder Bambusröhren. Außer Zufallszuchten weiß man nichts über die Vermehrung in menschlicher Obhut, ältere Weibchen sind in der Aufsicht fülliger, d.h. sie wirken von oben betrachtet dicker. Alte Männchen werden hochrückig und gedrungen, beides sind jedoch sehr unzuverlässige Merkmale. Zum Ablaichen werden in der Natur vermutlich größere Wanderungen bis in die schäumenden, schnellfließenden Quellregionen unternommen. Diesen wohl auslösenden Reiz kann

1 Schachbrettschmerle, Zwerg-
schmerle
Botia sidthimunki
Herkunft: Südostasien: nördliches
Thailand, Hinterindien.
Lebensraum: Kleine, schlammhalti-
ge, stehende oder langsam fließende Gewässer.
Beschreibung: Diese reizende
Schmerle mit drei Paar Barteln, im
tagaktiven Schwarm äußerst
schwimmfreudig, lebhaft und friedlich, wird jetzt in Thailand verstärkt
nachgezüchtet. Die Schachbrettschmerlen werden 7 bis 9 cm lang.
Nur Schwarmhaltung ist artgerecht;
dazu gebe man in Bodennähe viele
(Höhlen-)Verstecke auf weichem
Grund. Teilweise dichte Bepflanzung komplettiert die Beckenausstattung, freier Schwimmraum muß
jedoch vorhanden sein. Kleinere,
nicht revierbildende Arten oder
ruhige größere Fische sind geeignete Partner für gut gepflegte Gesellschaftsbecken. Für Zuchtversuche
eignen sich Artenbecken, die Balz
kann durch sichtbare Blässe ange-
zeigt werden.
Haltung: T: 25–29 °C, **pH:** 6–7,5,
Hä: weich bis hart; öfter Frischwasserzusatz. **Er:** C, O; alle kleineren
Sorten TF und LF, Algen.

1

Welse

Aus der sehr vielfältigen Gruppe der
weltweit überwiegend in Süßwasser
verbreiteten Welsähnlichen (Silu-
roidei) wollen wir hier nur eine Auswahl der aquaristisch bedeutend-
sten Vertreter bieten: Von den mindestens 1 000 Arten in 15 Familien
beschreiben wir 13 Arten aus 4 Familien.

Im Vordergrund stehen die verschiedenen, von den Haltungsbedingungen sehr ähnlichen Panzerwelse, die systematisch zu
den Schwielenwelsen (Callicht-
hyidae) gerechnet werden. Harnischwelse (Loricariidae) finden sich
4 Arten und je ein Repräsentant der
Antennenwelse (Pimelodidae) und
der echten Welse (Siluridae). Zu
letzteren gehört auch unser ein-
heimischer Wels (Waller), der mit

über zwei Metern Länge (eine süd-
amerikanische Welsart erreicht noch
einen Meter mehr!) im Gegensatz
zu den nur 2,5 cm „langen" Zwerg-
panzerwelsen die Variabilität der
Welsartigen eindrucksvoll demon-
striert.

Manche Welse können Luftsauer-
stoff verwerten: Wie die Schmerlen
schnappen sie an der Oberfläche
Luft, aus der dann, meist in der
Schwimmblase, Sauerstoff aufgenommen wird.

Schuppen fehlen den Welsen.
Wenn der Körper nicht nackt ist,
wird er durch einen Panzer aus
Knochenplatten geschützt. Die teils
auch in anderen Familien zu fin-

denden Barteln sind bei Welsen oft
zu längeren Bartfäden ausgezogen, die tastend und schmeckend
einen größeren Umgebungsbereich erkunden können.

Wer Welse hält, braucht sich über
Futterreste am Boden nicht zu sorgen; sie jedoch ausschließlich als
„Müllschlucker" zu halten, ist sicher
falsch und nicht wenige Welse
werden wohl zu knapp und „so
nebenbei" gefüttert. Dämmerungs-
und nachtaktive Arten sollen
abends eine eigene Futterration erhalten, damit sie bei Kräften bleiben.

Für Zuchtversuche, am besten in
Artenbecken, werden bei allen nicht
brutpflegenden Arten die
Elterntiere nach der Eiablage herausgefangen,
oder aber das Gelege
wird entnommen
und – in Wasser aus
dem Ablaichbecken
– separat gepflegt.

*Bewohner
der
Unterwelt.*

2 Blauer Antennenwels
Ancistrus dolichopterus
Herkunft: Südamerika: Amazonaszuflüsse.
Lebensraum: Bei ins Wasser gefallenen Hölzern in fließendem Gewässer; klare Bäche.
Beschreibung: Mit 13 bis 14 cm Länge fühlen sich diese bizarren Welse in großen, klaren Becken mit guter Filterströmung im unteren Bereich an Holzsubstraten wohl. Die Männchen tragen mehrere der namensgebenden, geweihartigen Gebilde auf dem Kopf. Diese „Antennen" sind bei den Weibchen ganz klein und dünn. Höhlen, Wurzeln und Hölzer bilden dunkle Rückzugsbereiche, wo große Teile des Tages verbracht werden. Die Art ist friedlich und verschont auch kleine Fische, daher gut zu vergesellschaften. Nach dem Laichakt in Höhlen treiben die revierbildenden Männchen Brutpflege.
Haltung: T: 23–27 °C, **pH:** 6–8 (bis 7), **Hä:** weich bis hart (4–10 °dGH); sauerstoffreiches Wasser. **Er:** H; Algen, Pflanzenkost, auch gekochte Möhren und gefrostete Erbsen, TF, LF, braucht Holz zum Abraspeln.

3 Smaragd-Panzerwels, Grüner Panzerwels
Brochis splendens
Herkunft: Südamerika: Amazonas, Peru, Brasilien, Ecuador.
Lebensraum: Langsam fließende Gewässer mit bewachsenen Uferbereichen.

Beschreibung: Wie bei vielen Panzerwelsen wird die kleine Fettflosse durch einen Dorn gestützt; die Gattung *Brochis* hat 10 bis 12 Strahlen in der Rückenflosse, *Corydoras* nur 6 bis 8. Smaragdpanzerwelse haben 3 Paar Barteln, werden 8 cm lang und leben, auch tagsüber munter und gern schwimmend, im Schwarm im unteren Beckenbereich. Der Boden des gut bepflanzten Aquariums wird idealerweise mit feinkörnigem Kies oder grobem Sand (dunkel) bedeckt, Verstecke wie Steine, Wurzeln und große Blätter sollten nicht fehlen. Teilbereiche mit Mulm werden neben freien Grundflächen ebenso geschätzt wie friedliche Mitbewohner. Große Buntbarsche sind keine gute Gesellschaft. Die Zucht ist möglich, wenn auch äußere Geschlechtsun-

terschiede bis auf die größere Körperfülle reifer Weibchen nicht erkennbar sind. Ein Teilwasserwechsel mit zunächst etwas kühlerem Wasser löst oft die Laichbereitschaft aus.
Haltung: T: 18–26 °C (23–27 °C), **pH:** 5,8–7,5 (bis 6,5), **Hä:** weich bis hart (bis 4 °dGH); öfters kleine Teilmengen Frischwasser geben. **Er:** O; TF (Tabletten), LF, gelegentlich pflanzliche Zukost.

4 Stromlinien-Panzerwels
Corydoras arcuatus
Herkunft: Südamerika: mittlerer Amazonas.
Lebensraum: Bäche und kleine Flüsse.
Beschreibung: Ein schöner Bodenfisch, der 5 cm lang wird und 2 Bartelpaare trägt. Auf weichem, dunk-

2

3

4

121

1

2

3

Haltung: T: 20–26 °C (25–28 °C),
pH: 6–7,5 (bis 7), **Hä:** weich bis hart
(bis 6 °dGH); häufiger Teilwasserwechsel in geringen Mengen. **Er:** O;
kleines LF und TF, gelegentlich auch
„pflanzliches".

2 Marmorierter (punktierter)
   Panzerwels
Corydoras paleatus
Herkunft: Südamerika: Südostbrasilien.
Lebensraum: Kleine Fließgewässer.
Beschreibung: Weil sehr unempfindlich, war dieser friedliche und
ausdauernde Panzerwels einer
der ersten Zierfisch-Pioniere in Europa. Zwei Paar Barteln tragend, bewohnen die Tiere im Schwarm gerne den Aquarienboden. Der sollte
mit Sand ausgestattet sein, damit es
zu keinen Verletzungen im Maulbe-
reich kommt. Bei Vorhandensein
großblättriger Pflanzen können die
7 bis 8 cm großen Fischlein vergesellschaftet werden. Die Zucht hat
auch eine albinotische Form hervorgebracht.
Haltung: T: 18–24 °C (24–26 °C),
pH: 6,5–8 (bis 7), **Hä:** weich bis hart
(bis 6 °dGH); häufiger Teilwasserwechsel in geringen Mengen. **Er:** O;
kleines TF und LF, Tabletten.

3 Panda-Panzerwels
   Corydoras panda
Herkunft: Südamerika: Peru.

lem Boden und feinem Sand sollte
ein Schwarm dieser netten Welse
gepflegt werden. Normale Bepflanzung und einige rundliche Kiesel
vervollständigen das Aquarium,
welches gern auch ein Gesellschaftsbecken sein darf. Die Nachzucht ist
schon gelungen.
Haltung: T: 20–24 °C (24–26 °C),
pH: 6–8 (bis 7), **Hä:** 2–25 °dGH (um
6 °dGH). **Er:** O; LF, TF, auch „pflanzliches".

1 Sichelfleck-Zwergpanzerwels
   Corydoras hastatus
Herkunft: Südamerika: Brasilien,
Amazonas, Mato Grosso.

Lebensraum: Ufernahes Freiwasser
kleiner Bäche und Flüsse.
Beschreibung: Nur 3 bis 3,5 cm erreicht diese kleine und schwimm-
lustige *Corydoras*-Art, die sich als
friedlicher, tagaktiver Schwarmfisch
gern auch in mittleren Beckenzonen
tummelt. Die dickeren Weibchen
sind größer, Männchen werden nur
etwa 2,5 cm lang. Die Zucht ist
schon gelungen, wobei kühler Wasserwechsel als auslösend gelten
darf. In Aquarien mit weichem Bodengrund und Pflanzendickichten
ist eine Vergesellschaftung mit
Kleinfischen gut möglich.

Lebensraum: Klare Fließgewässer, über sandigen Stellen.

Beschreibung: Die lustige Zeichnung, die an die Gesichtsmaske der Pandabären erinnert, gab diesem bis maximal 5 cm langen Panzerwels den Namen. Lockere Bepflanzung, in Gruppen angeordnet, und Sandboden gefällt diesen sehr friedlichen, tagaktiven Fischen. Sie lieben etwas Strömung und gut gefiltertes, sauerstoffreiches Wasser. Eine Vergesellschaftung mit nicht zu großen Fischen bietet sich an, auch die Zucht ist schon geglückt. Keine äußeren Geschlechtsunterschiede; auch hier wirkt ein kühler Wasserwechsel laichfördernd. Die Haltung in kleinen Gruppen entspricht der natürlichen Lebensweise.

Haltung: T: 20–25 °C, **pH:** 6,5–7,5, **Hä:** weich bis hart; Wasserwechsel regelmäßig etwa alle 2–3 Wochen. **Er:** L, O; LF und TF (Tabletten).

4

4 Netz-Panzerwels
Corydoras reticulatus
Herkunft: Südamerika: Peru, Amazonas.
Lebensraum: Kleingewässer.
Beschreibung: Friedlicher und ausdauernder Schwarmfisch mit zwei Paar Barteln, der sich lebhaft über den Boden bewegt, aber auch freischwimmend in mittleren oder gar oberen Aquarienregionen angetroffen wird. Möglichst feiner Sand als Bodenbelag wird mit einigen größeren Steinen kombiniert, die von Netz-Panzerwelsen als Ruhestandorte aufgesucht werden. Bei normaler Bepflanzung ist auch eine Haltung im Gesellschaftsbecken möglich. Die Zucht (Weibchen sind dicker) ist schon gelungen. Die Tiere werden etwa 7 cm lang.
Haltung: T: 20–26 °C (oberer Bereich davon), **pH:** 6–8 (bis 7), **Hä:** 2–25 °dGH (um 6 °dGH); häufiger Teilwasserwechsel in geringen Mengen. **Er:** O; TF, LF, gelegentlich auch vegetarische Kost.

5 Leopard-Panzerwels
Corydoras trilineatus
Herkunft: Südamerika: Peru.
Lebensraum: Weichgründige Flüsse und Seen.

5

Beschreibung: In Gruppenhaltung auf teils weichem Boden fühlen sich die 6 cm langen „Leoparden" wohl. Auch tags aktiv, werden Aquarien mit Wurzelverstecken oder entsprechend gestaltete Gesellschaftsbecken mit Bepflanzung überwiegend im unteren Beckenbereich gern bewohnt. Die Zucht mit Laichauslösung durch kühleres Wasser gelingt auch hier. Leopard-Panzerwelse brauchen etwas höhere Wassertemperaturen als viele andere *Corydoras*-Arten.
Haltung: T: 24–26 °C (25–28 °C), **pH:** 6–7,5 (bis 7), **Hä:** weich bis hart (6 °dGH); häufige kleine Teilwasserwechsel. **Er:** O; TF, LF.

1

2

in Erdhöhlen stattfindenden Fortpflanzung und zu äußeren Geschlechtsunterschieden ist nichts bekannt. Schwimmpflanzen sorgen für gedämpftes Licht, darunter werden Wurzeln und Steine als Verstecke geboten. Weiches, leicht saures Wasser wird bevorzugt, eine Vergesellschaftung ist möglich. **Haltung: T:** 18–26 °C, **pH:** 5–8, **Hä:** weich bis hart; nur für große Becken ab 1,2 m. **Er:** H; Algen, Kopfsalat, aufgeweichte Haferflocken, Spinat, TF, LF.

2 Indischer Glaswels
   Kryptopterus bicirrhis
   Herkunft: Südostasien: Hinterindien, Malaysia, Thailand, Java, Sumatra, Borneo.
   Lebensraum: Im hellen Freiwasser leicht fließender Gewässer.
   Beschreibung: Bei diesen 10 cm langen Welsen mit zwei dünnen, langen Bartelfäden hat die Rückenflosse nur eine kleine Strahlstütze, die Afterflosse reicht bis dicht an die Schwanzflosse heran. Die etwas empfindliche Art wirkt wegen der Durchsichtigkeit recht interessant. Als tagaktive Schwarmfische stehen die Glaswelse gern zwischen lichten Pflanzenbeständen, die am Rand des Aquariums auch zu Dickichten werden dürfen. Teilbedeckung mit Schwimmpflanzen, leichte Strömung und Platz zum Schwimmen sind die weiteren Erfordernisse. Mit friedlichen Fischen, auch anderen Welsen und Schwarmfischen, kann vergesellschaftet werden. Allenfalls Zufallszuchten erfolgten im Aquarium, wobei sich Glaswelse als Freilaicher oberhalb von Pflanzen nach der Nachahmung einer „Regenzeit" erwiesen.
   Haltung: T: 22–27 °C, **pH:** 6–7,5, **Hä:** weich bis hart; auf besonders gute Wasserqualität achten. **Er:** C, O; LF, TF.

3 Kleiner Saugwels, Gestreifter
   Otocinclus
   Otocinclus affinis
   Herkunft: Südamerika: Südostbrasilien.
   Lebensraum: Klare, schnellfließende, pflanzenreiche Gewässer.

1 Punktierter Harnischwels
   Hypostomus punctatus
   Herkunft: Südamerika: Süd- und Südostbrasilien.
   Lebensraum: Jungtiere in schnell-, Erwachsene in langsamfließenden Flußbereichen.
   Beschreibung: Bei 30 cm Körperlänge und mehr trägt dieser stattliche Wels eine Fettflosse, wächst aber nur langsam. Als Einzelgänger des Bodenbereichs ist er scheu und nachtaktiv. Dann wühlt er allerdings stark, weshalb Pflanzen in Schalen gesetzt und durch Steine geschützt werden müssen. Zu der in der Natur

3

Verkehrte Welt.

4

Beschreibung: Der mit 4 cm recht kleine Wels lebt tagsüber versteckt und trägt keine Fettflosse. Nachts wird er aktiv und „beweidet" verschiedene Substrate. Naturgemäß braucht er klares Wasser mit deutlicher Strömung und bevorzugt veralgte Steine und Wurzeln. Eine dichte Bepflanzung vervollständigt sein Aquarium, in dem er mit bis zu mittelgroßen Fischen (keine räuberischen Arten!) vergesellschaftet werden kann. Die Weibchen sind – wohl durch Laichansatz – zeitweise dicker, ansonsten existieren keine äußeren Geschlechtsmerkmale. Die Zucht (ohne Brutpflege) ist ab und zu schon gelungen.
Haltung: T: 20–26 °C, **pH:** 6–7,5, **Hä:** weich bis hart; sauerstoffbedürftiger als viele andere Welse.
Er: L, H; TF (Tabletten), Algen, LF, pflanzliche Kost.

4 Gebänderter Zwergschilderwels, Zierbinden-Harnischwels
   Peckoltia pulcher
Herkunft: Südamerika: Rio Negro und Nebengewässer.
Lebensraum: Flüsse und Bäche.
Beschreibung: Friedlich und gut zu vergesellschaften, ist die widerstandsfähige, 6 bis 8 cm große Art überall dort zu Hause, wo Holz im Wasser liegt. Dem muß im Aquarium Rechnung getragen werden. Ohne Algen im Becken kümmern die Tiere, die ansonsten mit Verstecken aus Wurzeln oder unter Steinen zufrieden sind. Die Zucht gelang noch nicht. Zeitweilig werden, vermutlich von den Männchen, harte, borstige Hautbereiche an Kopf und Schwanz gebildet.
Haltung: T: 24–28 °C, **pH:** 5,5–7,8, **Hä:** weich bis hart; nur bis 10 °dGH.
Er: L, H; TF, Holz zum „Abnagen", Pflanzenkost, LF.

Aquarien-ausstellungen

Vielleicht ist es nicht gerade *das* Jahresereignis für Außenstehende, doch willkommene Abwechslung und Höhepunkt im Vereinsleben ist sie allemal – die Aquarienausstellung. Manchmal liegt auch ein besonderer Anlaß vor, wie zum Beispiel ein Vereinsjubiläum, doch oft gehört eine Ausstellung und die damit verbundene Plackerei auch zu den regelmäßigen Aktivitäten im Verein.

Geplant muß so eine Ausstellung werden, organisiert und durchdacht. Leicht ist die Sache nicht zu bewältigen! Der finanzielle und technische Rahmen ist weit gesteckt, will man sich nicht nur mit kahlen Aquarien und wenigen Fischarten begnügen.

Schon Wochen vorher, gewöhnlich dann, wenn den kühnen Worten der Vereinsleitung allmählich Taten folgen müssen, hängt bekanntermaßen der Vereinssegen schief. Meist begradigen sich die Schwierigkeiten und es wird bis kurz vor Eröffnung gehämmert, eingerichtet, eingepflanzt, umgesetzt, verkabelt, beleuchtet, geputzt und poliert.

Aquarianer sind auch nur Menschen und manchem liegt die kniffelige Vorplanung nicht, so daß oft planlos drauflosgearbeitet wird.

Zierfischausstellung im Rohbau, noch fehlen die Aquarien.

Irgendwie wird aber dann doch alles rechtzeitig fertig, wenn auch meist in allerletzter Minute.

Endlich ist es dann soweit, und die Menschenmassen strömen herein. Die Inhaber der einzelnen Aquarien mischen sich unters Volk und verdrücken sich unauffällig in die Nähe *ihres* Aquariums, um Worte des Lobes zu erhaschen.

Bald spaltet sich die Menge in Seewasserfans und Süßwasserfans, sofern beide Gattungen von Aquarien vorhanden sind. Die einen stehen begeistert vor dem Aquarium mit lebenden Korallen und Anemonen, andere schwärmen für Pflanzenbecken (mit ein paar Fischen garniert) oder afrikanische Steinepracht mit Buntbarschen.

Endlich ist es soweit, die Besuchermassen strömen.

Fische, deren Namen jeder kennt, sind magischer Anziehungspunkt, obwohl gerade diese sich vielleicht in grünes Pflanzendickicht zurückziehen und man nur noch die Schwanzflosse sieht. Manche Erwartung, die „blutrünstigen" Piranhas aus nächster Nähe erleben zu können, wird allzuoft nicht erfüllt.

Die Fische gewöhnen sich recht schnell an die veränderten Umstände und reagieren gelassen. Selbst das Patschen von Kinderhänden an die Frontscheiben der Aquarien ist bald kein Grund zur Besorgnis mehr.

Hinter den Kulissen geht die Arbeit für Vereinsmitglieder natürlich weiter. Die Fische wollen gefüttert werden, und die Wasserqualität muß auf optimalem Niveau gehalten werden.

Richtig zur Arbeit ausarten wird es, wenn sich die Ausstellung nicht nur über ein bis zwei Wochen, sondern über mehrere Monate hinzieht. Dann werden die „vollberuflichen Aquarianer" unter den Vereinsmitgliedern, sprich die Rentner, dringend gebraucht. Das Besorgen von Futter aller Art, besonders lebendes, und eine regelmäßige Kontrolle der Aquarien wird ihnen ans Herz gelegt.

Doch auch der „nebenberufliche" Aquarianer wird den nicht fischbegeisterten Teil seiner Familie oder Partnerschaft allzuoft verlassen, um seine flossigen Freunde zu ihrem Recht kommen zu lassen.

Ist endlich der letzte Tag der Ausstellung angebrochen, dann kann man meistens auf eine schöne und interessante Zeit zurückblicken. Doch Moment mal, erst kommt noch das Thema Abbau und der Umzug der Fische ins heimische Aquarium an die Reihe. Erst bei späteren Treffen mit den Aquarianerfreunden kann dann so richtig gefeiert werden. Und bei dieser Gelegenheit werden die Fotos und Videoaufnahmen vom „großen Ereignis" gebührend gewürdigt.

Trotz aller Strapazen, die man während der Ausstellungszeit auf sich genommen hat, werden schon bald Pläne für die nächste Ausstellung geschmiedet … denn das nächste Mal wird es garantiert noch schöner und noch besser!

1

1 **Engel-Antennenwels**
Pimelodus pictus
Herkunft: Südamerika: Peru, Amazonas.
Lebensraum: Trübe, flache Gewässer im Amazonas-Einzugsbereich.
Beschreibung: Bei diesen 12 cm, in der Natur aber länger werdenden Tieren sind die Brustflossenstrahlen mit Widerhaken versehen. In Netzkeschern verheddern sich die Engelwelse, sie sollten mit durchsichtigen Gefäßen aus dem Becken gefangen werden. In kleinen Gruppen ziehen sie meist friedlich durch untere und mittlere Aquarienregionen, sehr kleine Fische werden aber verfolgt. Schwimmpflanzen, Wurzel- und Steinhöhlen sind die richtige Beckeneinrichtung, die reichlich Schwimmraum bieten soll, da die Welse viel Bewegung brauchen. Starke Filterung mit leichter Strömung ist vorteilhaft. Zucht und Geschlechtsunterschiede sind unbekannt. Mit genügend großen, nicht mehr als Beute verfolgten Fischen gut zu vergesellschaften.
Haltung: T: 23–27 °C, **pH:** 6–7, **Hä:** weich bevorzugt, obwohl auch an größere Härten gewöhnbar; Torffilterung. **Er:** O; TF (Tabletten), LF.

Eierlegende Zahnkarpfen

Man kennt über 450 Arten dieser auch „Killifische" bezeichneten Familie (Cyprinodontidae) in 5 Untergruppen. Sie kommt auf allen Kontinenten mit Ausnahme Australiens vor, hier werden nur afrikanische und asiatische Vertreter beschrieben. Die Größenvarianz der eierlegenden Zahnkarpfen liegt zwischen 2 und 30 cm Länge. Das Seitenlinienorgan findet sich meist nur am Kopf, das Maul trägt gebogene, spitze Zähnchen.

Je nach Ablageort der Eier unterscheidet man Haftlaicher, die ihre Eier an Pflanzen legen, und Bodenlaicher. Bei Bewohnern zeitweilig austrocknender Gewässer sterben die Alttiere nach dem Laichakt, die Embryonen überdauern innerhalb der Eihülle die Trockenzeit. Man spricht dann von Saisonfischen, wenn die Eier, unabhängig vom Ablageort, eine derartige Ruheperiode („Diapause") brauchen.

2 **Gardners, Nigeria- oder stahlblauer Prachtkärpfling**
Aphyosemion gardneri
Herkunft: Afrika: Nigeria, Westkamerun.

Lebensraum: Klein- und Kleinstgewässer der Savannen und Urwälder.
Beschreibung: Sehr schön, aber etwas streitbar (vor allem die Männchen untereinander), ist dieser 6 bis 8 cm lange Saisonfisch. Mehrere Unterarten, aber auch herkunftsbedingte Farbabweichungen machen diese Fische sehr variabel im Erscheinungsbild. Die kleineren Weibchen sind schlichter gefärbt. Ein Artenbecken mit dunklem Boden und dichter, auch Schwimmbepflanzung, ist ideal, vielleicht noch eine Gesellschaft mit hier nicht beschriebenen *Aphyosemion*-Arten der Oberfläche, da *A. gardneri* die mittleren bis unteren Aquarienzonen nutzt. Wurzelverstecke werden gern aufgesucht. Zur Zucht dieser Haftlaicher gibt man den Eiern eine vierwöchige Ruhezeit, wobei sie in Torf austrocknen sollten. Licht durch Schwimmpflanzen abdämpfen.
Haltung: T: 21–24 °C (24–26 °C), **pH:** 6–7 (bis 6,5), **Hä:** bis 10 °dGH (5–8 °dGH); Torffilterung; bitte kein Salz zugeben. **Er:** C; LF, Würmer, TF wird selten genommen.

3 **Streifenhechtling, Piku**
Aplocheilus lineatus
Herkunft: Asien: Vorderindien, Malabar und Madras, Sri Lanka.
Lebensraum: Kleinere, stehende Gewässer.
Beschreibung: Ausdauernder und robuster Oberflächenfisch, der 10 bis 12 cm lang wird und seine Reviere bis in die Beckenmitte ausdehnt. Aggressiv gegen Artgenossen und gleichgeformte Fische, springt der Piku gern, daher auf gute Abdeckung achten! Zur Vergesellschaftung mit größeren Fischen geeignet, die ebenfalls dichte, feinblättrige Pflanzen mit Schwimmplatz dazwischen mögen. Wurzeln und Schwimmpflanzen gehören ebenfalls zur Aquarieneinrichtung. Die kleineren, matter gefärbten Weibchen legen ihre Eier an Pflanzen oder Kunststoffgespinst ab, wenn der Wasserstand auf etwa 20 cm gesenkt wurde. Die Eier bringt man in flachen Gefäßen zur Erbrütung.

Haltung: T: 21–25 °C (25–28 °C), **pH:** 6–7,5 (6–6,8), **Hä:** nicht zu hart (bis 12 °dGH); Sand- oder Kiesboden. **Er:** C: LF, auch Drosophila und größere Fliegen, Regenwürmer, Fische, TF.

4 Gemeiner Hechtling, Panchax
Aplocheilus panchax
Herkunft: Asien: Indien, Burma, Thailand, Malayische Halbinsel und indo-australische Archipel- sowie Sunda-Inseln.
Lebensraum: Reisfelder, Sümpfe; verlandende, bewachsene Stellen.
Beschreibung: Anspruchslose Killis, die mit 7 bis 8 cm Länge je nach Herkunft verschieden gefärbt sein können und die Oberflächenregion bevorzugen. Gute Abdeckung, dichte Bepflanzung und freier Schwimmraum, Schwimmpflanzen und Wurzelverstecke bilden die Aquarienausstattung. Mit größeren Fischen vergesellschaftbar; äußere Geschlechtsunterschiede sind schwer zu erkennen. Die Beflossung der etwas kräftiger wirkenden Weibchen ist kleiner und sie können blasser sein. Die Zucht gilt als nicht allzu schwer und erfolgt wie bei A. lineatus beschrieben.
Haltung: T: 20–25 °C (23–29 °C), **pH:** 6–7,5 (6–6,8), **Hä:** weich bis mittel (bis 12 °dGH); Kunststoffgespinst als Laichsubstrat möglich. **Er:** C; LF, Drosophila, andere Fliegen und Kleininsekten, Fische, TF.

2

4

3

1

2

1 Querbandhechtling
Epiplatys dageti
Herkunft: Afrika: Sierra Leone, Liberia, Elfenbeinküste, Ghana.
Lebensraum: Kleine Fließgewässer.
Beschreibung: 6 bis 7 cm lang (die Weibchen etwas kleiner mit schwächer ausgebildeter Beflossung) werden diese zunächst friedlich-lebhaften Hechtlinge. Im Alter zunehmend aggressiv und räuberisch, sollte man sie allenfalls mit gleichgroßen Fischen vergesellschaften (z.B. Schwarmfische des Mittelwassers, Welse oder kleine Buntbarsche). Dichte Bepflanzung der Aquarienseiten, viele Schwimmpflanzen zur dämmrigen Haltung und dunkler Sand sind zur artgerechten Pflege angesagt. Die Zucht dieses Haftlaichers an Pflanzen, die nach der Eiablage zu entnehmen sind, ist möglich. Die Afterflosse der Männchen ist spitz auslaufend.
Haltung: T: 21–24 °C (24–26 °C), **pH:** 6–7 (bis 6,5), **Hä:** bis 10 °dGH; Torfzusatz. **Er:** C, O; LF plus Drosophila, später auch kleine Fische, TF.

2 Reisfische
Oryzias spec.
Herkunft: Ostasien: Indonesien.
Lebensraum: Kleingewässer.
Beschreibung: Es gibt verschiedene Arten, die zwischen 4 und 5,5 cm lang werden. Bei männlichen Tieren sind Rücken- und Afterflosse größer als bei den Weibchen. Als eine der wenigen Gruppen unter den eierlegenden Zahnkarpfen sind *Oryzias*-Arten zeitlebens Schwarmfische. Sie halten sich bevorzugt in der Nähe der Wasseroberfläche auf, wo einige Schwimmpflanzen noch freien Raum lassen sollten. Bei leichter Strömung, feinblättriger Bepflanzung und sonnigem Standort fühlen sich Reisfische wohl. Die Zucht gelingt, doch ist die Aufzucht nicht einfach. Eine Vergesellschaftung empfiehlt sich mit etwa gleichgroßen Fischen der unteren und mittleren Wasserbereiche.
Haltung: T: 23–29 °C (23–25 °C), **pH:** 7–8,5, **Hä:** 10–15 °dGH; das früher empfohlene „Aufsalzen" des Wassers sollte unterbleiben.
Er: C, O; kleines LF, Drosophila, TF.

Lebendgebärende Zahnkarpfen

Vor etwa 30 bis 40 Millionen Jahren entwickelte die Natur ein Fortpflanzungssystem bei Fischen, welches die ständig bedrohten Fischeier zumindest bis zum Schlupf der Außenwelt vorenthält und so einen Schutz vor Laichräubern bietet: Die Weibchen der lebendgebärenden Zahnkarpfen bringen seit dieser Zeit voll entwickelte, sofort freß- und schwimmfähige Jungtiere zur Welt.

Die Wurfgröße schwankt je nach Art, aber auch abhängig von der individuellen Kondition, zwischen 20 und über 100 Jungfischen, die alsbald nach der Geburt ein Pflanzendickicht oder andere Rückzugsräume suchen, wo sie sich bevorzugt aufhalten und bei der geringsten Gefahr sofort Deckung nehmen.

Gegenüber eierlegenden Fischen (tausende bis hunderttausende Eier) erreichen Lebendgebärende mit relativ „wenigen" Jungfischen letztlich den gleichen Fortpflanzungserfolg.

Kennzeichen aller männlichen lebendgebärenden Zahnkarpfen ist die zu einem Begattungsorgan umgewandelte Afterflosse, das Gonopodium. Als deutlich erkennbares äußeres Merkmal ermöglicht es die Unterscheidung der Geschlechter, Spezialisten können dies selbst bei kleinen Arten schon im zarten Alter von drei Wochen erkennen. Eine einmalige Samenübergabe an ein weibliches Tier ermöglicht mehrere Befruchtungen, d.h. einmal besamte Weibchen können Spermienpakete speichern und so mehrere Würfe ohne weitere Anwesenheit von männlichen „Bedrängern" (und genau das sind die meisten Arten fast dauernd) bekommen.

Anpassungsfähig und leicht züchtbar, sind lebendgebärende

3

4 *Guppy-Weibchen mit „normaler" Afterflosse im Gegensatz zum Gonopodium der Männchen.*

4 *Guppy-Zuchtform mit Fächerschwanz (im Bild Männchen).*

Beschreibung: Einer der kleinsten Aquarienfische, die Männchen werden nur 2 cm, die Weibchen bis max. 4,5 cm groß. Lebhaft durchziehen die Zwergkärpflinge vor allem die mittleren Beckenregionen selbst kleinster Aquarien. Die Männchen kämpfen ohne Schäden, was durch dichte Bepflanzung, auch mit Schwimmpflanzen, gemildert wird. Vergesellschaftung nur mit friedlichen Kleinfischen. Zucht leicht.
Haltung: T: 21–26 °C, **pH:** 7–8, **Hä:** mittel; nach Eingewöhnung ist auch hartes Wasser zuträglich.
Er: O; LF, Artemia, kleines TF, Algen.

4 Guppy, Millionenfisch
Poecilia reticulata
Herkunft: Ursprung wohl im nördlichen Südamerika, „wilde" Bestände auch in Mittelamerika und der Karibik. Aus Zuchten entwichene, ausgewilderte Bestände in vielen Ländern.
Lebensraum: Stehende bis leicht fließende Gewässer.
Beschreibung: Anspruchslos, lebhaft und in unzähligen Spielarten werden Guppies weltweit von zahllosen Aquarianern gepflegt und gezüchtet. Aufgrund der Vermehrungsfreudigkeit kommt man um die alte Bezeichnung „Millionenfisch" wohl nicht herum. Weniger die Anzahl der Jungen pro Wurf, als vielmehr die rasche Wurffolge und die frühe Geschlechtsreife bedingen dieses Fortpflanzungspotential. In gut bepflanzten Becken mit etwas

Zahnkarpfen zu sehr beliebten Aquarienfischen geworden. Die Beckenausstattung mit Sand oder Kies und eine Einrichtung mit harten Robustpflanzen, welche die Wasserbedingungen gut vertragen (*Sagittaria, Vallisneria* sowie Javamoos und -farn), ist für die hier besprochenen Arten identisch.

Zur Zucht in Arten- oder Gesellschaftsbecken werden gute Pflan-

zenverstecke gebraucht, damit immer einige Jungtiere hochkommen. Aufzucht mit *Artemia salina* und hochwertigem Staubfutter.

3 Zwergkärpfling
Heterandria formosa
Herkunft: Süd-USA: Florida, South Carolina.
Lebensraum: Pflanzenreiche Klein- und Kleinstgewässer.

freiem Schwimmraum kommen immer ein paar Junge durch. Echte Guppy-Hochzucht ist allerdings eine kleine Wissenschaft für sich. Guppies sind sehr gute Gesellschaftsfische, schleierflossige Formen hält man jedoch lieber für sich. Sie schwimmen nicht sehr behende und werden gern beknabbert.
Haltung: T: 20–30 °C, **pH:** 7–8,5, **Hä:** nicht zu weich, mittleres bis hartes Wasser (20–30 °dGH); gute Wasserpflege wird mit Fruchtbarkeit gedankt. **Er:** O; TF, LF, Algen, pflanzliche Zukost.

1 Molly, Black Molly
Poecilia sphenops
Herkunft: Mittel- bis Südamerika: Mexiko, Venezuela.
Lebensraum: Die Wildform (Spitzmaulkärpfling) lebt vornehmlich in Fließgewässern und geht auch ins Brackwasser.
Beschreibung: Auch in der Natur gibt es ab und zu Schwärzlinge des Spitzmaulkärpflings, die „echten" Black Mollies sind jedoch eine (lei-

der oft anfällige, kurzlebige und empfindliche) Zuchtform. Die Wildform wird nur bis 6 cm groß, während Zuchtmollies 8 bis 12 cm erreichen können. Sie sind wärmebedürftiger als die „Naturburschen", denen auch 20 °C genügen würden. In Aquarien mit anspruchslosen Pflanzen, Wurzeln und Steinen und mit genug freiem Schwimmraum werden die mittleren und oberen Schichten bewohnt. Schwimmpflanzen stellen einen geeigneten Jungfischschutz dar, auch in Gesellschaftsbecken ergibt sich so eine erfolgreiche Kleinzucht. Die Art ist ein guter Algenvertilger. Der Wildform kann man Seesalz (bis 0,1%) zugeben, bei Zuchtformen hängt dies von der Gewöhnung und den Zuchtbedingungen ab, also bitte danach fragen. Durch Salzzugaben könnte das Pflanzenwachstum beeinträchtigt werden.
Haltung: T: 23–29 °C (oberer Bereich), **pH:** 7,5–8,5, **Hä:** mittel bis hart; häufiger Teilwasserwechsel. **Er:** O (H); TF, pflanzliche Zukost,

Algen, kleine eingeweichte Haferflocken, LF.

2 Segelkärpfling
Poecilia velifera
Herkunft: Mittelamerika: Mexiko.
Lebensraum: Küstennahe Gewässer.
Beschreibung: Eindrucksvolle 15 cm Länge erreichen die schönen und in wirklicher Qualität nicht häufigen Segelkärpflinge. An der sehr hohen Rückenflosse mit 18 bis 19 Strahlen erkennt man die Männchen, auch ohne Blick auf das Gonopodium. Das Imponieren durch Aufrichten der Rückenflosse ist prächtig anzusehen, die Männchen sind untereinander recht zänkisch. Anspruchslose Pflanzen, Dekoration mit Wurzeln und Steinen und viel freier Schwimmraum sind die richtige Umgebung für einen Schwarm dieser nicht ganz einfach zu züchtenden Art. Auch hier nach dem Salzbedarf fragen, oft werden 2 bis 3 g/l zugegeben. (Siehe dazu auch Black Molly.)

1

2

An Brackwasser gewöhnte Tiere sind nicht einfach zu vergesellschaften.
Haltung: T: 24–28 °C, **pH:** 7,5–8,5, **Hä:** hart (25–35 °dGH). **Er:** H (O); TF, Algen, eingeweichte Haferflocken und andere pflanzliche Zukost, LF.

3 Schwertträger
Xiphophorus helleri
Herkunft: Mittelamerika: Mexiko, Guatemala.
Lebensraum: Flüsse und Bäche.
Beschreibung: Von diesen 12 bis 15 cm langen lebendgebärenden Zahnkarpfen wurden sehr viele Varianten und Farbschläge mit speziel-

len Namen herausgezüchtet. Als sehr lebhafte Schwarmtiere sind manche Männchen streitsüchtig. Bei dichter Bepflanzung mit freiem Schwimmraum und etwas Strömung gedeihen Schwertträger ausgezeichnet und sind auch gute Vergesellschaftungspartner. Die Aquari-

enmitte wird bevorzugt. Eine Zucht ist einfach.
Haltung: T: 19–27 °C (bis 28 °C), **pH:** 7–8,3, **Hä:** mittel bis hart (12–30 °dGH); auf Salzzugaben verzichten. **Er:** C, O; LF, TF, Algen, pflanzliche Zukost.

3

3

3

Oben links: Eine rote Zuchtform des Schwertträgers (oben Weibchen, unten Männchen).

Oben: „Tuxedo", eine schwarze Schwertträger-Zuchtform.

Links: Ein Männchen des sog. „grünen" Schwertträgers (Naturform).

1 *Wagtail-Platys.*

1 *Tuxedo-Platys.*

1 *Gelb-rote Platy-Zuchtform.*

2 *Papageienplaty mit Simpson-
Rückenflosse.*

1 Platy
Xiphophorus maculatus
Herkunft: Mittelamerika (auf der Atlantikseite).
Lebensraum: Tieflandflüsse und -bäche.
Beschreibung: Die Männchen dieser sehr variablen Art werden nur ca. 3,5 cm, die Weibchen bis 6 cm groß. Friedlich und ausdauernd bevölkern Platies die mittleren Aquarienbezirke und fühlen sich unter Schwimmpflanzen (Jungfisch-Schutz!), zwischen lockeren, teils auch dichten Pflanzenbeständen wohl. Freier Schwimmraum für ausreichend Bewegung muß auch gegeben sein. Gut zur Vergesellschaftung geeignet, die roten Farbvarianten bringen schöne Kontraste zu anderen Fischarten.
Haltung: T: 20–25 °C, **pH:** 7–8,2, **Hä:** mittel bis hart (10–25 °dGH); nicht salzen oder in zu weichem Wasser halten. **Er:** O; TF, LF, Algen, pflanzliche Zusatznahrung.

2 Papageienplaty
Xiphophorus variatus
Herkunft: Mittelamerika: südliches Mexiko.

Lebensraum: Flachwasser; ruhige Bach- und Flußzonen.
Beschreibung: Auch diese Art ist friedlich, ausdauernd und lebhaft und wurde in vielen variablen Farbschlägen gezüchtet. Bei 6 bis 7 cm Länge ist der Papageienplaty recht schwimmfreudig, weshalb man ihm zwischen dichten Pflanzenbeständen auch genügend Freiraum lassen sollte. Die Zucht ist einfach, und die Fische sind sowohl gute Algenvertilger als auch geeignete Vergesellschaftungspartner. Die Aquarienmitte bis hinauf in obere Regionen ist ihr Reich.

2
*Marigold-
Papageienplatys.*

Haltung: T: 20–25 °C, **pH:** 7–8,3, **Hä:** mittel bis hart (15–30 °dGH); bei langsamer Gewöhnung auch unterhalb des oben genannten Temperaturbereichs in ungeheizten Becken zu halten. **Er:** H, O; Algen, TF, LF.

Halbschnäbler

Die Familie der Hemirhamphidae, auch Halbschnabelhechte genannt, ist ebenfalls lebendgebärend, jedoch nicht mit den entsprechenden Zahnkarpfen verwandt.

Halbschnäbler kommen nur in Südostasien vor, wo sie meist dicht unter der Oberfläche kleiner Gewässer angetroffen werden. Ihr Kennzeichen ist der „Halbschnabel", eine Maulform, bei der der Unterkiefer den kurzen Oberkiefer weit überragt. Das Maul ist also extrem oberständig und ermöglicht das Ergreifen von Mückenlarven und Anflugnahrung in ausgezeichneter Weise.

Auch bei dieser Gruppe ist die Afterflosse der Männchen zu einem Begattungsorgan umgebildet, das eine innere Besamung ermöglicht und bei den Halbschnäblern „Andropodium" heißt.

Zur artgerechten Ernährung und erfolgreichen Zucht wird man u.a. auf eine eigene Drosophila-Futterfliegenzucht angewiesen sein, da nur vielseitig ernährte, kleine Futterinsekten ausreichend Nährstoffe für das Heranreifen gesunder, lebenstüchtiger Jungfische bieten.

Sonstige Pfleglinge

Sind Schnecken eher lästige Gäste im Aquarium, so gibt es doch eine Art, die aufgrund ihrer Größe und interessanten Vermehrungsweise ein empfehlenswerter Pflegling ist. Die Rede ist von der **Apfelschnecke** (*Ampullaria spec.*). Sie erreicht die Größe einer Weinbergschnecke und ist deshalb auch leicht zu finden, wenn der Bestand einmal überhandnehmen sollte.

Apfelschnecken sind gute Restevertilger, die bei Nahrungsmangel auch schon mal an Pflanzen gehen. Als Luftatmer verfügen sie über ein ca. 5 cm langes Atemrohr, das sie zum Luftholen aus dem Wasser strecken. Sie legen ein traubenähnliches Gelege außerhalb des Wassers (Deckscheibe) ab. Nach einer Entwicklungszeit von einigen Wo-

Glasgarnelen sind ideale Restevertilger für Aquarien mit friedlichen Fischen.

chen fallen die fertigen Jungschnecken ins Wasser und können mit Flockenfutter problemlos großgezogen werden.

Überzählige Schnecken können an befreundete Aquarianer oder an den Zoohändler abgegeben werden.

In letzter Zeit werden verschiedentlich auch **Süßwassergarnelen** angeboten, die leicht zu pflegen sind und als Restevertilger gute Dienste leisten. Interessant ist die Nahrungsaufnahme der Fächerhandgarnele (*Atyopsis spec.*): Mit ausgebreiteter Fächerhand filtert sie Nahrungspartikel aus bewegtem Wasser.

Cichliden und lebhafte Fische sollten nicht mit Apfelschnecken und Garnelen zusammen gehalten werden.

Apfelschnecke mit ausgestrecktem Atemrohr.

1

Selbst hochwertige gefriergetrocknete Mückenlarven sollen nur ein Ersatz sein. Nach Stallknecht liegt das „Geheimnis" in der Verabreichung ungesättigter Fettsäuren über pflanzliche Öle.

1 Halbschnäbler
   Dermogenys spec.
Herkunft: Südostasien: Hinterindien, Malayischer Archipel, Thailand, Singapur, Indonesien.
Lebensraum: Flache Fließgewässer in Küstennähe, auch Brackwasser.
Beschreibung: Allgemein recht aggressiv gegenüber Artgenossen, die Männchen der um 7 cm langen Fische kämpfen mit teils bösen Folgen. In großen Becken mit Schwimmpflanzen und bodenständigem, bis zur Oberfläche ragendem Grün hält man Halbschnäbler, eventuell auch bei 20 cm Niedrigwasser über Kies oder Sand. Besonders anfangs sind die Tiere schreckhaft und durch unkontrolliertes Umherschießen besteht erhebliche „Schnabel"-Verletzungsgefahr. Die Aquarienscheiben verhängt man daher in der Eingewöhnungsphase mit Stofftüchern oder läßt sie vor der Anschaffung veralgen. Gegen die gekonnten Sprünge der Halbschnäbler hilft nur eine gute Abdeckung, wenn man sich nicht für die Niedrigwassermethode entschieden hat. Wie eingangs zu dieser Gruppe beschrieben, ist die Zucht nicht leicht. Es wäre wünschenswert, wenn sich wieder mehr Liebhaber um die Vermehrung in menschlicher Obhut kümmern würden und den Lebendfutteraufwand nicht scheuten. Interessante Pfleglinge sind Halbschnäbler allemal und auch eine Vergesellschaftung ist möglich.
Haltung: T: 21–29 °C, **pH:** 7–8, **Hä:** bis 10 °dGH; zumindest zur Eingewöhnung können 2–3 Teelöffel Seesalz auf 10 l Wasser gegeben werden. **Er:** C; LF plus Drosophila u.a. Kleinfliegen sowie andere kleine Insekten, auch TF. Ab und zu Futtertiere mit Vitaminpräparaten in öliger Lösung oder Pflanzenölen mit mehrfach ungesättigten Fettsäuren präparieren.

Buntbarsche

Die Familie der Cichlidae ist mit über 160 Gattungen und mehr als 900 Arten eine der größten und zugleich vielfältigsten Fischfamilien. Bei sehr vielen Gattungen gibt es nur eine Art als Vertreter, die Gattung heißt dann „monotypisch". In Asien findet man nur eine Gattung von Buntbarschen, die Schwerpunkte der Verbreitung liegen in Afrika sowie Mittel- und Südamerika.
   Die Körpergestalten sind mit langgestreckten Formen bis hin zu hohen, flachen Körpern recht variabel, die weitaus meisten Cichliden sind jedoch von der landläufig als „typisch" angesehenen Fischform. Die Rückenflosse besteht aus zwei Teilen, der vordere wird von Hart-, der hintere von Weichstrahlern gestützt.
   Die unterschiedlichsten Lebensräume werden von dieser entwicklungsbiologisch anpassungsfähigen Fischgruppe besiedelt, auch in extremen Lebensräumen kommen Buntbarsche vor. Einzelheiten hierzu finden sich in der Spezialliteratur.
   Körpergrößen zwischen 5 und 80 cm hat die Natur hervorgebracht, auch ganz verschiedene Ernährungsweisen wurden von Cichliden erschlossen und zusammen mit der Vielfalt des Verhaltens sind davon die Aquarianer in aller Welt fasziniert. Die Systematik ist ständig in Überarbeitung.
   Zum Verständnis der Einzelbeschreibungen sei hier noch die Vielfalt der Fortpflanzungsmöglichkeiten skizziert. Man unterscheidet zwischen folgenden Brutpflegeformen: **Offenbrüter**, die ihre kleinen, ovalen, an der Längsseite haftenden Eier in großer Zahl an verschiedenen Unterlagen unversteckt ablegen. **Versteckbrüter** dagegen verbergen ihre Eier, entweder in Höhlen **(Höhlenbrüter)** oder im Maul. Dort reifen entweder bereits die Eier oder die gerade geschlüpften bzw. kurz vorm Schlupf stehenden Larven geschützt heran (ovophile bzw. larvophile **Maulbrüter)**. Höhlenbrüter haben bei mittlerer

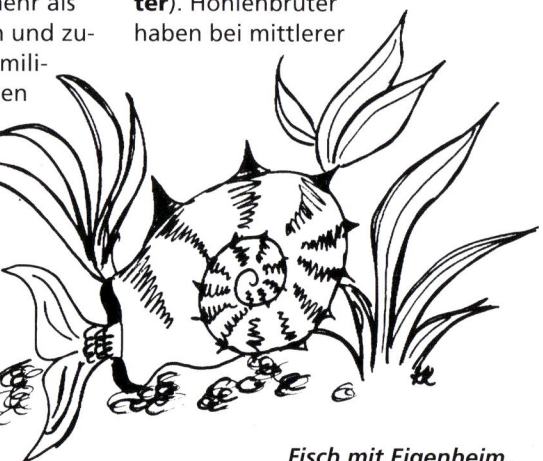

Fisch mit Eigenheim.

Eigröße Gelege mit weniger Eiern als Offenbrüter. Bei Maulbrütern sind noch größere und weniger Eier gegeben als bei den Höhlen-Versteckbrütern. Die Natur reduziert also mit wachsendem Schutz durch die Elterntiere die Nachkommenanzahl.

Weiterhin kennt man bei den Buntbarschen folgende fünf Familienformen:

Bei der **Elternfamilie** teilen sich Männchen und Weibchen die Aufgaben der Brutpflege, beide Elternteile führen die Jungen nach dem Freischwimmen.

In der **Vater-Mutter-Familie** obliegt der Mutter die Pflege, der Vater besorgt die Revierverteidigung, ist also indirekt am Versorgen seiner Nachkommen beteiligt.

Man kann davon bei polygamen Arten, also dort, wo die Männchen stets mehrere Weibchen mit Nachwuchs haben, noch die **Mann-Mutter-Familie** abtrennen: Hier hat das männliche Tier ein Großrevier zu verteidigen, innerhalb dessen alle Brutreviere der Weibchen liegen.

Die **Mutterfamilie** wird nur durch Arten maulbrütender Cichliden gebildet. Dort hat das Männchen weder als Revierverteidiger noch von der Pflege her etwas mit der Nachkommenschaft zu tun.

Schließlich gibt es – vermutlich nur bei einer hier nicht erwähnten Buntbarsch-Art – noch das Extrem der **Vaterfamilie,** wo nach der Eiablage dem Männchen allein die Maulbrutpflege obliegt.

2 Thomas-Prachtbarsch, Afrikanischer Schmetterlingsbuntbarsch
Anomalochromis thomasi
Herkunft: Afrika: Sierra Leone.
Lebensraum: Klare Bäche und kleine, klare Flüsse.
Beschreibung: Diese sehr friedlichen und ausdauernden Cichliden des mittleren bis unteren Beckenbereichs werden 8 bis 10 cm lang; die Weibchen sind etwas intensiver gefärbt. Das relativ dunkel gehaltene Aquarium sollte neben offenen Kiesflächen dichte Pflanzenbestände und Höhlen aus Steinen und Wurzeln enthalten. Freier Schwimmraum muß aber auch gegeben sein, dann gelingt auch die Zucht dieser Offenbrüter mit Elternfamilie. Mit Oberflächen-Schwarmfischen zu vergesellschaften.
Haltung: T: 23–27 °C (bis 28 °C), **pH:** 6–7,5 (bis 6,5), **Hä:** weich bis mittelhart (weich). **Er:** C, O; LF, TF.

2

3

3 Agassiz-Zwergbuntbarsch
Apistogramma agassizii
Herkunft: Südamerika: Paraguay, Parana, Amazonas.
Lebensraum: Kaum durchströmte Flachwasserbereiche, wo der Boden mit Laub und Ästen bedeckt ist.
Beschreibung: Ein schöner, friedlicher, 8 bis 10 cm langer Cichlide, der als etwas empfindlich – vor allem gegen Chemikalien – gilt. In dicht bepflanzten Aquarien mit Wurzel- und Steinverstecken in der Nähe freien Schwimmraums werden Reviere in Bodennähe gebildet. Der Schwanz des Männchens ist spitzlanzettlich ausgezogen, der der kleineren (ca. 5 cm) Weibchen abgerundet. Man unterscheidet die blau-weiße, die gelbe und die rote Zuchtform. Bei dunklem Boden in abgedunkelten Aquarien schreitet die Art als Höhlenbrüter zur Fortpflanzung. Die nicht ganz einfach aufzuziehenden Jungtiere werden in der Mann-Mutter-Familie betreut. Mit Schwarmfischen des Oberwassers gut zu vergesellschaften.
Haltung: T: 20–25 °C (um 27 °C), **pH:** 5–6,8 (bis 6), **Hä:** bis 10 °dGH (sehr weich); öfters Frischwasserzusatz, Torffilterung. **Er:** C, O; LF, TF.

1

3

2

4

1 Kakadu-Zwergbuntbarsch
Apistogramma cacatuoides
Herkunft: Südamerika: Peru, Amazonasbecken.
Lebensraum: Flache Klar- und Weißwässer in Flußnebenarmen.
Beschreibung: Hübscher Kleincichlide, dessen Männchen 8 bis 9 cm, die Weibchen nur ca. 5 cm Körperlänge erreichen. Letztere haben auch keine verlängerten Rückenflossen-Membranen, welche die männlichen Tiere schmücken. In mehreren Farbvarianten gezüchtet, zeigen die „Kakadu-Männer" z.T. feuerrote, schwarzgeränderte Flecken in Rücken- und Schwanzflosse. In Becken mit gruppenweise dicht gesetzten Pflanzen auf dunklem Feinkies oder Sand, dekoriert mit Holz- oder Steinverstecken, fühlt sich die Art wohl. Bei einem Männchen mit mehreren Weibchen bleibt

der Nachwuchs dieser Höhlenbrüter nicht aus. Dazu werden die Eier an der Höhlendecke abgelegt und in der Elternfamilie mit mütterlicher Brutpflege betreut.
Haltung: T: 25–26 °C (bis 29 °C), **pH:** um 7 (gemäß der Fundortwerte neutral bis leicht alkalisch), **Hä:** weich bis mittelhart (bis 10 °dGH); auf sehr gute Wasserqualität achten. **Er:** C; LF.

2 Schwanzstreifenbuntbarsch
Biotodoma cupido
Herkunft: Südamerika: westl. Guayana, mittlerer Amazonas.
Lebensraum: Fließgewässer.
Beschreibung: Buntbarsch von

ca. 13 cm Länge, der aggressiv und stark wühlend untere und mittlere Beckenreviere beansprucht. Die äußeren Geschlechtsunterschiede sind unsicher, die farbigeren Männchen zeigen Glanzstreifen unter den Augen. Das Becken (als Artenbecken oder zur Vergesellschaftung mit größeren Welsen oder ruhigen, mittelgroßen Fischen) gestaltet man mit einer Steilufer-Rückwand aus Steinen mit Höhlen und Spalten. Davor sollen sich weicher Sand, einige Kiesel und Steine sowie Wurzeln befinden, seitlich auch robuste Pflanzen. Die Offenbrüter laichen in einer Kuhle und führen die Jungen in einer Elternfamilie.

Haltung: T: 23–25 °C (25–28 °C), **pH:** 6–7,5 (um 7), **Hä:** weich bis hart (um 10 °dGH); bei guter Pflege ausdauernd. **Er:** C; LF, auch Würmer, zusätzlich TF.

3 **Feuermaul-Buntbarsch**
Cichlasoma (Thorichthys) meeki
Herkunft: Mittel- und Südamerika: Yukatan, Guatemala.
Lebensraum: Flußufer-Flachwassergebiete zwischen Hölzern und Felsbrocken.
Beschreibung: Vorwiegend im unteren Beckenbereich halten sich diese 14 bis 15 cm langen Cichliden, am besten paarweise gehalten, auf. Die oft kleineren Weibchen sind weniger kräftig leuchtend in der Farbe. Die ausdauernden Fische gehören wohl zu den schönsten amerikanischen Buntbarschen, ihre Zucht (Offenbrüter, Elternfamilie) gilt als leicht. Aquarien mit dichter, sauberer Sandschicht, Verstecke aus Steinen und Wurzeln sowie eine harte Randbepflanzung (Wurzeln mit Steinen gegen Wühltätigkeit schützen) sind der ideale Aufenthaltsort. Mit robusten Arten können die revierbildenden Feuermaulbuntbarsche in großen Becken auch vergesellschaftet werden. Wirklich gefährliche Attacken auf andere Aquarieninsassen sind selten, kleinere Artgenossen werden dagegen angegriffen.
Haltung: T: 21–25 °C (bis 27 °C), **pH:** 6,5–8,5 (um 7), **Hä:** weich bis sehr hart (bis 10 °dGH); reichlich freien Schwimmraum lassen. **Er:** C, O; LF, Würmer, TF.

4 **Zebrabuntbarsch, Grünflossenbuntbarsch**
Cichlasoma nigrofasciatum
Herkunft: Mittelamerika: Panama bis Mexiko.
Lebensraum: Unterschiedliche Biotope.
Beschreibung: Als bissiger, unverträglicher, pflanzenfressender Cichlide von 10 bis 15 cm Länge ist dieser Buntbarsch, paarweise gehalten, ein Fall für das Artenbecken. In großen Aquarien baue man aus schweren Steinen Höhlen und Ver-

5

6

stecke, die, unter Schwimmpflanzen und neben einigen Wurzeln gelegen, als Rückzugsgebiete und zum Höhlenbrüten gebraucht werden. Normalerweise in Vater-Mutter-Familie die Jungtiere pflegend, treten zuchtbedingt leider Störungen dieses Verhaltens auf, ebenso Farb- und Größenabweichungen. Die weniger bunten, größeren Männchen haben stärker ausgezogene Flossen und eine steilere Stirn.
Haltung: T: 20–25 °C (bis 27 °C), **pH:** 7–8,5, **Hä:** mittel bis sehr hart; anspruchslose Art. **Er:** O; TF, LF plus Würmer, Fische, Kopfsalat und Haferflocken.

5 **Schachbrett-Schlankcichlide**
Julidochromis marlieri
Herkunft: Afrika: Tanganjikasee.
Lebensraum: Felsige Uferzone.

Beschreibung: Mit bis zu 15 cm Länge der größte Schlankcichlide. Die Zeichnung bildet ein schönes Netzmuster auf den oft gegen Artgenossen aggressiven Fischen. Die Art ist in kleinen Aquarien nur paarweise zu halten, während in größeren Aquarien mit genügend Verstecken auch mehrere Tiere zu halten sind. Wie auch für J. ornatus gilt die Regel, unverträgliche Paare wegen drohender Verluste zu trennen. Ebenfalls beiden Arten ist die Schwierigkeit der Geschlechterunterscheidung gemeinsam, da man die meist etwas größeren Weibchen nur bei Laichbereitschaft an der Genitalpapille sicher erkennt. Auf durchaus mögliche Kreuzungen beider Arten sollte man verzichten. Als Höhlenbrüter mit Elternfamilie sind Schachbrett-Schlankcichliden am besten in Aquarien mit Steinaufbauten untergebracht, die zahlreiche Höhlen und Unterstände haben.
Haltung: T: 22–25 °C (24–26 °C), **pH:** 7,5–9, **Hä:** mittelhart (um 12 °dGH); Bepflanzung möglich. **Er:** C, O; LF, TF.

6 **Gestreifter oder Gelber Schlankcichlide**
Julidochromis ornatus
Herkunft: Afrika: Tanganjikasee.
Lebensraum: Flach abfallende Felsküstenbereiche.
Beschreibung: Revierbildend und gegen Artgenossen oft unverträglich, bevorzugen diese Cichliden untere und mittlere Aquarienbezirke.

1

2

Paarweise in Felsenbecken gehalten, kann die Art auch vergesellschaftet werden. Freier Schwimmraum zwischen teils dichten Pflanzungen mit harten Arten und Stein- sowie Wurzelhöhlen kennzeichnen die optimale Einrichtung. Die Elternfamilie dieser höhlenbrütenden Fische schützt die sich lange bei der Laich- und Bruthöhle aufhaltenden Jungtiere eher indirekt durch starkes Revierverhalten. **Haltung: T:** 22–25 °C (25–27 °C), **pH:** 7,5–9 (8–9), **Hä:** mittel bis hart (11–20 °dGH); Wurzeln fehlen im natürlichen Biotop; Bepflanzung möglich. **Er:** C, O; LF, Würmer, TF, Kopfsalat.

1 Rotbrustbuntbarsch
   Laetacara (Aequidens) dorsigera
Herkunft: Südamerika: Grenzgebiet von Bolivien und Brasilien.
Lebensraum: Schwach durchströmte Buchten und Uferzonen des Amazonasgebietes.
Beschreibung: Nicht nur friedlich, sondern fast schon zurückhaltend und etwas scheu kann man diese kleinen (8 cm, Weibchen nur 6 cm) Cichliden nennen. Die Art ist stark farbwechselnd hin zu intensivem Rot-Schwarz. Der als Männchen-Merkmal genannte dunkle Rückenflossen-Fleck kommt bisweilen bei beiden Geschlechtern vor, die Männchen haben aber längere Bauchflossen. Die Aquarienausstattung mit dunklem, feinkörnigem Kies-Sand-Gemisch muß durch Stein-, Wurzel-

3

4

und Pflanzenverstecke auch noch Freiraum zum Schwimmen bieten. Mit anderen kleinen Buntbarschen (z.B. *Apistogramma*-Arten), wenigen Salmlern oder Lebendgebärenden kann der Rotbrustbuntbarsch vergesellschaftet werden. Die angegebenen Zucht-Wasserwerte sorgen zusammen mit einer flachen Laichunterlage (etwa einem glatten Stein) für gute Fortpflanzungsbedingungen (Offenbrüter mit Elternfamilie). Der geschlüpfte Nachwuchs wird häufig umgebettet.
Haltung: T: 23–26 °C (26–30 °C), **pH:** um 7 (6,5), **Hä:** bis 20 °dGH (weicher); regelmäßige Wasserwechsel. **Er:** C, O; LF, TF.

2 Türkisgoldbarsch
   Melanochromis auratus
Herkunft: Afrika: Malawisee.
Lebensraum: Felsenküste an den Rändern von Bodenablagerungen.
Beschreibung: Die Männchen dieser eindrucksvoll gefärbten Art werden 12, die Weibchen nur etwa

9 cm lang. Männliche Tiere haben einen schwarzen Bauch, bei den Weibchen ist er gelb-weiß. Von diesen sehr lebhaften, aggressiv-unverträglichen Buntbarschen pflegt man ein Männchen und mehrere Weibchen zusammen mit anderen Arten aus dem gleichen Lebensraum in einem Artenbecken. Es wird als Felsenaquarium eingerichtet, Steinhöhlen und steinige Aufbauten hinter einigen robusten Pflanzen sollen viele Verstecke bilden. Diese Maulbrüter mit Mutterfamilie führen die Jungfische ca. eine Woche nach der Freigabe aus dem Maul noch weiter.
Haltung: T: 21–25 °C (25–28 °C), **pH:** 7–8,5 (7,5–8,5), **Hä:** mittel bis hart (10–15 °dGH); kein Gesellschaftsfisch. **Er:** L, O; LF, Würmer, Algen (auch Blaualgen), Salat, TF bei Nachzuchten mit Gewöhnung daran.

5   6

3 Gestreifter oder Glänzender
   Zwergbuntbarsch
   Nannacara anomala
Herkunft: Südamerika: Westgua-
yana.
Lebensraum: Kleine Bäche oder
Alt- und Restwasser großer Fluß-
und Sumpfgebiete.
Beschreibung: Diese 8 bis 9 cm
langen Cichliden, deren Weibchen
nur etwa 5 cm Körperlänge erreichen und je nach Gemütszustand einen Farbwechsel zu kontrastreicher
Längs- und Querstreifung zeigen,
halten sich friedlich in unteren und
mittleren Aquarienbezirken auf.
Als recht unempfindliche Art kann
man sie mit nicht zu großen und
aggressiven Fischen vergesellschaften, wenn teilweise dichte Bepflanzung, freier Schwimmraum, einige
größere Steine und Verstecke gegeben sind. Oft versteckt laichende
Höhlenbrüter; das Weibchen übernimmt die Brutpflege samt Revierverteidigung (Mutterfamilie).
Haltung: T: 22–26 °C (26–29 °C),
pH: 6–7,5 (bis 6,8), **Hä:** weich bis
hart (bis 10 °dGH); wühlt nicht. **Er:**
C; LF, geht schwer an TF.

4 Prinzessin von Burundi
   Neolamprologus brichardi
Herkunft: Afrika: Tanganjikasee.
Lebensraum: Felsen mit Sedimen-
ten mit 2 bis 3 m Freiwasser dar-
über.
Beschreibung: Die Gruppe der
Gabelschwanzbuntbarsche enthält
viele ähnlich aussehende Arten.
Die etwa 8 cm langen „Prinzessin-

nen" und ihre bis 10 cm großen
„Prinzen von Burundi" hält man am
besten paarweise in versteckrei-
chen Felsaquarien. Die Höhlen und
Steinaufbauten sollen eher im Hintergrund plaziert sein, damit vorne
genug Schwimmraum bleibt. Die
Geschlechter der Fische sind schwer
zu unterscheiden, die Rückenflosse
der Männchen ist oft spitzer ausgezogen. Die Höhlenbrüter mit Elternfamilie laichen in Spalten
zwischen Felsbrocken. Kommen die
Eltern erneut in Brutstimmung,
lassen sie die heranwachsenden Jungen in Ruhe.
Haltung: T: 25–27 °C (bis 30 °C),
pH: 7,5–9, **Hä:** mittel bis hart
(10–12 °dGH); Aquarium kann auch
bepflanzt werden. **Er:** C, O; LF, TF.

5 Schmetterlingsbuntbarsch
   Papiliochromis ramirezi
Herkunft: Südamerika: Venezuela,
Kolumbien.
Lebensraum: Kleine, klare Bäche
mit seeartigen Erweiterungen
in „Oasen" der Steppen- und Savan-
nengebiete (Llanos).
Beschreibung: Die Wildtiere dieser
bunten Art werden nur 5 bis 6 cm
lang, asiatische Nachzuchten auch
größer. Von dort kommen auch
viele farbenprächtige Zuchtformen,
bei denen leider das Brutpflegeverhalten stark gestört oder ganz
abhanden gekommen ist. Die Geschlechter sind nicht einfach zu unterscheiden, bei Männchen ist der
erste Rückenflossenstrahl länger
ausgezogen und die Flossenhäute

sind insgesamt größer als bei den
etwas kleineren Weibchen. Letztere
zeigen bei sexueller Reife einen
rosa Bauch. Paarweise hält man
die Tiere in dicht bepflanzten, abge-
schatteten Aquarien mit Stein-
höhlenverstecken, die das Becken in
Ruhe- und Schutzzonen mit dazwi-
schenliegendem Schwimmraum
gliedern. Empfindlich gegen Chemikalien, verträgt der Schmetterlingsbuntbarsch auch das Umsetzen
schlecht und nimmt jeglichen Streß
und schlechte Aufteilung des Aquariums übel. Leider ist die Art recht
kurzlebig. Offenbrüter mit Elternfamilie.
Haltung: T: 22–26 °C (27–30 °C),
pH: sauer (6–5,6), **Hä:** bis 10 °dGH
(sehr weich, in der Natur unter
1 °dGH und KH); häufig größere
Mengen Wasser wechseln; Tortfilte-
rung. **Er:** C, O; kleines LF, TF.

6 Purpurprachtbuntbarsch, Königs-
   cichlide
   Pelvicachromis pulcher
Herkunft: Afrika: südliches Nigeria.
Lebensraum: Geht auch ins Brackwasser, sonst flache Zonen langsam
fließender Gewässer.
Beschreibung: Recht verträglich
besiedeln die ansprechenden Cichliden mit bis zu 10 cm Größe, paarweise gehalten, eher die Boden- als
die Mittelregion des Aquariums.
Die kleineren, besonders bei der
Balz oft farbigeren Weibchen haben
nicht so spitz auslaufende Rücken-
und Afterflossen wie männliche Kö-
nigscichliden. Höhlenbrüter mit

1

2 *Blauer* Pseudotropheus lombardoi.

2 *Rote Farbvariante von* P. lombardoi.

Vater-Mutter-Familie. Die Tiere wühlen gerne in grobem Kies, jedoch ohne die dichte Bepflanzung neben freiem Schwimmraum zu schädigen. Unterstände und Höhlen aus Steinen und Wurzelholz brauchen diese Buntbarsche, die man auch mit Schwarmfischen der oberen Beckenzonen vergesellschaften kann. Oft glänzt die Rückenflosse der Weibchen prächtig.
Haltung: T: 23–25 °C (bis 28 °C), **pH:** 6–7 (bis 6,5), **Hä:** weich bis hart (8–12 °dGH); laicht meist an der Höhlendecke. **Er:** C, O; LF, TF.

1 Streifenpracht(bunt)barsch, Smaragdpracht(bunt)barsch
Pelvicachromis taeniatus
Herkunft: Afrika: südöstliches Nigeria, Kamerun.
Lebensraum: Uferzonen klarer Flüsse, bis ins Brackwasser vordringend.
Beschreibung: Nur etwa 7 cm Länge erreichen die schöneren Weibchen dieser Cichliden, die Männchen mit eckigerer Schwanz- und spitz zulaufender Rücken- und Afterflosse werden 9 cm lang. Obwohl friedlich auch gegen Artgenossen, hält man die Fische am besten paarweise. Sie bilden ihre Reviere im unteren und mittleren Aquarienbereich und werden zur Laichzeit etwas aggressiver. In recht dunkel eingerichteten Becken mit dichter Bepflanzung, Höhlen und anderen Versteck- und Rückzugsmöglichkeiten aus Wurzeln, Holz und Steinen

lasse man freien Schwimmplatz über feinem Sand als Bodengrund. Dort wird gern gewühlt, ohne daß dabei die Pflanzen beschädigt werden. Eine Vergesellschaftung ist gut mit Oberflächen-Schwarmfischen möglich. Die Zucht dieser Höhlenbrüter mit Vater-Mutter-Familie ist ebenfalls möglich. Es gibt natürliche und züchterisch bedingte unterschiedliche Farbrassen.
Haltung: T: 22–25 °C (25–28 °C), **pH:** 6,2–6,8, **Hä:** 5–10 °dGH; leichte Strömung bieten. **Er:** C, O; LF, TF.

2 Hellblauer Malawibarsch
Pseudotropheus lombardoi
Herkunft: Afrika: Malawisee
Lebensraum: Geröll-, Felsenregionen.
Beschreibung: Strahlend gelbe Männchen mit Eiflecken auf der Afterflosse und himmelblaue Weib-

chen mit sechs schwarzen, vertikalen Binden bilden diese 15 cm lange Cichlidenart. Innerartlich (auch die Weibchen) recht aggressiv, besiedeln diese Buntbarsche revierbildend alle Beckenregionen. In großen Aquarien ist eine Vergesellschaftung günstig, wenn genügend Fluchtraum für die Gesellschaftsfische bleibt. Dann wird die Aggression unter den Artgenossen sozusagen umgelenkt. Die Einrichtung besteht aus einer Felsrückwand mit vielen Spaltenverstecken; Steinaufbauten davor bilden weitere Höhlen, die diese Maulbrüter mit Mutterfamilie gern benutzen. Die Art neigt zum Beknabbern von Pflanzen, weshalb allenfalls harte Arten verwendet werden können. Man pflegt stets ein Männchen mit mehreren Weibchen.
Haltung: T: 24–26 °C (25–28 °C),

4 *Diskus Royal blue (rechts) und brauner Diskus.*

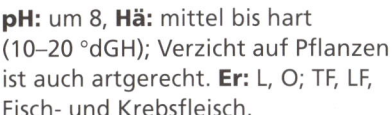

3

4 *Diskus Royal blue x Türkis.*

pH: um 8, **Hä:** mittel bis hart (10–20 °dGH); Verzicht auf Pflanzen ist auch artgerecht. **Er:** L, O; TF, LF, Fisch- und Krebsfleisch.

3 Segelflosser, Skalar
Pterophyllum scalare
Herkunft: Südamerika: Amazonas.
Lebensraum: Tiefe, stehende oder ruhig strömende Flußgebiete.
Beschreibung: Die friedlichen Schwarmfische, die während der Laichzeit Reviere bilden, wirken in zahlreichen Farb- und Formspielarten durch ihr außergewöhnliches Erscheinungsbild recht attraktiv. Außerhalb der Brutperiode zeigen sich keine sicheren äußeren Geschlechtsunterschiede. Viele Zuchtformen sind degeneriert und zeigen nicht mehr die arttypische Brutpflege in der Elternfamilie. Eine Vergesellschaftung mit ruhigen, nicht zu kleinen Fischen (Neons werden gefressen!) ist möglich, wenn große Aquarien mit mindestens 50 cm Höhe verwendet werden. Viel Schwimmraum soll von Vallisnerien oder großblättrigen Pflanzen umgeben sein. Holzwurzeln und gedämpfte Beleuchtung ermöglichen auch die Zucht dieser bis 15 cm großen Offenbrüter.

Haltung: T: 23–28 °C (26–29 °C), **pH:** 5,5–7,5 (bis 6,5), **Hä:** weich bis mittelhart (um 5 °dGH); kümmert bei zu kühler Haltung. **Er:** C, O; LF, TF, pflanzliche Beikost wie Salat; neigt zum Überfressen.

4 Diskus, Diskusbuntbarsch
Symphysodon aequifasciatus
Herkunft: Südamerika: Klar- und Weißwasser Amazoniens.
Lebensraum: Ruhige, tiefe Klar- und Weißwässer.
Beschreibung: Ein majestätischer Cichlide, der durch die außergewöhnliche Form besonders in Gruppenhaltung besticht. Er ist ausdauernd, aber aufgrund der Ansprüche kein Anfängerfisch. Bei 15 bis 20 cm Größe werden mindestens 50 cm hohe Becken gebraucht, um bei dichter Randbepflanzung mit groß-

blättrigen Arten, viel Schwimmöglichkeiten, Wurzeldekoration und freistehenden Großpflanzen eine artgerechte Haltung zu ermöglichen. Ein Artenbecken ist die richtige Unterbringung, wo auch eine Zucht dieser Offenbrüter (meist auf senkrechten Flächen) mit Elternfamilie versucht werden kann. Als „Säugefisch" ernährt der Diskus seinen Nachwuchs mit einem hauptsächlich im Rückenbereich gebildeten, schleimigen Hautsekret, welches die Jungtiere abweiden und bis mindestens 10 Tage nach dem Schlupf bekommen sollen.
Haltung: T: 25–29 °C (28–31 °C), **pH:** 5–7,5 (5,5–6,5), **Hä:** bis 10 °dGH (sehr weich, 1–3 °dGH); Torffilterung; oft und regelmäßig Teilwasserwechsel. **Er:** C; abwechslungsreich füttern; LF, Spezial-TF.

1

1 Weißpunkt-Brabantbuntbarsch
Tropheus duboisi
Herkunft: Afrika: Tanganjikasee,
Küstenstreifen im Nordwesten so-
wie zentrale Ostküste.
Lebensraum: Sedimentfreie Felsen-
zone in 3 bis 15 m Tiefe.
Beschreibung: Diese 12 cm langen
Buntbarsche weisen kaum äußere
Geschlechtsunterschiede auf, die
Männchen sind etwas größer und
haben längere Bauchflossen als
weibliche Tiere. Letztere zeigen als
Erwachsene am Rücken oft weiße
Flecken. Im Felsen-Artenaquarium,
ohne Pflanzen, aber mit vielen
Durchgangshöhlen, sind diese Cichliden bestens untergebracht. Man
hält sie paarweise über mittelgro-
bem Sand, dann schreiten die Maulbrüter mit Mutterfamilie auch zur
Fortpflanzung. Interessant ist der
altersbedingte Farbwechsel: Nur
Jungtiere (siehe Foto oben) haben
weiße Punkte auf dunklem Grund,
die später verschwinden (Foto Seite
22). Dann wird ein vertikales Kör-
perband als Zeichnung ausgebildet.
Nahe verwandt ist *T. moorii*, der
Brabantbuntbarsch.
Haltung: T: 24–26 °C (25–28 °C),
pH: 7,5–9 (8,5–9), **Hä:** mittel bis hart
(10–12 °dGH). **Er:** L, O; LF und bal-
laststoffreiche Kost wie Algen,
Salat, Spinat, eingeweichte Voll-
korn-Haferflocken ist wichtig; Tubifex nur ab und zu als Leckerbissen.

Labyrinthfische

Als entwicklungsgeschichtlich
relativ junge Gruppe entstanden vor
etwa 50 Millionen Jahren die Laby-
rinth- oder Kletterfische. Man
rechnet sie zu den weiteren Barsch-
verwandten und die Systematiker
kennen vier Familien. Verbreitet
sind die Anabantoidei in Afrika und
Asien. Hier werden nur asiatische
Vertreter vorgestellt.

Biologisch höchst interessant an
diesen Fischen ist ein zusätzlich zu
den Kiemen vorhandenes Atmungs-
organ, das namensgebend für die
ganze Gruppe wurde: das Labyrinth.
Dabei handelt es sich um eine An-
sammlung reich durchbluteter, stark
gefalteter Hautschichten und -la-
mellen, die über den Kiemen im
Kopf liegen. Dem Labyrinth wird
durch aktive Aufnahme an der Wasseroberfläche Luft zugeführt, und
es ermöglicht den Kletterfischen,
den atmosphärischen Sauerstoff zu
verwerten.

So konnten auch Lebensräume
mit kaum im Wasser gelöstem Sauerstoff besiedelt werden, ja, das Labyrinth ermöglicht seinen Trägern
sogar einen längeren Aufenthalt
außerhalb des nassen Elements,
wenn sie nur feucht gehalten werden. Extreme Lebensräume wie
Kleinstgewässer, sumpfige Tümpel
und überschwemmte Reisfelder,
auch in flachsten Bereichen, wurden
so durch diese Fischgruppe erobert.

Die Anpassung an diese Art des

„Luftschnappens" geht so weit, daß
man den Tieren den Zugang zur
Wasseroberfläche nicht verwehren
darf. Sie würden, allein auf die Kie-
menatmung angewiesen, sicher er-
sticken. Und eine weitere Gefahr
birgt diese in der Natur so sinnvolle
Methode der Luftverwertung, die
der Aquarianer kennen muß: Ist die
über dem Wasser stehende Atem-
luft nicht wohltemperiert, d.h. entspricht ihre Temperatur nicht in etwa der des Wassers, können sich
Labyrinthfische schwere Erkältun-
gen zuziehen! Achtet man auf eine
gute Abdeckung, dann erwärmt sich
die Luft über dem Wasserspiegel
schnell und die Gefahr ist gebannt.
Damit es nicht stickig wird, sollten
einige Luftschlitze in der Beckenab-
deckung sein.

Viele Labyrinther treiben intensi-
ve Brutpflege, die meisten bauen
dazu aus schleimumkleideten Luftblasen ein sogenanntes Schaumnest,
das an der Oberfläche schwimmt.
Nach Eintrocknen des Schleimes ergibt sich ein recht stabiles Gebilde,
das oft durch eingebaute Schwimmpflanzen zusätzliche Festigkeit erhält. Dort hinein werden die Eier
verbracht und bis zum Schlupf der
Larven umsorgt. Auch die Larven
werden noch eine Zeitlang im
Schaum verborgen.

Andere Brutpflegetypen oder das
Fehlen jeder Aufmerksamkeit für
den Nachwuchs sind auch vertreten.
Der mit über 70 cm für die private
Aquaristik zu große Speisegurami,
Osphronemus gorami, baut z.B. kein
Schaumnest, sondern formt aus
Pflanzenteilen ein großes, kuppelar-
tiges Gebilde an der Wasserober-
fläche, das einem überdimensiona-
len umgedrehten Vogelnest gleicht.
Darin wachsen aus aufschwimmen-
den Eiern die Larven heran. (Foto
Seite 83)

2 Siamesischer Kampffisch
Betta splendens
Herkunft: Asien: wohl von Mittel-
und Westthailand aus weit verbrei-
tet (Schleierformen des kurzflossi-
gen Wildkampffisches).
Lebensraum: Reisfelder, Gräben,
Sümpfe.

2 *Kampffischmännchen der Wildform.*

3

2 *Männchen der langflossigen Kampffisch-Zuchtform an seinem Nest.*

4

Beschreibung: Nur *ein* Männchen (erkennbar an prächtiger Farbe und ausgeprägter Beflossung) pro Becken halten! Die Tiere kämpfen sonst nach interessantem Imponiergehabe heftig und oft bis zum Tod miteinander. Nach der Drohphase mit gespreizten Kiemendeckeln und Zeigen der aufgefalteten Flossen folgen Körper- und Flossenschläge bis zum Übergang in die Nahkampfphase. Beißen und Reißen bis zur völligen Erschöpfung und schwere Verletzungen sind die Folge. Die unscheinbaren Weibchen zeigen bei Laichreife eine Genitalpapille. Mehrere, teils dichte Gruppenpflanzungen am Boden und Schwimmpflanzen zur Oberflächenabdeckung kennzeichnen das Kampffischaquarium. Bei Beachtung der o.g. Grundregel ist der Kampffisch ein guter Vergesellschaftungspartner für

friedliche, nicht flossenzupfende Arten. Eine Zucht der Schaumnestbauer mit Vaterfamilie ist gut möglich. Einzelhaft der Männchen in Kleinstgefäßen unter einem Liter Inhalt ist Tierquälerei!
Haltung: T: 25–27 °C (30 °C), **pH:** 6–7,5, **Hä:** weich bis hart (bis 25 °dGH); bei Zucht jegliche Wasserbewegung vermeiden, da Schaumnest sehr empfindlich. **Er:** C, O; LF, TF.

3 Dick- oder Wulstlippiger Fadenfisch
   Colisa labiosa
Herkunft: Asien: Birma, Bangladesh.
Lebensraum: Klein- und Kleinstgewässer.
Beschreibung: Diese friedlichen, ruhigen Labyrinther werden 9 bis 10 cm lang und sind für Gesell-

schaftsbecken geeignet. Die Zucht der Schaumnestbauer (Vaterfamilie) erfolgt jedoch besser in einem Artenbecken. In beiden Fällen sind Schwimmpflanzen über dunklem Boden, eine insgesamt dunkle Einrichtung mit schwacher Beleuchtung und einige niedrige Pflanzengruppen die richtige Beckenausstattung. Die Fadenfische bevorzugen obere und mittlere Wasserregionen. Männchen farbiger mit spitz ausgezogener Rückenflosse.
Haltung: T: 23–25 °C (28 °C), **pH:** 6–7,5 (leicht sauer), **Hä:** 4–10 °dGH. **Er:** O; TF, LF.

4 Zwergfadenfisch
   Colisa lalia
Herkunft: Asien: Nordostindien, Bangladesh.
Lebensraum: Flüsse, auch im Mündungsbereich und Überschwem-

2

1

Lebensraum: Flüsse, in Einzugs-
gebieten der Deltabereiche.
Beschreibung: Außer den Weibchen zeigen auch unterdrückte
männliche Fische eine braun-graue
Färbung mit zeitweiligem braunen
Längsband, dagegen besticht der
Farbkontrast bei leitenden Männchen. Scheu und zurückhaltend,
während der Laichzeit aber revierbildend, eignen sich Honigguramis
zur Vergesellschaftung mit kleinen
Fischen der Bodenzone und des unteren Aquarienbereichs. Viele feinfiedrige und andere Pflanzengruppen, Schwimmpflanzen oder bis zur
Wasseroberfläche wuchernde
Pflanzen verwenden. Die Zucht der
schaumnestbauenden Art mit
Vaterfamilie ist nicht ganz einfach.
Haltung: T: um 25 °C (28–30 °C),
pH: 6–7,5, **Hä:** nicht zu hart (bis 15
°dGH); relativ abgedunkelt halten.
Er: C, O; kleines LF, TF.

2 Küssender Gurami
   Helostoma temminckii
Herkunft: Asien: Sumatra, Borneo,
Thailand, Malaysia.
Lebensraum: Sümpfe und Flüsse,
auch kleine Seen.
Beschreibung: In seiner Heimat ein
beliebter Speisefisch (bis 30 cm
lang), wird der Küssende Gurami in
Aquarien meist nur 15 bis 20 cm
groß. Die Naturform ist grün-silbrig,
bekannter ist die rosa-fleischfarbe-

mungsgebieten; Kanäle mit Pflanzen.
Beschreibung: Wunderschön und
friedlich sind diese kleinen, bis 6 cm
langen Kletterfische. Die bunten
Männchen haben spitz auslaufende
Rücken- und Afterflossen, die
Weibchen sind silbrig-grau. Unter
Schwimmpflanzen und zwischen
dichten, auch feinfiedrigen Pflanzengruppen halten sich die Zwerg-
fadenfische gerne oben und in
der Mitte des Aquariums auf. Moorkienholz kann ebenfalls einge-
bracht werden und eine Vergesellschaftung ist mit Bodenbewohnern

oder friedlichen Schwarmfischen
möglich. Der brutpflegende Vater-
fisch gilt als sorgfältiger Schaumnestbauer, wobei Pflanzenteile
integriert werden. Bei guten Wasserbedingungen gelingt auch die Zucht.
Haltung: T: um 25 °C (28–30 °C),
pH: 6–7,5, **Hä:** weich bis mittel;
störungsempfindlich, aber regelmäßiger Wasserwechsel unbedingt
nötig. **Er:** O; alles kleine LF und TF.

1 Honigfadenfisch, Honiggurami
   Colisa sota (Colisa chuna)
Herkunft: Asien: Nordostindien,
Bangladesh.

3

4

Guramis bewohnen vorwiegend die mittleren Aquarienbereiche. Die nicht einfache Zucht dieser Freilaicher ohne Nestbau und Brutpflege gelingt in großen Becken, wenn die Fische eine Körperlänge von ca. 14 cm haben.
Haltung: T: 21–28 °C, ideal um 25 °C (30 °C), **pH:** 6–7,5, **Hä:** weich bis hart (weich); gute Filterung. **Er:** O; LF, TF, Pflanzenkost.

3 Paradiesfisch, Makropode
 Makropodus opercularis
Herkunft: Asien: Südchina, Korea, Vietnam, Formosa.
Lebensraum: Wassergräben, Sumpfgebiete, kleine und kleinste Bäche, Reisfelder.
Beschreibung: Die robuste Art, der asiatische Pionier in der europäischen Aquaristik, ist mit maximal 10 bis 12 cm Länge in größeren Becken problemlos zu halten. Das farbigere Männchen hat auch längere Flossen. Gut beleuchtete Aquarien mit stellenweise dichten Pflanzenverstecken und Schwimmpflanzen bekommen dem Paradiesfisch gut, eine Dekoration mit Moorkienholz und darauf angesiedeltem *Microsorium* tut ein weiteres. Man sollte diese Tiere nicht mit kleinen, friedlichen Fischen vergesellschaften; nur Robustarten eignen sich dazu. Der Zuchtansatz erfolgt am besten paarweise, der Vater sorgt für die Eier und Jungen in einem Schaumnest. Manche Makropoden sind leider etwas aggressiv.
Haltung: T: 10–35 °C werden zwar vertragen, doch sind 22–25 °C zu empfehlen (28 °C), **pH:** 6–8, **Hä:** weich bis hart. **Er:** O; TF, LF.

4 Mosaikfadenfisch
 Trichogaster leeri
Herkunft: Asien: Malaysia, Sumatra, Borneo.
Lebensraum: Weiche, saure, langsam fließende, oft halbdunkle Flachwässer.
Beschreibung: Diese Labyrinthfische erreichen 12 bis 15 cm Länge, die Geschlechtsunterschiede werden erst ab etwa 8 cm Körpergröße deutlich. Die männlichen Fische zei-

ne Variante. Große Aquarien (für erwachsene Tiere nicht unter 1 m Länge) mit reichhaltiger Ausstattung durch harte, kräftige Pflanzen sind ein idealer Aufenthaltsort. Schwimm-

pflanzen und treibende Stengel anderer Wasserpflanzen komplettieren die Einrichtung. Eine Vergesellschaftung mit anderen Labyrinthern ist möglich; Küssende

1 „Cosby", die Marmor-Zuchtform des Blauen Fadenfisches (Männchen).

1 Blaue Fadenfische, rechts ein Weibchen.

gen Orangerot an Kiemen-, Brust- und Bauchpartie und haben eine spitz endende Rückenflosse. Die Art ist sehr friedlich, fast scheu, und fühlt sich nur in großen Aquarien wohl. Dämmrige Haltung unter Schwimmpflanzen, der Boden gut bepflanzt (auch feinfiedrige Arten verwenden), damit Versteckmöglichkeiten zustande kommen, sind Voraussetzungen für die Zucht (Schaumnest, Vaterfamilie). Als Gesellschafter kommen allenfalls ruhige Bodenbewohner in Frage. **Haltung: T:** 23–27 °C (30 °C),

pH: 5,5–7,5 (bis 6,5), **Hä:** 5–30 °dGH (bis 4 °dGH); Torffilterung, ruhig bis zur Braunfärbung des Wassers. **Er:** O; TF, LF.

1 Blauer Fadenfisch
Trichogaster trichopterus sumatranus
Herkunft: Asien: Sumatra.
Lebensraum: Verschiedene Fließgewässer mit schwacher Strömung und ruhigen Zonen.
Beschreibung: Der maximal 12 cm lange blaue Fadenfisch ist eine Unterart von *T. t. trichopterus,* dem

punktierten Fadenfisch aus Indonesien und Malaysia, der 15 cm lang wird. Zwischen dichten Planzenbeständen und Schwimmpflanzen halten sich die Tiere gerne in Beckenmitte und oben im Aquarium auf. Männliche Fische haben längere, spitz auslaufende Rückenflossen. Marmorierte und albinotische Zuchtformen sind leider nicht so vital und produktiv wie die Wildform. Die Zucht ist leicht, und außer einer Vergesellschaftung mit zu robusten Fischarten nimmt dieser Labyrinther so schnell nichts übel. Für kräftige und zahlreiche Nachkommenschaft hat sich die exakte Einhaltung der Zucht-Wasserwerte bewährt.
Haltung: T: 22–28 °C werden toleriert, um 27 °C ist besser (30 °C), **pH:** 6–8 (leicht sauer), **Hä:** 5–35 °dGH (sehr weich); Alttiere vertragen das Umsetzen schlecht. **Er:** O; TF, LF, Planzenkost.

Ähren- und Regenbogenfische

Obwohl von Systematikern in zwei verschiedene Familien gestellt, wollen wir hier die Ährenfische (Atherinidae) und die Regenbogenfische (Melanotaeniidae) gemeinsam abhandeln aufgrund der Gemeinsamkeiten in Körperform, Schwarmverhalten und den Grundansprüchen an eine artgerechte Haltung.

Der überwiegende Teil der Ährenfische bewohnt weltweit flache Küstenbereiche der Meere, die Gruppe hat nur wenige Süßwservertreter. Kennzeichen der Familie ist der Besitz zweier Rückenflossen, die einen weiten Abstand voneinander haben.

Das Verbreitungsgebiet der Regenbogenfische ist mit Australien, Neuguinea und einigen vorgelagerten Inselgruppen sowie einem Seengebiet von Indonesien dagegen recht eingeschränkt. Auch sie tragen zwei Rückenflossen, doch stehen diese dicht hintereinander.

Angehörige beider Fischgruppen haben meist einen länglichen, oval geformten und seitlich zusammengedrückten Körper und sind erst

2

3

als erwachsene Tiere richtig ausgefärbt. Als Schwarmfische fühlen sie sich nur in einer Gruppe von ihresgleichen wohl. Gute Wasserpflege ist gegen vorzeitiges Verblassen unbedingt erforderlich.

Brutbiologisch sind sowohl Regenbogen- als auch Ährenfische sogenannte Dauerlaicher, d.h., daß über die ganze Laichperiode hinweg jeden Tag einige Eier abgelegt werden. Javamoos, Wollfadenbündel oder Kunststoffgespinst geben ein geeignetes Substrat dafür ab. Dieses Material bzw. die vorsichtig

von Hand abgesammelten Eier gibt man in ein Aufzuchtbecken, in dem die gleichen Wasserwerte wie im Aquarium gegeben sind. Die langsam wachsenden und sofort freßfähigen Jungfische sind nicht ganz einfach aufzuziehen.

2 Madagaskar-Ährenfisch
   Bedotia geayi
Herkunft: Madagaskar.
Lebensraum: Bergbäche mit klarem Wasser.
Beschreibung: Die etwas empfindliche Art wird ca. 15 cm lang, die

Zucht gilt jedoch als leicht, wenn auf die Wasserqualität geachtet wird. Die Männchen zeigen rote Säume an Rücken- und Schwanzflosse und sind kräftiger gebaut. Die abgelegten Eier hängen an Fädchen zwischen Pflanzen (feinblättrige Arten am Rand und im Hintergrund anordnen). Lange Becken zum Ausschwimmen und etwas Strömung sind gut, auf klares Wasser, entsprechend dem natürlichen Lebensraum, sollte man achten. Eine Vergesellschaftung ist vor allem mit anderen strömungsliebenden Arten unter den friedlichen Fischen möglich.
Haltung: T: 20–24 °C (22–24 °C), **pH:** 7–8, **Hä:** mittel bis hart (ab 10 °dGH); wöchentlich bis $1/3$ Frischwasser. **Er:** C, O; LF, TF, Pflanzenkost.

3 Lachsroter Regenbogenfisch
   Glossolepis incisus
Herkunft: Asien: Indonesien.
Lebensraum: In der Nachbarschaft von Pflanzenbeständen im Sentani-See.
Beschreibung: Die kräftig roten, im Alter hochrückigen Männchen (die Farbe ist jedoch auch abhängig von Stimmung und Rangordnung) und die gold-gelb-oliv gefärbten Weibchen dieser bis 15 cm großen Art zeigen – ähnlich wie einige Buntbarsche – einen deutlichen Geschlechtsdichromatismus. Die Ausfärbung der friedlichen, schreck- und lebhaften Schwarmfische beginnt jedoch frühestens ab etwa 5 cm Länge. Bei lockerer Bepflanzung mit viel Platz zum Schwimmen ist die Zucht nicht schwer.
Haltung: T: 22–24 °C (24–26 °C), **pH:** 7–8 (bis 7,5), **Hä:** mittel bis hart (18–25 °dGH); Javamoos als Laichsubstrat. **Er:** C; LF, etwas TF.

2

1 Werners Regenbogenfisch
Iriatherina werneri
Herkunft: Nordaustralien, Süd-Neu-
guinea.
Lebensraum: Kleine, stehende
oder langsam fließende Gewässer
mit Pflanzen.
Beschreibung: Deutlich verlänger-
te Flossenstrahlen sind sichtbares
Geschlechtsmerkmal der Männchen.
Mit 5 cm Körperlänge bewohnen

die friedlichen Schwarmfische die
mittleren Aquariumregionen. Feiner
Sand als Bodengrund und reichlich
freier Schwimmraum kennzeichnen
das „Werneri"-Becken, das nur am
Rand und im Hintergrund bepflanzt
wird. Auch eine Teilabdeckung mit
Schwimmpflanzen ist möglich. Die
Zucht ist nicht ganz einfach. Man
hält diese Fische entweder im Artenbecken oder in Gesellschaft klei-

ner, zarter Fische bzw. zusammen
mit anderen Regenbogenfischen.
Haltung: T: 25–27 °C (bis 28 °C),
pH: 6–7,5 (um 7), **Hä:** weich bis mittelhart (ab 10 °dGH); wöchentlich
$1/4$ Teilwasserwechsel. **Er:** C, O; kleines LF, TF.

2 Ajamaru-Regenbogenfisch, Böse-
mans Regenbogenfisch
Melanotaenia boesemani
Herkunft: Indonesien: Ajamaru-
Seen (Irian Jaya).
Lebensraum: Flache Seenbereiche
mit feinen Pflanzen.
Beschreibung: Die männlichen
Tiere dieser 10 bis 14 cm langen Regenbogenfische sind intensiver
gefärbt, etwas größer als die Weibchen und hochrückiger. Überwiegend in mittleren bis oberen Bereichen als Schwarm umherziehend,
braucht die friedliche Art viel freien
Schwimmraum. Deshalb nur eine
lockere Randbepflanzung vornehmen, die im Hintergrund dichter
sein darf. Der gute Gesellschaftsfisch springt gern und mag sandigen Boden. Obwohl in der Natur in
weichem und alkalischem Wasser
von pH 9–9,5 vorkommend, haben

1

sich die unten in Klammern genannten Werte für die an sich leichte Zucht bewährt.
Haltung: T: 24–27 °C (bis 30 °C), **pH:** 7–8,5 (7), **Hä:** mittel bis hart (8–15 °dGH); Dauerlaicher. **Er:** C, O; hauptsächlich LF, TF.

3 Juwelen-Regenbogenfisch
   Melanotaenia trifasciata
Herkunft: Nordaustralien.
Lebensraum: Diverse Flußsysteme.
Beschreibung: Von dieser etwa 12 cm langen Art gibt es je nach Herkunft unterschiedlich gefärbte Varianten, die auch von den Ansprüchen an die Wasserparameter etwas verschieden sein können. Fragen Sie beim Kauf danach. Als friedlich-lebhafte Schwarmfische beleben die Tiere die Aquarienmitte. Becken mit dunklem Boden und Bepflanzung am Rand und hinten lassen genug freien Schwimmraum. Die Zucht der Dauerlaicher ist einfach. Es empfehlen sich Artenbecken oder die Vergesellschaftung mit anderen Regenbogenfischen.
Haltung: T: 24–28 °C (25–30 °C), **pH:** 7–8, **Hä:** mittel bis hart; regelmäßig Teilwasserwechsel, was auch die Fortpflanzungsbereitschaft auslöst. **Er:** C, O; LF, TF.

4 Celebes-Sonnenstrahlfisch
   Telmatherina ladigesi
Herkunft: Südostasien: Sulawesi (Celebes)

Lebensraum: Bäche in hügeligem Gelände.
Beschreibung: Die 7 bis 8 cm lange Art trägt im männlichen Geschlecht verlängerte Flossenstrahlen und bewohnt friedlich die mittleren Aquarienzonen. Die Schwarmfische lieben die Morgensonne und balzen prächtig in deren Strahlen. Das

Becken sollte teils dichte Randbepflanzung und Schwimmpflanzen auf Teilen der Oberfläche aufweisen. In Längsrichtung wird viel freier Schwimmraum gebraucht. Vergesellschaftung ist gut möglich und auch die Zucht gelingt.
Haltung: T: 22–28 °C (unterer Bereich davon), **pH:** 7–8 (7), **Hä:** mittel bis hart (ab 12 °dGH); häufige Frischwassergaben und „klare Verhältnisse" sind unabdingbar. **Er:** C, O; LF, TF.

3

4

Zum Weiterlesen

Ratgeber für Einsteiger

Diese kompakten Ratgeber vermitteln alles Wissenswerte auf einen Blick. Jeder Band mit 64 Seiten, ca. 100 Farbfotos, Klappenbroschur, € 7,50 (€/A 7,80; sFr 13,50).

Beck, Peter: **Aquarium Grundkurs**
ISBN 3-440-09287-9

Beck, Peter: **Aquarienpflanzen Grundkurs.** Auswahl und Pflege. 78 Arten im Porträt.
ISBN 3-440-07972-4

Hilble, Robert und Gabriele Langfeldt-Feldmann:
Faszinierende Koi
ISBN 3-440-08009-9

Die Reihe „praxiswissen aquaristik"

Aufschlagen und eintauchen – in dieser Buchreihe finden Sie die Fischgruppe oder das aquaristische Thema, das Sie besonders interessiert. Jeder Band mit 124 Seiten, rund 100 Farbfotos, gebunden, € 15,90 (€/A 16,40; sFr 27,40).

Beck, Peter:
Süßwasseraquaristik
ISBN 3-440-08897-9

Gering, Claus-Peter:
Aquarienpflanzen
ISBN 3-440-09214-3

Gohr, Lutz:
Meerwasser-Aquaristik
ISBN 3-440-08250-4

Hilble, Robert und Gabriele Langfeldt-Feldmann: **Koi**
ISBN 3-440-08896-0

Kölle, Dr. med. vet. Petra:
Fischkrankheiten
ISBN 3-440-08249-0

Mayland, Hans J. und Dieter Bork:
Salmler
ISBN 3-440-08216-4

Mayland, Hans J.: **Diskus**
ISBN 3-440-08217-2

Osche, Klaus: **Lebendgebärende**
ISBN 3-440-08898-7

Ullrich, Martin: **Buntbarsche**
ISBN 3-440-08218-0

Vierke, Jörg: **Labyrinthfische**
ISBN 3-440-08248-2

Vierke, Jörg: **Welse**
ISBN 3-440-08899-5

Das besondere Aquarienbuch für Kinder

Ute Schmalfuß
Dein Aquarium
46 Seiten, 90 Farbabbildungen, gebunden, € 8,50 (€/A 8,80; sFr 15,20)
ISBN 3-440-07806-X
Über genaues Beobachten, kleine Experimente und interessante Tricks tauchen Kinder ein in die Welt der Aquarienfische. Mit Anleitungen zur Pflege und artgerechten Haltung, Spielvorschlägen, Tipps und Aktivitäten rund ums Aquarium.

Der praktische Ratgeber

Klaus Veit
Mein Aquarium
128 Seiten, 151 Farbfotos, Klappenbroschur, € 9,90 (€/A 10,20; sFr 17,40)
ISBN 3-440-07769-1
Der Aquaristik-Ratgeber mit dem Rundum-Wohlfühl-Programm für ein gesundes, artgerechtes Fischleben: Rund ums Aquarium – Gut versorgt – Natürlich gesund – Fische und Pflanzen im Porträt – Verhalten verstehen.

Der kleine Fischführer

Thomas Romig
Aquarienfische
96 Seiten, 104 Farbfotos, Klappenbroschur, € 3,95 (€/A 4,10; sFr 7,10)
ISBN 3-440-98172-1
Der praktische Aquarienfisch-Führer im Westentaschenformat. Rund 100 Arten im Porträt: mit aussagekräftigem Farbfoto und Informationen zu Herkunft, Merkmalen, Wissenswertem und Pflege der jeweiligen Fischart.

Der große Fischatlas

Wally und Burkard Kahl und Dieter Vogt
Kosmos-Atlas Aquarienfische
288 Seiten, 1.076 Farbfotos, 799 sw-Zeichnungen, Atlas-Format, gebunden, € 19,95 (€/A 20,60; sFr 33,70)
ISBN 3-440-09476-6
Faszination unter Wasser: Das Standardwerk mit den beliebtesten und bekanntesten Süßwasser-Aquarienfischen aus aller Welt. Sie werden in diesem Atlas in ihrer beeindruckenden Vielfalt und Schönheit vorgestellt. Über 750 Arten, über 1.000 Farbfotos.

Für Wasserpflanzenliebhaber

Christel Kasselmann
Pflanzenaquarien gestalten
156 Seiten, 200 Farbfotos, gebunden, € 24,90 (€/A 25,60; sFr 42,-)
ISBN 3-440-08518-X
Praxiserprobte Wege zu einem prächtigen Pflanzenaquarium: Planen, vorbereiten und schrittweise gestalten; erfolgreich pflegen; Tipps zur richtigen Pflanzenwahl und Hilfe bei möglichen Problemen. Mit Pflanzplänen und 100 Aquarienpflanzen auf einen Blick.

Nützliche Adressen

Verband Deutscher Vereine für Aquarien- und Terrarienkunde e.V. (VDA)
Luxemburger Str. 16
44789 Bochum
Tel.: (02 34) 38 16 50
Fax: (02 34) 38 25 90
www.VDA-online.de

Fragen zur Aquaristik und Heimtierhaltung allgemein beantwortet:

Informationszentrum Heimtiere GmbH (IZH), Donaustr. 54
71083 Herrenberg
www.izh.de

Zentralverband Zoologischer Fachbetriebe Deutschlands e.V. (ZZF)
Rheinstr. 35, 63225 Langen
Tel.: (0 61 03) 91 07 32
www.zzf.de

Register